Hans-Joachim Schoeps
Ungeflügelte Worte

Hans-Joachim Schoeps

Ungeflügelte Worte

Was nicht im Büchmann stehen kann

Mit einem Nachwort von
Julius H. Schoeps

Georg Olms Verlag
Hildesheim · Zürich · New York
2005

Auch erschienen als Band 16 der „Gesammelten Schriften“
von Hans-Joachim Schoeps

Dem Nachdruck liegt ein Exemplar aus Privatbesitz zugrunde.

Die Deutsche Bibliothek verzeichnet diese Publikation in der Deutschen Nationalbibliografie; detaillierte bibliografische Daten sind im Internet über http://dnb.ddb.de abrufbar.

∞ ISO 9706
3. Auflage 2005 (=Erweitere und überarbeitete Neuauflage Bonn 1990)

Gedruckt auf säurefreiem, alterungsbeständigem Papier
Herstellung: Druckerei Lokay, 64348 Reinheim
Printed in Germany
Einbandgestaltung: Inga Günter, Hildesheim
www.olms.de
ISBN 3-487-08456-2

Si quid novisti rectius, istis
candidus imperti; si nil his utere mecum.

Horaz: Epistolae I, 6, 67 f.

Übersetzung J. H. *Voss*:
Wenn etwa du Besseres kennst denn jenes,
teil aufrichtig es mit; wenn nicht, laß dies dir genügen.

Will man ein Aphorismenbuch lesen, ohne sich zu langweilen, so soll man es sich auf gut Glück aufschlagen, es weglegen, wenn man Interessantes gefunden hat, und nachdenken. Liest man es in einem Atem, so glaubt man, wie wenn man eine Reihe Kupferstiche gesehen hat, nur einen gesehen zu haben.

Charles Joseph Prince *de Ligne*: Mélanges Litteraires et sentimentaires (1794–1811)

Vorwort

Die Entstehung dieses Buches geht darauf zurück, daß ich der Empfehlung Jacob *Burckhardts* (Einl. zu den Weltgeschichtl. Betrachtungen) folgend mir seit vielen Jahren Worte und Sätze, die mir Eindruck machten oder mir gefielen, aufgeschrieben habe. Oft habe ich auch meine Vorlesungen mit ihnen gewürzt. Da ich ein universal orientiertes Fach vertrete – Religions- und Geistesgeschichte –, erstrecken sich meine Sammlungen über weite Gebiete der Geschichte und Literatur. Aus der Fülle der Aufzeichnungen habe ich nun versucht, eine Auswahl zu treffen, das Ausgewählte thematisch zu gliedern und für einige Kapitel in essayistische Form zu bringen. Anders ist eine Zitatenreihung erfahrungsgemäß unverdaulich. In den meisten Fällen habe ich die Texte meiner Sammlung quellenmäßig genau belegt. Wenn ich es manchmal nicht konnte, oder wenn ich irrte, werden mir vielleicht geneigte Leser für die nächste Auflage weiterhelfen. Erklärende Anmerkungen wurden nur sparsam hinzugefügt.
Der Titel des einleitenden Aufsatzes gilt abgewandelt auch für alle übrigen. Was schon im Büchmann steht, blieb daher mit wenigen Ausnahmen unberücksichtigt, da ich nur mehr oder weniger Unbekanntes aufgeschrieben hatte. Natürlich liegen Vollständigkeitsideen einer solchen bewußt subjektiven

Auswahl fern, die sich bei etwaigen Neuauflagen verbessern und erweitern ließe. Sicher wird das Gesicht eines solchen Florilegium immer davon abhängen, wer diese Blumen gepflückt hat. Hätte ein anderer gesammelt, wäre es anders ausgefallen. Jeder hat seine Vorlieben.

Ich muß deshalb auch den Vorwurf unwidersprochen hinnehmen, daß ich mit Vorliebe solche Worte und Sätze aufnahm, die meiner eigenen Stimmung und Weltanschauung entgegenkamen, und daß ich andere Sätze mitunter von denselben Autoren eben nicht aufgenommen habe. Wenn der und jener sich durch die Auswahl provoziert fühlen sollte, überrascht es mich nicht. Überschriften, die einzelnen Aussprüchen beigegeben wurden, stammen von mir, von den zitierten Dichtern und Denkern nur dann, wenn es eigens vermerkt ist. Auftretende Verfremdungseffekte sind beabsichtigt (siehe das soeben unter Weltanschauung Gesagte). Die Einordnung der Zitate in die 21 Kapitel dieses Bandes unterstand keiner festen Regel und keinem strengen Gliederungssystem.

Vielleicht mag manchem meine Sammlung kunterbunt erscheinen. Das ist sie auch, denn kunterbunt, nämlich vielstimmig – seit 1499 als Adjektiv zu Kontrapunkt bekannt – will sie auch sein. Aber ein bloßes »Sammelsurium«, d. h. ein saures Gericht aus gesammelten Speiseresten, ist sie nicht. Wohl aber ist sie, um ein Modewort des 18. Jahrhunderts zu gebrauchen, »launig«. Schon Goethe schätzte die »launichte Art, über die Gegenstände zu denken«, hoch ein.

Wenn diese Sammlung von seltenen Worten dazu verwandt werden sollte, literarische Quizfragen zu veranstalten, würde ich dies nicht gerade verbieten wollen, aber doch zu bedenken geben, daß diese Fragen auf ein Niveau abstellen würden, das etwas oberhalb gediegener Halbbildung liegt.

Für Ratschläge und Unterstützung habe ich u. a. meinen Freunden Fritz Bolle (München), Walter Buchholz (New York), Wolfgang Frommel (Amsterdam), Gerd Hesse Goeman (Erlangen), Dr. med. Hans Kirste (Nürnberg), Rabbiner Emil Kronheim (Stockholm), Dr. Reinhold Regensburger (Cambridge), Prof. Rudolf Till (Erlangen), Pfarrer Dr. Gottfried Zimmermann (Braunschweig) zu danken. Den Titel des Bandes fand Horst Meyer (Berlin).

Zum Schluß sei noch für alle Fälle eine Warnung an den Leser ausgesprochen: Viele der in dieser Sammlung aufgenommenen Aussprüche sind an eine bestimmte Situation oder Konfrontation geknüpft. Daher darf man in vielen Fällen nicht auf die ganze Position oder Weltanschauung des betreffenden Schriftstellers rückschließen. Ich habe nur solche Worte in diese Auswahl aufgenommen, die mich nachdenklich gemacht, angeregt oder erfreut haben. Mögen sich Anregung, Nachdenken und Freude auch dem Leser mitteilen.

Hans-Joachim Schoeps

Inhaltsverzeichnis

Was nicht im »Büchmann« stehen kann
Worte, die gleichwohl geflügelt sein sollten

»Geflügelte Worte« sind Redewendungen, die in vieler Leute Munde sind. Als der Oberlehrer Georg *Büchmann* erstmalig 1864 sein Nachschlagebuch unter dem mehr als hundertmal von Homer verwandten Ausdruck »Geflügelte Worte« ins Land hinausgehen ließ, wollte er mit ihm dem deutschen Volke seinen gesammelten »Zitatenschatz« darbieten. Generationen haben seither aus diesem Zitatenschatz zitiert. Nur wird man immer darüber streiten können, welche Worte denn als geflügelt anzusehen seien, und auch der selige Büchmann war vom subjektiven Dafürhalten nicht ganz frei, welche Worte er selber gern als »geflügelt« anerkannt sehen wollte. Von meiner Sammlung weiß ich mit Sicherheit, daß die Worte nicht geflügelt sind und es wohl auch niemals sein werden, was aber nichts an dem Wunsch ändert, daß sie Flügel bekommen sollten. Denn »beflügelnde« Worte sind sie in jedem Fall. Der Minnelieddichter *Heinrich von Meissen* (1250–1318) hatte schon von »fliegenden« (flüggen) Worten gesprochen. Möge darum mein Buch sie flügge oder fliegend machen und ihnen in weitesten Kreisen zu klassischer Geltung verhelfen.

Johann Wolfgang *Goethe* (1749–1832), dessen klassische Zitate bei Büchmann[1] mehr als 50 Seiten füllen, käme in meiner Auswahl mit ganz anderen Worten vor. Wie tiefsinnig formuliert doch der große Erotiker seine Lebenserfahrung:

Wunderlichstes Buch der Bücher
Ist das Buch der Liebe
Aufmerksam hab ich's gelesen
Wenig Blätter Freuden.

Ganze Hefte Leiden
Einen Abschnitt macht die Trennung
Wiedersehen – ein klein Kapitel
Fragmentarisch.

(West-östl. Diwan, Titel »Lesebuch«, Dezember 1815, W. A. I, 6, 51)

Der alte Goethe konnte aber auch sehr ironisch werden, denn eine »Widmung« von ihm lautet:

Deine Werke zu höchster Belehrung
Studier ich bei Tag und Nacht.
Drum hab ich in tiefster Verehrung
Dir ganz was Absurdes gebracht.

(Zahme Xenien: Anfang – W. A. I, 5, 1, 83)

[1] Hier und im folgenden ist mit »Büchmann« stets die seit mehr als 100 Jahren im Verlag Haude & Spener, jetzt Ullstein Verlag, erscheinende Originalausgabe des über tausend Seiten umfassenden Werkes »Georg Büchmann: Geflügelte Worte« gemeint. Sie erschien erstmals zum 250. Geburtstag des Verlages Haude & Spener, der 1614 unter dem calvinistischen Kurfürsten Johann Sigismund (gest. 1619) als erste Buchhandlung in Berlin begründet worden ist. Zitiert wird nach der 32. Auflage (373. Tausend der Gesamtauflage), neu bearbeitet von Gunther Haupt und Winfried Hofmann.

Ebenfalls vom alten Goethe:

Übers Niederträchtige
Niemand sich beklage,
Denn es ist das Mächtige,
Was man Dir auch sage.

(West-östlicher Diwan: Buch des Unmuts, Wanderers Gemütsruhe, 1814. – W. A. I, 6, 106)

Das ist gewiß wahr. Ich habe es lange nicht glauben wollen, aber es wurde die Quintessenz meiner späteren Lebensjahre. Doch hat der alte Misanthrop Wilhelm *Busch* da Tröstlicheres zu sagen:

Haß als minus und vergebens
Wird vom Leben abgeschrieben.
Positiv im Buch des Lebens
Steht verzeichnet nur das Lieben.

(Schein und Sein – Nachlaß, Werke VI, Leipzig 1943, 396)[2]

Wie fühlt man sich gekräftigt und aufgerichtet durch ein anderes Gedicht von Wilhelm *Busch,* das er »Selbstbewußtsein« überschrieben hat:

Früher, als ich unerfahren
Und bescheidener war als heute,
Hatten meine höchste Achtung
Andere Leute.

[2] Ähnlich auch die andere Strophe:
Alter Neid, der uns verblieben,
Alter Haß, er sei vertrieben,
Wer da haßt, der lebt vergebens,
Denn die Summe unseres Lebens
Sind die Stunden, wo wir lieben.

Später traf ich auf der Weide
Außer mir noch andere Kälber
Und nun schätz ich sozusagen
Erst mich selber.

(Gedichtsammlung Kritik des Herzens – 1874)

Das folgende Zitat klingt so, als habe es ebenfalls Wilhelm Busch gebraucht, doch hat es Theodor *Lessing* formuliert:

Wohltuend ist für jedermann,
wofern er sich entrüsten kann.

(Europa und Asien, Hannover 1923, 427)

Der Leser sieht schon, in welche Richtung meine Auswahl geht, was ich gern als »klassische Worte« ansehen möchte, weil sie meiner Gefühls- und Erfahrungswelt entgegenkommen.
Von Georg Christoph *Lichtenberg* (1742–1799), der bei Büchmann gerade nur erwähnt wird, würde ich folgenden Sinnspruch aus dem Jahre 1775 über das Lesen bedeutender Bücher aufnehmen: »Solche Werke sind Spiegel: wenn ein Affe hineinguckt, kann freilich kein Apostel heraussehen« (Aphorismen, ed. Leitzmann E 213; Promies E 215). Und ebenso würde ich seine respektlose Notiz über den Zusammenhang von Bücherlesen und Gelehrtheit meiner Sammlung einverleiben: »Ich glaube, daß einige der größten Geister, die je gelebt haben, nicht halb so viel gelesen haben und bei weitem nicht so viel wußten als manche unserer mittelmäßigen Gelehrten.

Und mancher unserer sehr mittelmäßigen Gelehrten hätte ein größerer Mann werden können, wenn er nicht so viel gelesen hätte« (Sudelbücher II, Heft K Nr. 168, ed. W. Promies).

Ebenso wie Lichtenberg ein anerkannt geistreicher Spötter war, würde ich auch von einem anderen Manne seines Schlages, der bei Büchmann gut wegkommt, aber nur mit ausgemacht braven Sachen vertreten ist, nämlich von Heinrich *Heine* (1797–1856), einige sinnreich-ironische Sprüche aufnehmen wie diesen: »Neben jeder Krippe, worin ein Heiland, eine welterlösende Idee den Tag erblickt, steht ein Ochse, der ruhig frißt.« Inhaltlich damit verwandt ist der Satz Ludwig *Börnes* (1786–1837): »Als Pythagoras seinen bekannten Lehrsatz entdeckte, brachte er den Göttern eine Hekatombe dar. Seitdem zittern die Ochsen, so oft eine neue Wahrheit ans Licht kommt« (Aphorismen und Miszellen Nr. 268 – Sämtl. Schriften II, Düsseldorf 1964, 318).

Oder dieser Satz: »Die Toren meinen, um das Kapitol zu erobern, müsse man zuerst die Gänse angreifen« (Heine, Werke, ed. Walzel X, 241). Oder sein Hieb auf demokratische Bürokratie, über den man hierzulande nur schmunzeln kann: »Für die Güte der Republik könnte man denselben Beweis anführen, den Boccaccio für die Religion anführt: sie besteht trotz ihrer Beamten« (Gedanken und Einfälle, Staat und Gesellschaft, 1853–56, ed. Walzel X, 279).

Von einem anderen in Paris als Emigrant lebenden deutschen Dichter Georg *Herwegh* (1817–1857) würde ich das selbstbewußte Wort aus seinen »Gedichten eines Lebendigen« bringen (Ausg. 1843, 115):

> Und wenn einmal ein Löwe vor Euch steht,
> Sollt Ihr nicht das Insekt auf ihm besingen.

Für die geschichtlich-politische Abteilung meiner Sammlung kommen beispielsweise auch die Aphorismen aus dem Nachlaß Oswald *Spenglers* in Frage wie jene brillante Definition der NSDAP aus dem Jahre 1932: »Die Partei – die Organisation der Arbeitslosen durch die Arbeitsscheuen.« Und über Alfred Rosenbergs »Mythos des 20. Jahrhunderts«: »Ein Buch, an dem nichts stimmt außer den Seitenzahlen.« Seinen eigenen »Untergang des Abendlandes« hat Spengler so kommentiert: »Das Buch, von dem mein Führer den ganzen Titel gelesen hat.« Hitler selber nannte er den »Prolet-Arier« (zit. nach ungedr. Tagebüchern von A. M. *Koktanek*: Oswald Spengler in seiner Zeit, München 1968, 458).
Aber auch für die Sparte ernster Sinnsprüche und Weisheitsworte würde ich mancherlei in Vorschlag haben. Einige Beispiele: Aus den »Tischreden« (II, 449 – Nr. 7062) Martin *Luthers* würde ich als Leitsatz für rechte Lebensführung diesen Vers aufnehmen:

> »Viel wissen und wenig sagen,
> Nicht antworten auf alle Fragen.
> Rede wenig und mach's wahr,
> Was Du borgst, bezahle bar.
> Laß einen jeden sein, was er ist.
> So bleibst Du auch wohl, der Du bist.«

Und von dem Stifter der Brüdergemeine, dem Grafen *Zinzendorf* (1700–1760):

»Die Christen sollen nicht verbrennen ohne Leuchten,
Ein Glaube, der nichts tut, ist ein verdammt Geschwätz
Und muß Vernünftigen sehr unvernünftig däuchten.«

Von Matthias *Claudius* (1740–1815) sollte die beherzigenswerte Mahnung »An meinen Sohn Johannes« von 1799 Aufnahme finden: »Verachte keine Religion, denn sie ist dem Geiste gemeint, und Du weißt nicht, was unter unansehnlichen Bildern verborgen sein könnte« (Werke II, 159). Und weiter ebendort: »Mische Dich nicht in fremde Dinge, aber die Deinigen tue mit Fleiß. Sage nicht alles, was Du weißt, aber wisse immer, was Du sagst.«

Der holsteinische Erweckungsprediger Claus *Harms* (1778–1855) würde bei mir mit diesen Aussagen vertreten sein: »Brich deinen Willen, wo nicht, so bricht dein Wille dir das Herz.« Und: »Not darf die Wehmutter des Glaubens, aber nicht seine Mutter sein.« (Diesjähriger Leitfaden in der Vorbereitung für Confirmanden, Schleswig 1820, 12 und 19). – Schließlich aus den »95 Thesen zum Reformationsjubiläum 1817« von Harms die 21. These: »Die Vergebung der Sünden kostete doch Geld im 16. Jahrhundert, im 19. hat man sie ganz umsonst, denn man bedient sich selbst damit.«

Wenn wir wieder auf Harms' großen Zeitgenossen Goethe zurückkommen – den Gottfried *Benn* nur als »olympischen Urgroßvater« gelten lassen wollte und den er sogar »großartiger Balkongott« genannt hat

(Werk IV, 1118 und 1141) –, so dürfte er wohl für diese Art lutherischer Frömmigkeit kein größeres Verständnis aufgebracht haben. Aber immerhin hat auch *Goethe* in seinen Gesprächen mit Eckermann manches Wort gesagt, das anscheinend in eine ähnliche Richtung weist, wie am 11. März 1828 dieses: »Der Mensch muß wieder ruiniert werden. Jeder außerordentliche Mensch hat eine gewisse Sendung, die er zu vollführen berufen ist. Hat er sie vollbracht, so ist er auf Erden in dieser Gestalt nicht weiter von Nöten« (Gespräche, ed. Biedermann VI, Leipzig 1890, 286).

Eckermann war Goethes Zuhörer und Sekretär, nicht sein Freund. Wirkliche Freundschaften hat Goethe kaum geführt. Der geistreiche Georg *Quabbe* meint: »Aber die großen Meister haben eben das Vorrecht, einen Freund erst wie eine Orange auszupressen und dann noch zu sagen, es habe ihnen im Grunde nicht geschmeckt« (Goethes Freunde, Stuttgart 1949, 26).

Echte Freundschaften sind gewiß immer selten. Treffend heißt es in einem ganz unbekannten Büchlein: »Unter 12 Freundschaften, wenn jemand das Glück hat zu glauben, so viele zu haben, sind 11 doch nur die Freundschaftsbilder und nur eine die wirkliche, so wie das römische Ancile (Schild im Tempel des Mars zu Rom), dem man geflissentlich 11 falsche dazu machte, damit, wenn das rechte abhanden käme, man nicht trostlos würde« (Raphael *Hanno*: Liebe und Weisheit, Auswahl aus hinterlassenen Schriften, ed. C. Fortlage, II, Jena 1876, 148). Ich könnte diese Kollektion aus meinen Lesefrüchten noch lange fortsetzen. Aber mir steht das Wort des Altmeisters der jüdischen Wissenschaft in Deutschland Leopold *Zunz* (1794–1886) vor Augen, der zu den 365 Verboten, die die rabbinischen Gelehrten in der Heiligen Schrift ausgezählt haben, von sich aus noch ein 366. hinzufügte: »Du sollst nicht langweilen!« (Brief an David Kaufmann v. 27. XI. 1876, Jahrbuch für jüdische Geschichte und Literatur V, 1902, 181).

Zum Schluß muß ich der Ehrlichkeit halber dem Leser aber noch ein Eingeständnis machen: Die meisten der hier aufgeführten Worte haben überhaupt nicht den Charakter klassischer Zitate, einige von ihnen würden noch am ehesten unter die literarische Gattung der Sentenzen und der Aphorismen fallen. Aber wenn wir schon aus dem Honigtopf der deutschen Aphoristik schlecken, dann wollen wir auch ganz modern sein und diese Sammlung mit einem Zitat aus den »Tagebüchern« von Franz *Kafka* (1883–1924) beschließen. Da habe ich einmal gelesen: »Man lernt das Matrosenleben nicht durch Übungen in einer Pfütze, wohl aber kann man durch allzu großes Training in der Pfütze unfähig zum Matrosen werden.«

I.

TIEFSINNIGES

Mensch werde wesentlich, denn wenn die Welt
vergeht,
dann fällt der Zufall weg. Das Wesen das besteht.
Der Zufall muß hinweg und aller falscher Schein
du mußt ganz wesentlich und ungefärbet sein.

(Angelus *Silesius*: Der Cherubinische Wandersmann II, 30 und I, 274)

1. Religiöse Weisheiten
(Christliches – Gnostisches – Jüdisches)

Apokryphe Jesusworte

Die Worte Jesu stehen im Neuen Testament. Sie sind von den Evangelisten als »Worte des Herrn« (λόγια κυρίου) aufgezeichnet worden, werden aber in den Evangelien keineswegs gleichlautend überliefert, weil die Botschaft Jesu entsprechend dem Stil der jüdischen Traditionsliteratur von mündlicher Überlieferung aus- und durch mündliche Überlieferung durchging. In der uns heute vertrauten literarischen Gestalt der 27 Schriften des Neuen Testaments ist die Überlieferung erst am Beginn des 3. Jahrhunderts kanonisiert worden. Daneben wucherte aber eine apokryphe Tradition, die viele Jesusworte weitergab, welche nicht im Neuen Testament, sondern in außerbiblischen Evangelien stehen, auf Papyrusfetzen gefunden wurden oder dem und jenem Kirchenvater bekanntgeworden sind. Aus der großen Menge solcher »Agrapha«, das heißt Jesusworte außerhalb der vier kanonischen Evangelien, deren Echtheit ungewiß, oft auch unwahrscheinlich ist, seien hier einige besonders tiefsinnige mitgeteilt:
Zu einem Manne, der am Sabbat arbeitete, sagte *Jesus* nach der Erweiterung einer Evangelienhandschrift (Codex D in Cambridge – wohl aus dem sog.

Hebräer-Evangelium) zu Lucas 6, 5: »Mensch, wenn du weißt, was du tust, bist du selig, wenn du es aber nicht weißt, bist du verflucht und ein Gesetzesübertreter.«

Der Kirchenvater *Origenes* (Homilie über Jeremias 20, 3) überlieferte das – auch im neuen Thomas-Evangelium (82) enthaltene – Jesuswort: »Wer mir nahe ist, der ist dem Feuer nahe, wer aber fern von mir ist, ist dem Reiche fern.«

Aus den im 4. Jahrhundert bekanntgewordenen apokryphen Johannesakten (Kap. 101) aus Kleinasien stammt das Offenbarungswort Christi an Johannes: »Was du bist, siehst du, das habe ich dir gezeigt. Was aber ich bin, das weiß allein ich, sonst keiner. Das Meine laß mich haben, das Deine aber sieh durch mich, aber sieh wirklich.« Aus der arabischen Jesustradition (Hadith = Überlieferung der Moslems neben dem Koran) stammt ein angebliches Jesuswort, das in arabischer Sprache auf dem Torbogen einer pakistanischen Ruinenstadt gestanden haben soll: (Jesus, auf ihm sei der Frieden, hat gesagt): »Diese Welt ist nur eine Brücke, geh hinüber, aber bau nicht Deine Wohnung dort.«

Ebenfalls unecht ist das von arabischen Schriftstellern überlieferte Wort (J. C. *Orellius*: Opuscula veterum sententiosa et moralia II, Leipzig 1821, 518): »Curavi caecos et leprosos sanavi, sed stultis medendis impar fui« (Ich habe Blinde sehend und Aussätzige gesund gemacht, die Dummen zu heilen war ich aber nicht imstande).

Über das hochmythologische Weltbild der Gnosis haben wir neue Informationen erhalten, seitdem 1945 ein Bauer in der Nähe des Klosters Nag Hammadi, 50 km nördlich von Luxor, in Oberägypten einen großen Topf aus seinem Acker gepflügt hat, der eine ganze gnostische Bibliothek enthielt, nämlich nicht weniger als 48 – die Duplikate abgerechnet 44 – Bücher der antiken Gnosis, von denen die übergroße Mehrzahl bisher ganz unbekannt oder nur fragmentarisch überliefert war.

Die Texte sind um die Mitte des 2. Jahrhunderts nach Christus zu datieren; die Papyri selbst dürften im 3. und 4. Jahrhundert geschrieben worden sein. Sie sind in verschiedenen Dialekten und Abarten des Koptischen abgefaßt. Das Koptische ist die jüngste Gestalt der altägyptischen Sprache, aber nicht mehr in Hieroglyphen, sondern mit griechischen Buchstaben geschrieben.

Unter ihnen befindet sich das sogenannte Thomas-Evangelium, das 114 bisher großteils unbekannte Herrenworte enthält. Schon der erste Blick erweist, daß es sich um eine sekundäre Kompilation von Herrenworten handelt – Geschehnisberichte, wie in den kanonischen Evangelien, fehlen völlig –, die aber für die Textgeschichte der synoptischen Überlieferung von großem Interesse sind. Das Evangelium beginnt mit dem Satz: »Dieses sind die geheimen Worte, die der lebendige Jesus gesprochen hat und die der

›Zwilling‹ (laut Ev. Joh. 11, 16) Judas Thomas niedergeschrieben hat. Und er sagte: Wer die Deutung dieser Worte finden wird, wird den Tod nicht kosten.« Dem hier als gläubigen Jünger ausgegebenen »ungläubigen Thomas« sind die Zwiegespräche mit Jesus offenbar nur in den Mund gelegt worden. Also sind die im Thomas-Evangelium – niedergeschrieben wohl 130 bis 140 nach Christus – überlieferten Logia Jesus (Herrenworte) nicht ursprünglich, sondern deutlich Neu- und Weiterbildungen, ja Weiterdichtungen kanonischer Worte wie etwa dieses: »Jesus sprach: Lasset den, der sucht, nicht aufhören zu suchen, bis er findet, und wenn er findet, so wird er erschüttert sein, und als Erschütterter wird er erstaunen, und er wird herrschen über das All« (Nr. 2). Ganz pantheistisch klingt das Logion Nr. 77: »Jesus sprach: Ich bin das Licht, das über Allem ist. Ich bin das All. Das All ist aus mir hervorgegangen, und das All ist zu mir gelangt. Spaltet ein Holz: ich bin da! Hebt den Stein: ihr werdet mich dort finden!« Ähnlich sind aus den synoptischen Evangelien bekannte Jesusgleichnisse wie das vom »Sämann, der zu säen ausging«, oder vom »neuen Wein in alten Schläuchen« im Thomas-Evangelium weitergedichtet worden!

Vielleicht auf den Gnostiker *Valentin* geht ein anderes nunmehr aufgefundenes Evangelium zurück: das »Evangelium der Wahrheit«, das deshalb interessant ist, weil es das gnostische Weltbild in einer verhältnismäßig einfachen und noch nicht von den später üblichen phantastischen Überwucherungen entstellten Formen wiedergibt. Er repräsentiert eine auf Selbstdurchforschung zielende überwiegend hellenistische Erkenntnislehre. Dieses spekulative Weltbild sah ungefähr so aus: Das All war in Gott, der jenseits allen Denkens ist. »Die Unwissenheit in bezug auf den Vater hat Angst erzeugt und Schrecken, und die Angst hat sich verdichtet wie ein Nebel, so daß keiner sehen konnte. Darum hat die Verirrung Kraft bekommen, und sie hat die Materie erzeugt im Leeren, ohne die Wahrheit zu erkennen« (IX, 9–17). Mit Vergessenheit und Angst hat sie die Leute von der Mitte, das heißt die Durchschnittsmenschen, gefangengenommen. So ist also die Welt eine Illusion, das Leben ein Alptraum. Dagegen ist die Gnosis erschienen, um den Traum zu beenden, die Vergessenheit aufzuheben und die Gottheit zu offenbaren. Jesus hat diejenigen erleuchtet, die sich wegen der Vergessenheit im Dunkeln befanden. »Darum hat die Verirrung ihm gezürnt, sie hat ihn verfolgt, er wurde an ein Holz genagelt, aber er ist zu einer Frucht der Gnosis des Vaters geworden« (IX, 21–26). »Wer aber selber Gnosis hat, hört den Ruf und tut den Willen des Rufers« (XI, 9–10).

Es ist deutlich, daß diesen alten Texten eine religiöse Seinserfahrung zugrunde liegt, die offenbar immer wieder gemacht wird. Deshalb sind es die gleichen Denkformen, die das Weltbild der Gnosis und noch die moderne Existenzphilosophie des Stiles Martin Heideggers miteinander verbinden. Freilich hatte die antike gnostische Weltschau, die Anleihen bei Judentum und Christentum gemacht hat, aber weder jüdisch noch christlich ist, den besonderen Charakter kosmischer Tragik und Müdigkeit. Allenthalben schillert die spezifisch gnostische Vorstellung durch, daß das Böse aus einem urzeitlichen Bruch in der Gottheit selber herrührt und im tiefsten Grund mit dem Eros identisch ist, der als Lebensdrang und Lebensdurst aufgefaßt wird. Der historische Christus ist im gnostischen Weltbild ein Fremdkörper, schon weil dieses zum Doketismus neigte, d. h. die volle Menschheit Jesu bestritt und folgerichtig der Gnostiker Basilides auch die Kreuzigung leugnen konnte: Ein anderer (Simon aus Kyrene) habe am Kreuz gehangen, während der wirkliche Christus neben dem Kreuz gestanden und über seine Feinde gelacht habe, denn es heißt in Psalm 2, 4: »Der im Himmel sitzet, lachet ihrer« (Irenäus adv. haer. I, 24, 4 par.).

Rabbinische Weisheitssprüche

In dem Mischnatraktat Pirqe Aboth, d. h. Sprüche der Väter aus dem ersten nachchristlichen Jahrhundert, heißt es:

Aqabja ben Mahalel sagte: Betrachte drei Dinge, und du kommst nicht zu einer Sünde: Wisse, woher du kommst, wisse, wohin du gehst, und wisse, vor wem du dereinst Rechenschaft ablegen wirst. Woher du kommst: aus einem stinkenden Tropfen; wohin

du gehst: nach einem Ort, wo Staub, Moder und Gewürm; vor wem du einst Rechenschaft ablegen wirst: vor dem König der Könige, dem Heiligen, gepriesen sei sein Name (3, 1).
Denke nicht gering von keinem Menschen und von keinem Ding, denn jedes Ding hat seine Stunde, und jeder Mensch hat eine Zukunft (4, 3).
Rabbi Jakob sagte: Diese Welt ist wie ein Vorzimmer für die zukünftige Welt; rüste dich im Vorzimmer, damit du Einlaß findest in den Saal (4, 21).
Zur Frage: Was ist der Mensch? haben sich die Rabbinen in der Auslegung von Kohelet 5, 14 (Wie der Mensch aus dem Mutterleib gekommen ist, nackt, so kehrt er wieder dahin zurück, wie er gekommen ist) tiefsinnig geäußert:
Im Namen des Rabbi Meir wurde gelehrt: Der Mensch tritt in die Welt mit geschlossenen Händen, als wolle er andeuten: die ganze Welt ist mein, ich nehme sie in Besitz. Wenn er von der Welt scheidet, so sind seine Hände ausgestreckt, als wolle er sagen: ich habe von der Welt nichts mitgenommen; siehe, alles ist dein (Midrasch Kohelet rabba zu 5, 14).
Der Heilige, gepriesen sei sein Name, bestraft keine Völker, es sei denn, daß er ihre Götter bestraft (Mechiltha, Exodus 15, 1).
Als es Gott in den Sinn kam, die Welt zu schaffen, da zeichnete er sie vor sich hin. Da sah er aber, daß sie keine Grundfeste hatte. Da schuf er die Umkehr, denn es heißt: ehe denn die Berge geboren wurden –, du führst den Sterblichen bis zur Zermalmung und

rufst: Menschenkinder, kehret um (Gen. rabba Par. 1 zu Kap. 1, 1 und Midrasch zu Psalm 90, 3 in Kombination – Tradent: Rabbi Abbahu bar Seira).

Rabbi Elieser sagte: Kehre zu Gott zurück einen Tag vor deinem Tod. Die Schüler fragten Rabbi Elieser: Weiß denn der Mensch, an welchem Tag er sterben wird? Dieser erwiderte: Um so mehr muß er heute umkehren, vielleicht stirbt er morgen. Es ergibt sich also, daß er alle Tage seines Lebens zu Gott zurückkehren soll (Babylonischer Talmud, Traktat Sabbath 153 a).

Ob in der Weltgeschichte ein Gesetz des Fortschritts herrscht oder nicht eher ein solches des Verfalls, darüber hat sich der jerusalemische Talmud sehr skeptisch geäußert: Wenn die Alten Söhne der Engel waren, waren die Nachkommen Menschenkinder, waren unsere Väter Menschenkinder, so sind wir Esel – und zwar gewöhnliche (Dema I, 21 d., Schekalim V, 48 c d).

Das Leben in der Überlieferung ist nur gut, wenn das Herz (der Glaube) gut ist; aber wenn das Herz schlecht ist, so ist das Forschen besser (Jehuda *Halevi* [1083–1140]: Kusari, hebräisch-deutsch, ed. D. Cassel, Leipzig 1923[3], 1, 5).

Aus den Chassidischen Erzählungen

Der Chassidismus war eine mystische Erweckungsbewegung im osteuropäischen Judentum, gestiftet von Rabbi Israel ben Elieser, meist mit seinem Würdenamen *Baal Schem* (1700–1760) genannt. Als ein Vater dem Baal Schem klagte: »Mein Sohn ist von Gott abgefallen – was soll ich tun?« erwiderte dieser: »Ihn mehr lieben.« Das ist eins der großen Worte des frommen Judentums. – – – Die nachstehenden Aussprüche stammen von Schülern des Baal Schem.

Rabbi Bunam sprach zu seinen Chassidim: Die große Schuld des Menschen sind nicht die Sünden, die er begeht – die Versuchung ist mächtig, und seine Kraft ist gering. Die große Schuld des Menschen ist, daß er in jedem Augenblick die Umkehr tun kann und sie nicht tut (Martin *Buber*, Die Erzählungen der Chassidim, Zürich 1949, 755).

Derselbe Rabbi sagte: Ich kann alle Sünder zur Umkehr bringen, nur die Lügner nicht (ebenda 751).

Rabbi Baruchs Enkel, der Knabe Jechiel, spielte einst mit einem anderen Knaben »Verstecken«. Er verbarg sich und wartete in seinem Versteck lange Zeit und meinte, sein Gefährte suche ihn und könne ihn nicht finden. Aber als er lange gewartet hatte, kam er heraus, sah den anderen nicht mehr und merkte, daß dieser ihn von Anfang an nicht gesucht hatte. Alsdann lief er weinend in die Stube seines Großvaters und beklagte sich über den bösen Spielgenossen. Da flossen Rabbi Baruch die Augen über, und er sagte: »So spricht Gott auch: Ich verberge mich, und keiner will mich suchen« (Psalm 27, 8–9; ebenda 191).

Von Rabbi Pinchas von Korez wird der Ausspruch überliefert: Freude steht auf höherer Stufe als Kummer, sogar ein Neugeborenes weint anfangs, und

erst später lacht es auch. Da ist es schon auf eine höhere Stufe gelangt. Denn die Freude quillt aus höheren Welten, aus dem Glorienschein Gottes. Darum wäscht auch die Freude alle Sünden ab.
Derselbe Rabbi sprach: Auch für die Bösen unter den Völkern der Welt sollen wir beten, auch sie sollen wir lieben. So lange wir nicht so beten, so lange wir nicht so lieben, wird der Messias nicht kommen (ebenda 234).

Aus der neueren ostjüdischen Literatur zur Glaubenslosigkeit des modernen Menschen

Das jüdische Sein, der Glaube, . . . mir ist, als ob alle Bethäuser brennen und alle Bauten einstürzen. Ein höllisches Feuer ist ausgebrochen, eine richtige Feuersbrunst. Versucht man es mit Gewalt zu löschen, flammt das Feuer noch heftiger auf. Versucht man es mit Güte, brennt es von sich aus weiter. So oder so, es brennt . . . eine furchtbare Feuersbrunst.
Und der Unglaube wächst von Tag zu Tag, von Minute zu Minute, er wächst, er dringt aus allen Winkeln hervor. Ich möchte wissen, wie sie denken, diese Heutigen. Wie mag es wohl zugehen, wenn man nicht glaubt . . . Wenn man nicht an Gott glaubt, an eine andere Welt, wie verträgt man das? . . . Ich verstehe das nicht.
(*Onechi* [eigentl. Ich = Z. J. Aronsohn]: Reb Abbe, Berlin 1936, Schocken-Bücherei 63)

»Soll ich euch erzählen, auf wen die Satane herabsteigen? Sie steigen herab auf jeden sündigen Lügner. Sie verbreiten Gerüchte, aber die meisten von ihnen lügen wie die Dichter, denen die Irrenden nachfolgen, die vom rechten Wege abgewichen sind« (Sure 26, 221 f.).

Allah hat die Zeit geschaffen, aber nicht die Eile. Die Eile ist vom Schaitān (Teufel) (Arabisches Sprichwort. Der 2. Teil ist nachgewiesen für den sunnitischen Traditionssammler al Tirmiḏsī – gest. 893 –; vgl. A. J. *Wensinck*: Concordance et indices de la tradition musulmane, Bd. V, 143).

Ein Ausspruch des Sultans Suleiman Kanuni[1]

Was die Menschen Imperium nennen, ist nur Streit überall und Krieg ohne Ende.
Es gibt nichts in der Welt, das einem beschaulichen Leben gleichkommt.
Laß bei Zeit Fröhlichkeit und Übermut, denn das Ende ist der Tod.
Wenn du wahre Liebe suchst, so gibt es keinen Weg als Frommsein.

(Übers. nach E. J. W. *Gibb*: A History of Ottoman Poetry, ed. E. G. Browne III, London 1904, 100)

[1] Suleiman Kanuni, d. h. der Gesetzgeber (1494–1566), wird in Europa meist »der Prächtige« genannt.

China

Zehenstand ist kein Stehen,
Beinspreizen ist kein Gehen,
Wer sich ins Licht stellt, steht im Schatten;
Wer sich am Ziele glaubt, geht zurück.

(*Laotse:* Tao – te king, 24. Spruch – Übers. Alexander Ular)

Zündet man Kerzen an, so erhält man Licht. Wer sich den Büchern ergibt, dem wird Weisheit zuteil. Die Kerzen erhellen das Zimmer, aber die Bücher erleuchten das Herz.
Der Edle hat Ehrfurcht vor dem Willen des Himmels, Ehrfurcht vor großen Persönlichkeiten und Ehrfurcht vor den Worten großer Männer (*Kungfutse* [Konfuzius]: Lunyü I, 2, Buch der Gespräche, um 500 v. Chr.).

Ordnung und Unordnung

Wenn Ordnung und Unordnung, Bestehen und Untergang so deutlich voneinander geschieden wären wie ein hoher Berg von einem tiefen Tal, wie weißer Kalk von schwarzem Lack, so wäre keine Weisheit nötig, ein Narr wüßte auch Bescheid. Nun verhält es sich aber mit Ordnung und Unordnung, Bestehen und Untergang nicht also, sondern es ist so, daß man diese Unterschiede bald erkennen kann, bald nicht, bald sehen kann, bald nicht.

(Frühling und Herbst des Lü Bu We, übersetzt von Richard *Wilhelm*, Düsseldorf 1971[2], 252 Buch XIV, Kap. 6, – Prüfung der unmeßbaren Einflüsse – Tschawe)

2. Worte Martin Luthers

Der Glaube

Der Glaube ist ein lebendig unruhig Ding. Er kann nicht im Menschen sein, ohne zu wirken. Werke retten nicht. Aber wenn keine Werke da sind, so ist das ein Zeichen, daß der rechte Glaube fehlt (Evangelium von den zehn Aussätzigen 1521 – Weimarer Ausgabe der Werke Martin Luthers, VIII, 361 f.).

Die Welt

Wir dienen hier in einem Wirtshaus, wo der Teufel Herr ist und die Welt Hausfrau.
Man kann die Welt nicht nach dem Evangelium regieren, denn das hieße die wilden Tiere losbinden. Denn die Welt und Menge ist und bleibt Unchristen, ob sie gleich alle getauft und Christen heißen – – – Der Bösen sind immer viel mehr denn der Frommen. Darum ein ganzes Land oder die Welt mit dem Evangelium zu regieren, das ist ebenso, als wenn ein Hirt Wölfe, Löwen, Adler, Schafe in einen Stall zusammentäte! – – – Hier würden die Schafe wohl Frieden halten und sich friedlich weiden lassen, aber sie würden nicht lange leben – – – (Von weltlicher Obrigkeit, wie weit man ihr Gehorsam schuldig sei – 1523 – W. A. XI, 251).

Die Bürde des Berufs

Wenn der Bürgermeister seine Pflicht tut, werden kaum vier da sein, die ihn mögen. Wenn der Vater seinen Sohn züchtigt, wird der Junge garstig. Das gilt überall. Der Fürst hat nichts für seine Mühe. Man ist versucht zu sagen: »Laß den Teufel Bürgermeister sein. Laß Luzifer predigen. Ich will in die Wüste gehen und dort Gott dienen.« Es ist keine leichte Aufgabe, deinen Nächsten zu lieben wie dich selbst – (W. A. XIX, 533 – Predigt v. 22. August 1529 nachmittags).

Das Böse zerstört das Gute nicht

Der Mißbrauch einer Sache macht diese nicht böse, wenn sie nur an sich selbst gut ist. Eine goldene Kette ist gut; sie wird auch dadurch nicht ärger, daß sie irgendeine Hure am Halse trägt – (Sommerpostille 1526 – W. A. X, 1, 2, 426).

Obrigkeit

Die Welt ist ein Stall voll böser Buben, so muß man Gesetze und Obrigkeit haben, Richter, Henker, Schwert, Galgen und was des Dinges mehr ist, damit man den bösen Buben wehren könne (Predigten des Jahres 1526 – W. A. XX, 577 – ähnlich VI, 1403 u. ö.).

Man darf den Pöbel nicht viel pfeifen, er tollet sonst

gern (Ob Kriegsleute auch im seligen Stande sein können – 1526 – W. A. XIX, 635).

Der Esel will Schläge haben, und der Pöbel will mit Gewalt regiert sein; das wußte Gott wohl, darum gab er der Obrigkeit nicht einen Fuchsschwanz, sondern ein Schwert in die Hand (Ein Sendbrief von dem harten Büchlein – 1515 – W. A. XVIII, 394 – ähnlich XI, 257, 268).

Wenn Unrecht erduldet werden soll, dann ist's besser, von der Obrigkeit (Unrecht) zu leiden, als daß es die Obrigkeit von den Untertanen leide. Denn der Pöbel hat und weiß kein Maß, und in einem jeden stecken mehr als fünf Tyrannen. Nun ist's besser, von einem Tyrannen, d. h. von der Obrigkeit, als von unzähligen Tyrannen, d. h. vom Pöbel, Unrecht leiden (Ob Kriegsleute etc., W. A. XIX, 635).

Ein ander Ding ist Amt und Person (Ob Kriegsleute etc. – W. A. XIX, 624).

Was ist, wenn es Deutschland zu gut geht

Derzeit fehlet Deutschland nichts. Es geht ihm so wohl, daß jeder hat, was er will. Es mangelt, daß die Frösche nicht Störche zu Königen haben.[1] Wahrlich, es geht der Esel aufs Eis tanzen. Aber sie werden so lange Mutwillen treiben, bis daß der Herr kommt und sagt: Ich will dich Mores lehren, auf daß du

[1] Das alte Volkssprichtwort »Frösche müssen Störche haben« verwendet Luther an vielen Stellen.

wissest, ich sei noch Gott (Predigten über das 5. Buch Mose – 1529 – W. A. XXVIII, 644).

Über Erasmus

Er hat das Neue Testament übersetzt und nichts dabei empfunden (W. A. XX, 728).

Vielredner

Ich hasse die Vielredner. Denn meistens, wenn sie sehr Großes zu sagen scheinen, reden sie Lügen. Die Wahrheit aber so, wie sie wenigen zueigen ist, macht sie auch nicht viele Worte (Tischreden Bd. II, Weimar 1913, 449 – Nr. 2401).

Warnung vor dem Henker

Wenn es Kunst wäre, mit Feuer Ketzer zu überwinden, so wären die Henker die gelehrtesten Doctores auf Erden (An den christlichen Adel deutscher Nation – 1520 – W. A. VI, 427).

Böse Gedanken

Wenn du schon böse Gedanken hast, sollst du darum nicht verzweifeln. Siehe nur zu, daß du dich nicht von ihnen gefangennehmen lässest (Epistel St. Petri gepredigt und ausgelegt, 1523 – W. A. XII, 325).

Über Musik

Der schönsten und herrlichsten Gaben Gottes eine ist die Musica. Der ist der Satan sehr feind, damit man viel Anfechtungen und böse Gedanken vertreibt. – Wer Musicam verachtet – mit denen bin ich nicht zufrieden. Denn die Musica ist eine Gabe und Geschenk Gottes, nicht ein Menschengeschenk. Sie – machet die Leute fröhlich; man vergisset dabei allen Zorns, Unkeuschheit, Hoffart und andere Laster. Ich gebe nach der Theologia der Musica den nächsten Locum und höchste Ehre (Tischreden IV, Weimar 1921, 348 – Nr. 7034).

Die letzte Aufzeichnung

Den Virgil in seinen Bucolicis (Hirtengedichten) kann niemand verstehen, er sei denn fünf Jahre Hirte gewesen. Den Virgil in seinen Georgicis (ländlichen Gedichten) kann niemand verstehen, er sei denn fünf Jahre Ackermann gewesen. Den Cicero in seinen Episteln kann niemand verstehen, er habe denn 25 Jahre in einem großen Gemeinwesen sich bewegt. Die Heilige Schrift meine niemand genugsam geschmeckt zu haben, er habe denn hundert Jahre lang mit Propheten wie Elias und Elisa, Johannes dem Täufer, Christus und den Aposteln die Gemeinden regiert. Versuche nicht diese göttliche Äneis, sondern neige dich tief anbetend vor ihren Spuren! Wir sind Bettler, das ist wahr (Letzte Aufzeichnung Luthers an seinem Todestag, Briefwechsel, ed. Enders-Kawerau XVII [1915], 60).

Apokryphe Lutherüberlieferung

Zu Luther soll einmal ein spitzfindiger Mann mit der Frage gekommen sein, was denn Gott vor der Weltschöpfung getan habe, denn da alltätig, müsse doch Gott auch da etwas getan haben. – Luther antwortete: »Er saß da und schnitzte Ruten für Leute, die einmal solche Fragen stellen sollten.«
Ein andermal sagte er: Gott hätte die Welt wohl ungeschaffen sein lassen können, aber er hat sie geschaffen, um seine Herrlichkeit und Macht zu erweisen. Man soll unseren Herrgott nicht fragen: Warum hast du das getan? (Tischreden II, 232–Nr. 1833).

Über Luthers Reformation

Wenn ich heute, wo ich eine so lange Reihe von Folgen übersehe, in meiner Hand die Wahl hätte, ob die Reformation stattgefunden haben solle oder nicht, würde ich unbedenklich ausrufen:
Melius est, ut scandalum oriatur, quam ut veritas relinquatur (Besser ist, es gibt Skandal, als die Wahrheit kommt zu kurz)[2] (Heinrich *Leo*: Sendschreiben an Joseph Görres, Halle 1838, 121).

[2] Ausspruch Papst Gregors des Großen, Hom. VII in Ezechiel, Migne Patrologiae Cursus Completus Series Latina Bd. 76, 842.

Zum Thesenanschlag

Wenn Luther am 30. Oktober 1517 gestorben wäre, so wären alle Kühnheiten seines Römerbriefkommentars auch nur die Extravaganzen eines Spätscholastikers. Am 31. aber schlug er seine revolutionären 95 Thesen an die Kirchentür zu Wittenberg. So ergänzte sich »die Theorie durch das Leben zur Wahrheit« (Franz *Rosenzweig* in Anmerkung zu einem Gedicht Jehuda Halevis, 92 Hymnen und Gedichte deutsch, Berlin ohne Jahr [1927^2?], 180).

Zu Luthers Bibelübersetzung

Die Aufgabe des Übersetzens ist ganz mißverstanden, wenn sie in der Eindeutschung des Fremden gesehen wird. Eine Eindeutschung in diesem Sinne verlange ich, wenn ich als Kaufmann eine Bestellung aus der Türkei erhalte und sie auf das Übersetzungsbüro schicke. Schon bei einem Freundesbrief eines Türken würde mir die Büroübersetzung nicht mehr ausreichen. Weshalb? Weil sie etwa nicht genau genug wäre? Sie wird ebenso genau ausfallen wie die des Geschäftsbriefes. Also das ist es nicht. Deutsch genug wird sie werden. Aber nicht »türkisch« genug. Ich werde den Menschen, seinen Ton, seine Meinung, seinen Herzschlag nicht hören. Aber ist das denn möglich? Wird der Sprache nicht mit dieser Aufgabe, den fremden Ton in seiner Fremdheit wiederzugeben, also nicht das Fremde einzudeutschen,

sondern das Deutsche umzufremden, etwas Unmögliches abverlangt? Nichts Unmögliches, sondern das Notwendige, und das nicht bloß beim Übersetzen. Die schöpferische Leistung des Übersetzens kann nirgends anders liegen als da, wo die schöpferische Leistung des Sprechens selber liegt. – Wer etwas zu sagen hat, wird es neu sagen. Er wird zum Sprachschöpfer. Die Sprache hat, nachdem er gesprochen hat, ein anderes Gesicht als zuvor. Der Übersetzer macht sich zum Sprachrohr der fremden Stimme, die er über den Abgrund des Raums oder der Zeit vernehmlich macht. Wenn die fremde Stimme etwas zu sagen hat, dann muß die Sprache nachher anders aussehen als vorher. –
Luther mußte übersetzen, weil das deutsche Volk jetzt diesen Zustrom fremden Sprachgeistes brauchte. Die Bibel ist unter allen Büchern das, dessen Bestimmung es ist, übersetzt zu werden. – Die Reformation ist das erste deutsche Ereignis, das in die Welt hinausgewirkt hat und nicht wieder aus ihr geschwunden ist. Seitdem ist das deutsche Schicksal in das Weltschicksal verwoben. Luthers Übersetzungstat bezeichnet diesen Punkt (Franz *Rosenzweig*: Nachwort zu Jehuda Halevi, abgedruckt Kleinere Schriften, Berlin 1937, 202 f.).

Grenzen des Übersetzens überhaupt

Friedrich Leopold von Stolberg: Iliasübersetzung, Anm. zu VI, 484 δακρύοεν γελάσασα = lächelnd mit weinenden Augen: Welcher Ausdruck im Griechischen! Oh lieber Leser, lerne Griechisch und wirf meine Übersetzung ins Feuer (Christian und Friedrich Leopold von Stolberg: Ges. Werke XI, Hamburg 1827, 223).

3. Weisheitsworte als Lebenshilfe

Wer über das Verhältnis des Menschen zum Bildungsgut der Tradition nachdenkt, wie es ihm durch Schulunterricht, Studium, Eigenlektüre im Laufe des Lebens zugeflossen ist, erschrickt oft darüber, wie wenig Formungskraft es für das wirkliche Leben im Grunde noch besitzt. Aber in Zeiten der Not und der Krankheit, der Verwirrung und der Ratlosigkeit pflegt die Empfangsbereitschaft gesteigert zu sein. Worte der Weisheit, die dem Leben Orientierung geben können, kommen leichter an. Leute, die sich derlei merken, legen sich mitunter Verzeichnisse an, welche Worte ihnen in bestimmten Situationen etwas bedeutet, eine Erkenntnis aufgeschlossen oder sie auch einfach nur getröstet haben. Weil solche Weisheitsworte, aus dem unübersehbar großen Geistesgut der Tradition geschöpft, empfänglichen Menschen echte Lebenshilfe sein können, möchte ich hier einige mitteilen, die teilweise aus sehr entlegenen oder verschollenen Quellen stammen. Wenn diese Worte nun von Pastoren für ihre Predigttexte oder gar von Kalendermachern ausgesucht werden, muß der Verfasser es als Quittung dafür hinnehmen, daß er eben auch eine arg »hausbackene« Seite hat, wenn er auch nicht gerade der neue »Lahrer hinkende Bote« sein will.

★

Wenn man glaubt, daß der eigene Zustand unerträglich geworden ist und man in eine Hölle verdammt zu sein scheint, dann antwortet Johannes *Scheffler* resp. Angelus Silesius (1624–1677):

> Der Himmel ist in dir und auch der Hölle Qual.
> Was Du erkiesest und willst, das hast Du überall.

(Cherubinischer Wandersmann I, 145–1657),
Opera E. L. Held, Bd. III (München 1951)

*

Wenn jemand nach dem Tode eines geliebten Menschen mit Recht weiß, daß dieser Schmerz unüberwindbar sein wird, dann konstatiert bereits Goethe: »In jeder großen Trennung liegt ein Keim von Wahnsinn« (Maximen und Reflexionen – Werke 42, 2, 241). Tröstlicher ist vielleicht eine Erkenntnis des Dichters und Arztes Martin *Gumpert,* weil sie ihm einen Weg zeigen kann: »Der Tod Alicens war unüberwindbar. Unüberwindbar, wie ein Schmerz sein kann, den man überlebt. Man trägt ihn mit sich herum wie einen Schatten und denkt an ihn und träumt von ihm. Seine Gewalt wird niemals schwächer, immer stärker, und in der letzten Stunde wird er als ein Trost dabei sein« (Hölle im Paradies, Stockholm 1939, 104).

Da es so oft geschieht, daß man an seinem Amt verzagen und am liebsten alles hinwerfen möchte, hat ein Vers aus den »Täglichen Losungen und Lehrtexten der Herrnhuter Brüder Gemeine« große Bedeutung, durch den sich auch Bismarck in schweren Stunden seines Kanzleramtes, so am 21. Mai 1878, aufrichten ließ (zit. nach A. O. *Meyer*: Bismarcks Glaube, München 1933, 50):

> Wir wolln uns gerne wagen
> in diesen Tagen
> der Ruhe abzusagen,
> die's Tun vergißt;
> wir wollen nach Arbeit fragen,
> wo welche ist.
> Nicht an dem Amt verzagen!
> Uns fröhlich plagen
> und unsre Steine tragen
> aufs Baugerüst.

So mancher kennt das beglückende Gefühl, daß ihm unerwartet eine Leistung gelungen ist, die wie das reine Wunder anmutet. Darüber klärt uns Rainer Maria *Rilke* (1875–1926) in einem Nachlaßgedicht von 1924 auf:

> Wunder ist nicht nur im unerklärten
> Überstehen der Gefahr;
> erst in einer klaren, rein gewährten
> Leistung wird das Wunder wunderbar.

Wenn man ins Unglück gekommen ist, tröstet einen vielleicht das Wissen darum, daß auch schon frühere Generationen die traurigen Folgen des Unglücks gekannt und schmerzlich empfunden haben. So schrieb schon Anna Ovena *Hoyers* (1584–1655), eine der wenigen dichtenden Frauen des deutschen Barocks:

Wirds aber unklar Wetter,
schneyt uns Unglück ins Haus,
so verleurt sich der Vetter,
die Freunde bleiben aus,
Frembd stellt sich auch der Schwager
und kompt nicht zu uns mehr,
wenn unser Supp ist mager
und unser Weinfaß leer.

(Geistliche und weltliche Poemata, Amsterdam 1650)

Wenn auf die Ratschläge nicht gehört wird, die man nach bestem Wissen und Gewissen gegeben hat, dann rät der schlesische Epigrammatiker Friedrich von *Logau* (1604 bis 1655):

Wo Rat nicht wird gehört,
wo Rat nicht Folge hat,
allda ist gar kein Rat
der allberbeste Rat.

(Deutsche Sinn-Getichte, Breslau 1654)

Wenn man in Not und Angst geraten ist, dann möchte man wohl mit Paul *Gerhardt* (1607–1676), dem großen evangelischen Kirchenlieddichter beten:

Wenn mir am allerbängsten
wird um das Herze sein,
so reiß mich aus den Ängsten
kraft Deiner Angst und Pein.

(Praxis pietatis melica, Berlin 1661[4])

Wer so beten kann, dem ist Gerhard *Tersteegens* (1697 bis 1769) feststellender Ausruf verständlich geworden:

Wer glaubet, der ist groß und reich,
Er hat Gott und das Himmelreich
Wer glaubet, der ist klein und arm,
Er schreiet nur: Herr, Dich erbarm!

(Geistliches Blumen-Gärtlein Inniger Seelen – 1729)

Der große Däne Sören *Kierkegaard* (1813–1855) hat diesen Vers zitiert. Er hat auch ein entscheidendes Wort darüber gesagt, wie man sich auf das Christwerden vorzubereiten habe: »Auf das Christentum bereitet man sich nicht durch das Lesen von Büchern oder welthistorische Übersichten vor, sondern durch Vertiefen in das Existieren. Jedes andere Vorstadium muß eo ipso mit einem Mißverständnis enden, denn das Christentum ist Existenzmitteilung, es verbittet sich Verständnis« (Unwissenschaftliche Nachschrift, zweiter Teil, Kap. IV, ed. Gottschedt 241; ed. Hirsch 271).

Wer auf Treue und Freundschaft hält, wird mit dem Ostpreußen Simon *Dach* (1605–1659) bekennen:

Der Mensch hat nichts zu eigen,
so wohl steht ihm nichts an,
als daß er Treu erzeigen
und Freundschaft halten kann.

(Sammlung weltlicher und geistlicher Lieder und Arien, Königsberg 1652, Ander Theil Nr. 10)

Wem es um wirkliche Liebe zu tun ist, der wird seine Gefühle vielleicht durch Angelus *Silesius* wiedergegeben sehen:

> Nichts ist als ich und Du,
> und wenn wir zwei nicht sein,
> so ist Gott nicht mehr Gott,
> und fällt der Himmel ein.

(Cherubinischer Wandersmann II, 178–1657)

Wer mehr zur Ekstase als zur Mystik neigt, obwohl beide zusammenhängen können, der wird mit dem russischen Dichter Aleksej K. *Tolstoi* (1817–1875) übereinstimmen:

> Wenn Du liebst, dann bis zum Irrsinn.
> Wer da streitet, der auch wage.
> Wenn ein Fest, dann ein Gelage.

Wenn gegen einen der Vorwurf erhoben wird, unvernünftig gehandelt zu haben, dann kann er sich auf *Goethe* berufen: »– – daß die Summe unserer Existenz, durch Vernunft dividiert niemals rein aufgehe, sondern daß immer ein wunderlicher Bruch übrigbleibe« (Wilhelm Meisters Lehrjahre, Buch IV, Kap. 17 – Werke W. A. XXII, 115).

Wer zur beschaulichen »Zufriedenheit mit seinem Zustand« neigt, den bestätigt Christian Fürchtegott *Gellert* (1715–1769) in seinem gleichnamigen Lied:

> Genieße, was Dir Gott beschieden,
> entbehre gern, was Du nicht hast.

Ein jeder Stand hat seinen Frieden,
ein jeder Stand auch seine Last.

(Geistliche Oden und Lieder, Leipzig 1757, 91) – Diese Strophe hält sich seit zweihundert Jahren in Stammbüchern und Poesiealben.

Wer bedenklich ist, ob er eine auf längere Sicht gegebene Zusage auch wirklich wird einhalten können, der sollte sie mit einer in bibelfesteren Zeiten wohlvertrauten, heute wohl nur noch in Pfarrhäusern bekannten Vorbehaltsklausel – Büchmann, der einstmals Theologiestudent war, übrigens bekannt – versehen: »sub conditione Jacobae« (Jakobusbrief 4, 15: So der Herr will und wir leben).

Dem ehrgeizigen oder geldhungrigen jungen Mann würde ich Theodor *Storms* Ermahnung an seine Söhne ins Stammbuch schreiben:

Was du immer kannst zu werden,
Arbeit scheue nicht und Wachen,
aber hüte deine Seele
vor dem Karrieremachen.
Wenn der Pöbel aller Sorte
tanzet um die goldnen Kälber,
halte fest: du hast vom Leben
doch am Ende nur dich selber.

(S. W. I, Leipzig 1924, 180 – entstanden Herbst 1854 in Potsdam)

Wer jungen Menschen einen guten Rat zu geben wünscht, der wird ihnen das Nietzsche-Gedicht zitieren:

> Wer viel einst zu verkünden hat,
> schweigt viel in sich hinein.
> Wer einst den Blitz zu zünden hat,
> muß lange – Wolke sein.

(Sinnsprüche aus dem Nachlaß – Ges. Ausg. VIII, Leipzig 1899, 359)

Und ist er gar ein Pädagoge, ein Jugendführer, dann wird ihm vielleicht Friedrich *Nietzsches* (1844–1900) »Vademecum – Vadetecum« einfallen:

> Es lockt dich meine Art und Sprach,
> du folgest mir, Du gehst mir nach,
> Geh nur dir selber treulich nach,
> so folgst du mir – gemach, gemach!

(Die Fröhliche Wissenschaft 1881/82, Vorspiel Ges. Werke V, 16)

Studenten aber kann man keinen besseren Rat geben, als wie ihn Graf Paul *Yorck von Wartenburg* (1835–1897), der tiefsinnige Freund des Philosophen Wilhelm Dilthey, in einem Brief vom 30. Dezember 1896 an diesen formuliert hat: »Die Herren Studenten dürfen zu Geistreichigkeit und Urteilsfreude auf keinem anderen Wege als dem saure Selbsthingabe heischender Arbeit gelangen. An Sachen orientiert sich am leichtesten eine bodenlose Subjektivität (Briefwechsel, Halle 1923, 230).

Ebenso hat der alte *Moltke* seinen Neffen Wilhelm vermahnt, daß Studieren eine ernste und Ausdauer fordernde Sache sei: »Wer auf dem Sofa liegend liest, der liest vergebens. Nur mit der Feder in der Hand kann man wirklich studieren (Brief vom 7. XII. 1866 in Moltke: Leben und Werk in Selbstzeugnissen, ed. M. Horst, Bremen 1941, 304).

Das Fernweh junger Menschen und das, was ihnen wirklich nottut, ist schon von G. W. F. *Hegel* (1770–1831) in einer seiner Nürnberger Gymnasialreden von 1809 sehr tief gedeutet worden. Aber verstehen können dies die jungen Menschen erst, wenn sie etwas älter geworden sind: »Die Jugend stellt es sich als ein Glück vor, aus dem Einheimischen wegzukommen und mit Robinson eine ferne Insel zu bewohnen. Es ist eine notwendige Täuschung, das Tiefe zuerst in der Gestalt der Entfernung suchen zu müssen – – – Der Jugend muß zuerst das Sehen und Hören vergehen. Sie muß vom konkreten Vorstellen abgezogen, in die innere Nacht der Seele zurückgezogen werden, auf diesem Boden sehen, Bestimmungen festhalten und unterscheiden lernen« (Ges. Werke, III, 240 und 313).

Als ich 1923/24 in die Spätzeit des Freideutschen Bundes hineingeriet, wovon ich in meinen »Rückblicken« (Kap. 2) erzählt habe, blieb in den erregten Gesprächen, deren Teilnehmer ich wurde, manches Weisheitswort im Raume hängen, das mir bis heute nachgeht. So vernahm ich ein Wort, das eine lange hagere Gestalt hinausschleuderte, wobei ich den erhobenen Zeigefinger auf mich gerichtet fühlte:

> Denke nicht, du kannst mit dir betrügen.
> Du wirst genügen oder nicht genügen,
> je nach dem Grund, aus dem du aufgestiegen.

Und ein anderer zitierte dieses Kierkegaard-Wort, das eine in Frage stellende Lebenshilfe sein kann, denn wer möchte schon als »Spaßvogel« dastehen: »Es gibt keinen sichereren Maßstab dafür, wozu eine Individualität im tiefsten Grunde tauge, als wenn man dank der Mitteilungsfreudigkeit des Menschen erfährt, was ihm das Leben ernst macht. – – – Wer über manchem anderen, über allerlei Großem und Lärmendem, aber nicht über sich selbst ernsthaft würde, ist trotz all seines Ernstes ein Spaßvogel« (Sören *Kierkegaard*: Der Begriff Angst, ed. Chr. Schrempf, Jena 1906, 149; ed. E. Hirsch, Düsseldorf 1952, 155 f.)

Schließlich möchte ich noch einen Spruch mitteilen, der aus dem Liederbuch der Erlanger Studentenverbindung Uttenruthia stammt. Ich höre ihn vor fünfzig Jahren bei einem Sonnenwendfeuer der deutschen Jugendbewegung, als meiner Gruppe gerade die Ahnung aufgegangen war, daß sie vielleicht nicht die einzige Gralshüterin des heiligen Feuers der deutschen Nation sei:

> Der Blitzstrahl, der dies Feuer angezündet,
> fiel nicht herab auf uns allein;

Am Himmel hat's der Widerschein verkündet,
es schlug auch anderorten ein.

Und wären wir literarisch gebildeter gewesen – aber wir waren damals noch sehr jung –, dann wäre uns vielleicht »*Urians* Nachricht von der neuen Aufklärung, verloren aus dem Schnappsack des hinkenden Boten von Wandsbeck« (1797) ins Gedächtnis gekommen:

Ein neues Licht ist aufgegangen,
ein Licht hell wie Karfunkelstein.
Wo Hohlheit ist, es aufzufangen,
da fährts mit Ungestüm hinein.

(Matthias *Claudius*: Asmus omnia sua secum portans oder Sämtliche Werke II, Gotha 1902, 55)

4. Das Bonmot bei Gottfried Benn

Wo alles sich durch Glück beweist
und tauscht den Blick und tauscht die Ringe
im Weingeruch, im Rausch der Dinge –
dienst du dem Gegenglück, dem Geist.

(Einsamer nie – Ges. Werke I, 140)

Das Bonmot ist einmal in der Ursprungsbedeutung wirklich das gute Wort, das Wort, das zur richtigen Stunde gesprochen wurde. Es hat sich aber mehr die Bedeutung des geistreich zugespitzten Aphorismus, des scharf geschliffenen, doch elegant geführten Florettfechtens durchgesetzt. Gottfried *Benn* (1886–1956) war ein Meister der deutschen Sprache. Seine Prosa ist luzide und in den späteren Jahren immer einfacher, doch um so eindringlicher geworden. Benn berichtet, daß Carl Sternheim in beider Jugend zu ihm gesagt habe: »Wenn Sie etwas gemacht haben, nehmen Sie es sich noch einmal vor und streichen Sie die Adjektive. Es wird dann klarer, was Sie meinen« (Werke, ed. D. Wellershoff, Wiesbaden 1968, IV, 1143). Er hat sich daran gehalten.

Sicher war Benn in erster Linie Lyriker. Seine Gedichte haben eine geheime Musik, für die man ein

besonders geartetes Gehör haben muß. Benn war ein Dichter der reinen Form, der die Kunst zweckfrei sah als »Artist« – er kannte sich als solcher –, der Worte mit weitem Bedeutungsfeld häufte, weil ihm der Hintergrundsaum, die Bedeutungsbreite der Worte, als das für den Dichter Wichtige erschien. Er hat darüber tiefsinnig meditiert (Vortrag »Probleme der Lyrik«, Werke IV, 1058–1096):
»Wenn Sie vom Gereimten das Stimmungsmäßige abziehen, was dann übrigbleibt, wenn dann noch etwas übrigbleibt, das ist vielleicht ein Gedicht« (1059). Sicher erfordert das ein ganz bestimmtes Lesen Bennscher Gedichte, bestimmte Verstehensvoraussetzungen beim Leser.

Bei der Bennschen Prosa liegt dies anders, da sie zufolge ihrer Rationalität ganz durchsichtig und häufig auch aggressiv ist. Hinsichtlich der Schärfe war es Benns Meinung, »daß in der geistigen Welt durch Schwammigkeit mehr Unheil entstand als durch Härte« (2024). Ebenfalls im »Doppelleben« spricht Benn von der »absoluten Prosa außerhalb von Raum und Zeit ins Imaginäre gebaut« (1998). – Ich gebe hier einige Beispiele und setze teilweise die Überschriften hinzu. Mit Sicherheit werden es »ungeflügelte Worte« bleiben. Aus meiner Bekanntschaft mit Benn – es wurde leider nur eine Unterhaltung – weiß ich, daß er es mit Empörung aufnähme, wenn es anders wäre. Gottfried Benn war ein großer Zeitgenosse.

Über Dichtung

Dichtung ist Wort, gleich Ausdruck oder mathematischer Lehrsatz gleich Wirklichkeitsformel – – –
Es ist heute tatsächlich so, es gibt nur zwei verbale Transzendenzen: die mathematischen Lehrsätze und das Wort als Kunst. Alles andere ist Geschäftssprache, Bierbestellung (Doppelleben, Werke VIII, 2022).

★

Die Dichtung bessert nicht, aber – – sie verändert. Das Wesen der Dichtung ist unendliche Zurückhaltung, sie berührt nicht viel, das aber glühend (Werke IV, 1157, ähnlich VIII, 1995).

★

Die Dichter sind die Tränen der Nation (Totenrede für Klabund, Werke IV, 970).

Erst wenn

Erst wenn die Schöpfungswunde
sich still eröffnet hat,
steigt die Verströmungsstunde
vom Saum der weißen Stadt.

(Werke I, 99)

Gegen Schwulst

Schriftsteller, die ihrem Weltbild sprachlich nicht gewachsen sind, nennt man in Deutschland Seher (Lebensweg eines Intellektualisten, Werke VIII, 1926).

Berlin

Denken ist zynisch, es findet hauptsächlich in Berlin statt, an seiner Stelle wird das Weserlied empfohlen (ebd. 1925).

★

Wenn die Mauern niederbrechen,
werden noch die Trümmer sprechen
von dem großen Abendland.

(Aus dem Gedicht »Berlin«, Werke II, 461)

★

Aus einem Brief vom 9. März 1937 an Elinor Bühler-Klinckowström: »Für mich ist Berlin die Zweiheit aus 1. Anonymität, Unbürgerlichkeit, guter Verborgenheit des einzelnen und 2. der Staatsbibliothek Unter den Linden. Beides wird wohl noch für das Jahrhundert bestehen (Den Traum alleine tragen, Neue Texte, Briefe, Dokumente, Wiesbaden 1966, 194).

Aus einem Brief an Ewald Wasmuth vom 27. März 1951: »Seien Sie nicht unglücklich, daß Sie nicht mehr in Berlin leben, es ist ein trauriges Kapitel, es ist wie Charbin und die Steppe wächst darüber hin« (Ausgewählte Briefe, Wiesbaden 1957, 210).

Nihilismus

Der Mensch ist gut, sein Wesen rational, und alle seine Leiden sind hygienisch und sozial bekämpfbar, dies einerseits und andererseits die Schöpfung sei der Wissenschaft zugänglich, aus diesen beiden Ideen kam die Auflösung der alten Bindungen, die Zerstörung der Substanz, die Nivellierung aller Werte, aus ihnen die innere Lage, die jene Atmosphäre schuf, in der wir alle lebten, von der wir alle bis zur Bitterkeit und bis zur Neige tranken: Nihilismus (Nach dem Nihilismus – Werke III, 718).

Die Verschlossenheit des Menschen

Die Tiere äußern sich nach allen Richtungen, aber der Mensch ist das verschlossene Wesen, in dem, was er sagt, ist meistens wenig von ihm drin (Der Radardenker, Werke II, 1547).

Gegen Heidegger

Verteidigen will sich das Abendland nicht mehr. Angst will es haben, geworfen will es sein (Werke II, 491).

Ich trage auch kein Wissen um meine »Geworfenheit« wie die modernen Philosophen, ich bin nicht geworfen, meine Geburt hat mich bestimmt. Ich bestehe nicht aus »Lebensangst« (Der Ptolemäer, Werke V, 1428).

Kriecherische Intelligenz

Das Abendland geht meiner Meinung nach nicht zugrunde an den totalitären Systemen oder den SS-Verbrechen, auch nicht an seiner materiellen Verarmung oder den Gottwalds und Molotows, sondern an dem hündischen Kriechen seiner Intelligenz vor den politischen Begriffen (Berliner Brief 1948 – Werke VII, 1738).

Der Nationalsozialismus

Das Ganze kommt mir allmählich vor wie eine Schmiere, die fortwährend Faust ankündigt, aber die Besetzung langt nur für »Husarenfieber« (Brief an Ina Seidel vom 27. August 1934; Ausgewählte Briefe, ed. M. Rychner, Wiesbaden 1957, 58).

Du stehst für Reiche

Du stehst für Reiche, nicht zu deuten und in denen es keine Siege gibt (Weinhaus Wolf [1937] – Werke V, 1312).

Der Mensch von heute

Die Körper sind morbider geworden, aber sie leben länger. Ein Römer der Kaiserzeit wurde 23 Jahre, aber ihn trug die römische Virtus, heute erweichen sie vor Prophylaxe und kommen vor Reihenuntersuchungen kaum noch nach Hause (Werke IV, 1139).

Aufforderung

Formulieren Sie Ihre Thesen auf das Rücksichtsloseste, denn Sie sind nur nach Maßgabe Ihrer Sätze vertreten, wenn die Epoche zur Rüste geht und dem Gesang ein Ende macht. Was Sie nicht aussprechen, ist nicht da. Sie machen sich Feinde. Sie werden allein sein, eine Nußschale auf dem Meer, eine Nußschale aus der es klirrt mit fragwürdigen Lauten, klappert vor Kälte. – – Aber geben Sie nicht SOS. Erstens hört Sie keiner und zweitens wird Ihr Ende sanft sein nach so viel Fahrten (Altern als Problem für Künstler, Werke IV, 1144 f.; ähnlich VIII, 2033).

Tapfer sein

Der undurchsichtigen Stellung des Geistes in unserer Welt, der uneuphorischen Haltung ihm gegenüber, die wir einnehmen müssen, gilt der letzte Prosasatz dieser Betrachtungen, er ist aus dem »Weinhaus Wolf«: »Du stehst für Reiche, nicht zu deuten und in denen es keine Siege gibt«, aber ich ergänze ihn durch eine Strophe aus meinen Gedichten, man möge sie weder als militant noch als nihilistisch ansehen, sie ist nur ernst und versucht, tapfer zu sein:

> Und heißt dann: Schweigen und Walten,
> wissend, daß sie zerfällt,
> dennoch die Schwerter halten
> vor die Stunde der Welt.

(Autobiographische Schriften: Doppelleben, Werke VIII, 2038)

Chopins letzte Worte

Meine Versuche sind nach Maßgabe dessen vollendet, was mir zu erreichen möglich war (von Benn zitiert in der Totenrede für Klabund, August 1928, Werke IV, 971).

Ruhm?

Sich irren und doch seinem Innern weiter Glauben schenken müssen, das ist der Mensch, und jenseits von Sieg und Niederlage beginnt sein Ruhm (Altern als Problem für Künstler – Werke IV, 1145).

*

Non confundar in aeternum [Auch ich werde in Ewigkeit nicht verworfen werden] – (Werke IV, 1146).

Unaufhörlichkeit

Nicht Entwicklung: Unaufhörlichkeit wird das Menschheitsgefühl des kommenden Jahrhunderts sein (Reden und Vorträge, Werke IV, 994).

Abgesang

Wenn du die Mythen und Worte
entleert hast, sollst du gehen.
Eine neue Götterkohorte
wirst du nicht mehr sehen,
nicht ihre Euphratthrone,
nicht ihre Schrift und Wand[1] –
Giesse Myrmidone[2]
den dunklen Wein ins Land

(Sieh die Sterne, die Fänge, Werke I, 129)

[1] Bezieht sich zweifellos auf Daniel 5, als Belsazar, König von Babylonien, Gott beleidigte, eine Hand erschien und Worte an die Wand schrieb, die von dem Seher Daniel als Ankündigung des baldigen Unterganges seines Reiches gedeutet wurden (Meneh meneh tekel upharsin – V. 25 – daher Menetekel). Benn dürfte dieser biblische Stoff durch Heinrich Heines Ballade (1826) bekannt geworden sein, wenn es nicht eine Erinnerung aus seiner Pfarrhausjugend war.

[2] Kein weiblicher Name. Die Myrmidonen waren ein südthessalischer Volksstamm aus der Zeit vor der dorischen Einwanderung. In der Ilias sind die Myrmidonen die Gefolgschaft des Achilles.

Benns letztes Wort

Am Anfang war das Wort und nicht das Geschwätz, und am Ende wird nicht die Propaganda sein, sondern wieder das Wort. Das Wort, das bindet und schließt, das Wort der Genesis, das die Feste absondert von den Nebeln und den Wassern, das Wort, das die Schöpfung trägt (Doppelleben, Werke VIII, 2042).

5. Tod und Jenseits

»Es ist ein Fragment, das Leben, ohne Anfang und Ende. Darum ist es schwer dahinterzukommen«, so heißt es im dritten Teil des Faustdramas »Nach Damaskus« von August *Strindberg*. Deshalb bedrückt auch die Frage danach, was jenseits von Geburt und Tod liegt, die Menschheit seit ihren ersten Anfängen bis heute. Schon die allerprimitivsten Völkerschaften, die uns aus Geschichte und Gegenwart bekannt sind, stellen die Frage, ob es ein Leben nach dem Tode gibt, und beantworten sie allermeist positiv. Der Tote sieht und hört alles, er hat auch Nahrungsbedürfnisse wie ein Lebendiger, nur kann er nicht sprechen und wahrgenommen werden. Das ist die Meinung afrikanischer Negerstämme in Liberia und am Kongo, der Naturvölker auf den Inseln des Cook-Archipels wie auf den Fidschi-Inseln und der Eingeborenen des Inneren Australiens. Diese Vorstellung der Primitiven begegnet uns auch in einem Film nach dem Drehbuch von Jean-Paul *Sartre,* wie die Toten mitten durch die Stadt Paris gehen und an den Geschäften der Lebenden Anteil nehmen, nur von diesen nicht gesehen werden können.

Doch die meisten der primitiven Völker denken sich das Reich der Toten unter der Erde, die japanischen Shintoisten, die Einwohner von Labrador und Samoa sogar auf dem Meeresgrund. Hingegen glaub-

ten die alten Germanen, daß die Toten in den Totenberg eingehen, das Seelenheim des Helgafell, in dem die Sippe der Toten genau wie auf Erden weiterlebt unter der Leitung und Herrschaft des Ältesten der Sippe. So erklärt sich die Kyffhäuser-Sage vom Kaiser Friedrich II., die später auf Barbarossa bezogen wurde, wie die vom König Karl im Untersberg bei Salzburg. – Aber die Verstorbenen kommen auch zurück: Im Sturmzug des wilden Jägers glaubt man einzelne Tote erkennen zu können, und das altnordische Weihnachtsfest ist wohl weniger ein Sonnenwend- als ein Totenbesuchsfest gewesen. Bis in unsere Zeit hat sich in Skandinavien die Vorstellung erhalten, daß in der Christnacht die Toten in der Kirche ihren eigenen Gottesdienst abhalten.
Auch im Orient weiß man von Ereignissen nach dem Tode. Die Zarathustra-Religion lehrt, daß die Verstorbenen über die schmale Cinvatbrücke hinüber müssen, die scharf wie ein beidseitig geschliffenes Messer ist. Die Frevler stürzen hinunter in die Tiefe der schauerlichen Hölle, die unter der Brücke liegt, die Frommen gehen in das Paradies ein, »das gelobte weidenreiche Land«, in dem sie »süße Milch trinken« werden nach der Idealvorstellung dieser persischen Bauernreligion. Aber scheußlich ist der von den Parsigemeinden in Indien bis heute geübte Bestattungsbrauch: Weil die Seele bei der Auferstehung einen neuen Leib bekommen wird, bringt man den alten mit dem Tode unrein gewordenen Leib fern der Stadt auf einen Leichenturm »Dakhma«, wo

die in konzentrischen Reihen niedergelegten nackten Leichen den Elementen und den aasfressenden Vögeln preisgegeben werden, die diese »Türme des Schweigens« bei Tag und Nacht umschwärmen.
Sehr ausgebaute und bildhafte Vorstellungen über das jenseitige Leben nach dem Tode entwickelte der Islam. Die Lehre von den letzten Dingen bildet den dritten Glaubenssatz des Propheten. Man hat berechnet, daß ein Fünftel des Korans auf Schilderungen des Lebens im Paradies entfällt. Die im Sinne des Propheten rechtgläubig Gewesenen erwartet hier eine Fülle sinnlicher Freuden, die die Seligen in Gesellschaft lieblicher Jungfrauen und schöner Knaben genießen werden. Die Verdammten aber sieden in der höllischen Glut. Auf ihren Angesichtern werden sie ins Feuer geschleift. Ihre Kleider brennen, kochendes Wasser wird über ihre Häupter gegossen, so daß ihre Eingeweide schmoren. Sobald ihre Haut geschmolzen ist, erhalten sie eine neue, damit sie auch ja die Strafe schmecken. Eiserne Keulen sind da, mit denen sie geschlagen werden! Nur Eiter werden sie zur Speise haben, bis Allah die Seele fragen wird: Bist du voll? – Ein Ende gibt es für die Qualen der Verdammten nicht.
Mit Parsismus, talmudischem Judentum und christlicher Kirche teilt der Islam seine Vorstellungen von Jenseits, Paradies und Hölle, Auferstehung und Gericht. Dante hat die Schilderungen der Qualen in seinem »Inferno« wesentlich islamischen Quellen entnommen. Die christlichen Vorstellungen von Hölle

und Fegefeuer haben sich aus der Unterwelt des Alten Testaments entwickelt, der in der Erdtiefe liegenden »Scheol«, wo die Seelen wie Schatten (rephaim) kraftlos und schwach lagern. »Bei den Toten, dahin du fährst, ist weder Werk, Kunst, Vernunft noch Weisheit« (Koh. 9, 10). Darum ist »ein lebendiger Hund besser als ein toter Löwe« (Spr. Sal. 9, 4). Aber bei den späteren Propheten und den Apokalyptikern ist die Auferweckung der Toten am jüngsten Tag und die Bekleidung der Seelen mit einem neuen Lichtleib zum festen Bestand der eschatologischen Enderwartung von den letzten Dingen geworden, die von den Ungläubigen, Bösen und Ungerechten freilich gefürchtet werden müssen.

Das rabbinische Judentum hat die Erwartung des Kommenden mit der Lebensführung des Menschen hier und jetzt so verbunden: »Besser ist eine Stunde in Bußfertigkeit und guten Werken in dieser Welt als alles ewige Leben, und doch ist eine Stunde der Seligkeit in der kommenden Welt besser als alles irdische Leben« (Sprüche der Väter IV, 22).

In der alten Christenheit sind die jüdischen Vorstellungen sehr detailliert weiterentwickelt worden. So wurden die Tore zur Hölle im Tale Gehinnom südlich von Jerusalem lokalisiert, eine alte Kultstätte des Gottes Moloch, für den hier ein ständiges Feuer brannte. Aber auch zoroastrisches Glaubensgut wurde übernommen, wie das reinigende Feuer, in dem geglühtes Metall schmilzt, für die sündhaft befleckten Seelen, aus dem dann das meist in das Innere der

Erde verlegte Fegefeuer geworden ist. Nach dem römischen Katechismus ist dies »ein Sühnort für die Seelen derer, welche – obwohl sie in der Gnade Gottes gestorben sind – der göttlichen Gerechtigkeit nicht vollständige Genugtuung geleistet haben«. Die katholische Kirche lehrt, daß die Hölle die Strafe für die Erbsünde und für Todsünden sei, sofern sie nicht durch die Sakramente der Taufe und der Buße vergeben werden. Die Strafen der Hölle werden eingeteilt in Strafen des Verlustes der ewigen Seligkeit und in Martern, wobei der Grundgedanke gilt: Womit man gesündigt, damit wird man auch bestraft.
Die Vorstellung von der Hölle als Ort der Qual und des Aufenthalts der Verdammten ist erst ab dem 12. Jahrhundert durch die Kirche durchgesetzt worden. Die Germanen kannten derartiges nicht. Für sie gab es nur ein Totenreich der kraftlosen Schatten. Der Wal (die Gemeinschaft) der Schlachttoten freilich versammelt sich in der Walhall, die aber noch nicht von dem späteren poetisierenden Märchenglanz der jüngeren Wikingerzeit umstrahlt ist. Ursprünglich hausten die Toten der Sippe in einem Totenberg, dem Grabhügel des Geschlechts, und die »Hellwege« z. B. in Westfalen waren nach der Vermutung einiger Volkskundler – die Meinungen sind geteilt – Wege, auf denen die Leichen zu den Totenbergen gefahren wurden.

Für Martin Luther stand die Tatsächlichkeit von Hölle und Teufel fest. Er meinte es wörtlich und sprichwörtlich, wenn er häufig sagte: »Sie machen uns die Höllen heiß und den Teufel schwarz.« Freilich trat die Vorstellung körperlicher Höllenqualen bei Luther vor der persönlichen Gerichtserfahrung zurück, in die der Mensch vor den zürnenden und strafenden Gott gerät. Der Historiker Heinrich *Leo* (1799–1878), ein protestantischer Konservativer des 19. Jahrhunderts mit katholischen Neigungen, hat sehr tiefsinnig darüber nachgedacht, was Gottes Zorn und Strafe sowie der Teufel in der göttlichen Weltordnung zu bedeuten haben: »Es wäre das Erschrecklichste für alle Kreatur, wenn Gott einmal aufhörte zu strafen, denn dann hätte er die Sünder verlassen – und der Teufel selbst wäre dann noch elender dran, wenn er keine Strafe mehr fände, er wäre dann völlig gottverlassen. All unser Bitten um Vergebung und milde Strafe geht ja nur dahin, daß Gottes Heiliger Geist stärker in uns einkehre und dadurch die Strafe unnötiger mache, nicht daß er uns fahren lasse und uns uns selber überlassen möge« (Brief an Ludwig von Gerlach vom 2. Februar 1857 – Allgem. Konserv. Monatsschr. 1894, 791).

Das ist Frömmigkeit, die sich von der Zeit Martin Luthers noch nicht weit entfernt hat. Der »Spielmann Tod« spielt noch im Reformationsjahrhundert sein ewiges Lied, festgehalten in Bild und Wort von den vielen mittelalterlichen Totentänzen. Allegorische Bilder seit dem 14. Jahrhundert zeigen, wie der Tod den Menschen zum Reigen aufspielt. Erst das Barockjahrhundert weist in eine andere, individualisierende Richtung. Jetzt heißt es bei Friedrich von Logau:

Tod ist ein langer Schlaf,
Schlaf ist ein kurzer Tod.
Die Not, die lindert der
und jener tilgt die Not.

(Deutsche Sinn-Getichte IV, 177–1654)

Gern zitierte man aus des Stoikers Epiktet »Handbüchlein der Moral« Kap. 5: »Nicht der Tod ist schrecklich, sondern die Meinung vom Tode, daß er etwas Schreckliches sei, ist das Schreckliche.« Vor allen Dingen aber ist das Barockzeitalter durch eine sich verstärkende Ich-Beobachtung charakterisiert. Tod heißt jetzt: ich sterbe, Ewigkeit: was meiner wartet. Die Grundstimmung ist jetzt Fremdheit der Seele in der Welt. »Unser Gasthaus ist die Erde, sie ist unsere Heimat nicht«, ruft der Nürnberger Pegnitzschäfer Siegfried von *Birken* aus. Und der schlesische Mystiker Angelus Silesius dichtet bereits:

Der Tod bewegt mich nicht,
ich komme nur durch ihn,
wo ich schon nach dem Geist
mit dem Gemüte hin.

(Deutsche Sinn-Getichte IV, 81)

Die Möglichkeit des Himmels ist im Menschen selber, meint pantheisierend derselbe Angelus *Silesius*:

Halt an wo läufst du hin? Der Himmel ist in dir
suchst du Gott anderswo, du fehlst ihn für und für.

(Cherubinischer Wandersmann I, 82)

Dasselbe auch für die Hölle stellte der protestantische Mystiker Valentin *Weigel* (1533–1588) in Prosa fest: »Ein jeder trägt die Helle bey sich unter den Verdampten, also ein jeder träget den Himmel bey sich unter den Heiligen« (Vom Orth der Welt, Halle 1613, Hoofdstuk 14).

Eine radikale Verweltlichung des Jenseits mußte beginnen, als der Mensch entdeckte, daß es keinen schlimmeren Teufel geben könne als den, der er selber ist, und daß die ärgsten Höllenstrafen peinigende Neigungen und Triebe sind. *Swedenborg* erfuhr die Hölle seines Daseins, in dem der böse Mensch der Teufel seines Nächsten ist und diesem Höllisches antun muß; *Strindberg* gestaltet in seinem »Inferno« die Hölle des Diesseits; *Kafka* stellte fest: »Es kann ein Wissen vom Teuflischen geben, aber keinen Glauben daran, denn mehr Teuflisches als da ist, gibt es nicht . . . Nur unser Zeitbegriff läßt uns das Jüngste Gericht so nennen, eigentlich ist es ein Standrecht« (Betrachtungen über Sünde, Leid, Hoffnung und den wahren Weg Nr. 40 und Nr. 100). »Die Hölle – das sind die anderen«, heißt es bei Jean-Paul *Sartre* in »Geschlossene Gesellschaft«. Auf der anderen Seite hat *Dostojewskij* der großen Erkenntnis einen unvergeßlichen Ausdruck gegeben, daß auch das Paradies auf dieser Erde möglich ist, nicht als eine rationale, sondern als eine ekstatische Erfahrung rauschhaften Glücksgefühls. Das Paradies entsteht, wenn sich die Menschen lieben; Mitja Karamasow sagt zum Starez Sossima: »Das Paradies ist in jedem von uns verborgen, auch in mir verbirgt es sich jetzt, und wenn ich will, wird es morgen in Wirklichkeit in mir entstehen und dann andauern für mein ganzes Leben« (Die Brüder Karamasow VI).

Vielleicht bezeichnet in der Geschichte der Jenseitsvorstellungen Rainer Maria *Rilke* eine besondere Wendung. Bei ihm ist, wenn ich richtig sehe, die alte kirchliche Jenseitsvorstellung ganz aufgelöst worden. Diesseits und Jenseits sieht Rilke nicht mehr als Gegensatz, sondern als eine große Einheit; die ewige Strömung geht durch beide Bereiche, durch Leben und Tod. Darum ist ihm das Diesseits auch nicht mehr Vorübung und Prüfung für ein Jenseits. Im »Brief eines jungen Arbeiters« schreibt der in den Duineser Elegien um die Gestalt des Engels ringende Dichter: »Hier ist der Engel, den es nicht gibt, und der Teufel, den es nicht gibt; und der Mensch, den es gibt, ist zwischen ihnen. Und ich kann mir nicht helfen, ihre Unwirklichkeit macht ihn mir wirklicher« (Ausg. Werke II, Leipzig 1938, 302).

Wie sich aber der Mensch zur Ewigkeit verhalten soll, die nach dem Tode kommt, hat ein anderer moderner Dichter, nämlich Werner *Bergengruen* 1947 so formuliert: »Es genügt nicht, daß wir uns bemühen, einzelne Dinge sub specie aeterni zu betrachten. Wir sollten jeden Augenblick unserer Zeitlichkeit an der Ewigkeit messen. Vermöchten wir das, so wäre uns von Grund auf geholfen; nichts könnte uns mehr zustoßen« (Dichtergehäuse, Aus den Autobiographischen Aufzeichnungen, Zürich 1966, 167).

II.

GESCHICHTE UND POLITIK

6. Geschichtliche Einsichten

In diesem und dem folgenden Abschnitt sind Einsichten und Aussprüche gesammelt, die keines Kommentars bedürfen, weil ihre Thematik durch die hinzugesetzte Überschrift hinreichend gekennzeichnet ist. Im Abschnitt 7 streifen sie mitunter den Rand des »Anekdotischen«, was dem griechischen Wortsinn nach heißt: der mündlichen Überlieferung.

Geschichte

Geschichte ist nicht das, was geschehen ist. Was geschehen ist, ist höchstens ein Bericht. Geschichte ist: was geschah im Zusammenhang der Zeiten (J. H. van den *Berg*: Metabletica, Grundlinien einer historischen Psychologie, Göttingen 1960, 40 f.).

Geschichtsschreibung

Gute Geschichtsschreiber erzählen und lassen dem verständigen Leser über, sich den Kommentar dazu zu machen (J. G. *Müller*-Schaffhausen [Bruder des Historikers Johannes v. Müller]: Briefe über das Studium der Wissenschaften, besonders der Geschichte an einen helvetischen Jüngling, Zürich 1798, 253).

Gegenwart – Vergangenheit

Jeder Punkt in dieser Gegenwart ist ein gewordener. Was er war und wie er wurde, ist vergangen; aber seine Vergangenheit ist hell in ihm. – – – Nicht die Vergangenheiten werden hell – sie sind nicht mehr –, sondern was in dem Jetzt und Hier von ihnen noch unvergangen ist (Johann Gustav *Droysen*: Historik, Vorlesungen über Enzyklopädie und Methodologie der Geschichte, 1858, neu hrsg. E. Rothacker, Halle 1925, 8).

Voraussage der Zukunft

Philippus Camerarius[1] sagte: »Wenn man das Vergangene hinterher denkt und gibt auf das Gegenwärtige acht, so kann man auf das Zukünftige einen vermutlichen Schluß machen. Das Künftige ist ein Rätsel, welches die Zeit auflöst« (Quirinus *Pegeus*: Ars Apophthegmatica, d. i. Kunstquelle denkwürdiger Lehrsprüche, Nürnberg 1662, 265 – Nr. 1260).

★

Der Historiker ist ein rückwärts gekehrter Prophet (Friedrich *Schlegel*: Fragmente Athenaeum 1–2, 1798, 20).

[1] Philipp *Camerarius* (1573–1651), Sohn des bekannten Humanisten, war u. a. Verfasser des »Historischen Lustgärtchen« (1625), aus dem der Satz stammen dürfte.

Tradition

Die Tradition ist nicht ein unbewegtes Steinbild, sondern lebendig und schwillt als ein mächtiger Strom. – – – Was so jede Generation an Wissenschaft, an geistiger Produktion vor sich gebracht hat, ist ein Erbstück, woran die ganze Vorwelt zusammengespart hat, ein Heiligtum, worein alle Geschlechter der Menschen, was ihnen durchs Leben geholfen, was sie der Tiefe der Natur und des Geistes abgewonnen, dankbar und froh auffingen. Dies Erben ist zugleich Empfangen und Antreten der Erbschaft (G. W. F. *Hegel*: Vorlesungen über die Geschichte der Philosophie, Werke, Jubil. Ausg., XIII, 29 f.).

Das Glück

Die Weltgeschichte ist nicht der Boden des Glückes. Die Perioden des Glücks sind leere Blätter in ihr (G. W. F. *Hegel*: Vorlesungen über die Philosophie der Geschichte, Werke, Jubil. Ausg., XI, 56).

Ist mancher Geschichtsschreiber nicht gar ein Romantiker?

August Graf von Platen, selber Romantiker, Dichter und Geschichtsschreiber, widersprach diesem kläglichen Vorurteil und schrieb im Vorwort seiner »Geschichte des Königreichs Neapel 1414–1443«, die 1833 erschien: »Kein Roman ist so romantisch als die Geschichte selbst.«

Zeitgeist

Das Auge des Kenners entdeckt im Kleinen wie im Großen, in jeder Gewohnheit, in den herrschenden Ansichten der Dinge, sogar in den Redensarten das Gepräge des Zeitgeistes. Hierzu ist die Geschichte einer einzigen Stadt, genau und ausführlich aus den Quellen geschrieben, ebenso lehrreich als die eines großen Landes und vielleicht noch lehrreicher (J. G. *Müller*-Schaffhausen, ebd. 105).

Nochmal der Zeitgeist

Soweit die Geschichte zurückreicht, findet das Individuum allemal schon einen bestimmt gestalteten und bestehenden Gemeingeist vor, und in diesen »wächst es hinein«. Ein Zeitgeist ist zu jeder Zeit schon vorhanden, kein einzelner erdenkt oder erfindet ihn erst für sich. Niemand fängt als einzelner neu an, Satzung, Konvention, Ausdruckssymbole zu schaffen. Jeder vielmehr »übernimmt« gewordene und gefundene Gültigkeit, Sitten, Sprache. Und dieses Übernehmen ist nicht das Übernehmen eines Kollektivgebildes – man übernimmt nicht die Menge der Individuen –, sondern offenkundig nur ein Übernehmen der gemeinsamen Formen und Geprägtheiten, die sie an sich haben, dessen also, was die Menge der Individuen für recht, gültig, anständig oder erforderlich hält. Übernommen wird das geistig Gemeinsame, das sie verbindet (Nicolai *Hartmann*: Das Problem des geistigen Seins, Berlin 1949, 192).

Die herrschenden Tendenzen des Zeitalters

Ich kann also unter leitenden Ideen nichts anderes verstehen, als daß sie die herrschenden Tendenzen in jedem Jahrhundert sind. Diese Tendenzen können indessen nur beschrieben, nicht in letzter Instanz in einen Begriff summiert werden. – Der Historiker hat die großen Tendenzen der Jahrhunderte auseinanderzunehmen und die ganze Geschichte der Menschheit aufzurollen, welche eben der Komplex dieser verschiedenen Tendenzen ist (Leopold von *Ranke*: Weltgeschichte IX, Leipzig 1883, 7).

Was in der Luft liegt

Was in der Luft liegt und was die Zeit fordert, das kann in hundert Köpfen auf einmal entspringen, ohne daß einer dem anderen Abbruch tut (*Goethe*: Brief an K. F. Zelter vom 7. November 1816 – W. A. IV, 27, 220).

Die Bedeutung des Augenzeugenberichtes

Denke Dir die Aristokratie nach allen ihren Prädikaten. – Niemals könntest Du Sparta ahnen (Leopold von *Ranke*: Das politische Gespräch, 1836 – S. W. 49/50, 322 – anläßlich einer Gegenüberstellung von Aristokratie und Demokratie).

Einflüsse

Es gibt keine Frage, bei der sich der Forscher selbst schärfer kontrollieren muß, als bei der nach dem »Einfluß«. Alles Raffinement eines Untersuchungsrichters und dazu noch ein tüchtiger Schuß eigener Erfahrung über die Psychologie der betreffenden Art geistiger Arbeit müssen da zusammenkommen, um einigermaßen sichere Ergebnisse zu erzielen (Franz *Rosenzweig* in einer Rezension in Historische Zeitschrift Band 127, München 1923, 306).

Vernünftige Ansicht der Geschichte

Wer die Welt vernünftig ansieht, den sieht auch sie vernünftig an. Beides ist in Wechselbestimmung (G. W. F. *Hegel*: Vorlesungen über die Philosophie der Geschichte, Einleitung – Werke XI, 37).

Der große Mann

Ein großer Mann verdammt die Menschen dazu, ihn zu explizieren (G. W. F. *Hegel*: Aphoristische Aufzeichnung aus der Berliner Zeit – Ausg. Hoffmeister XI, 715).

⋆

In der öffentlichen Meinung ist alles Falsche und Wahre, aber das Wahre in ihr zu finden, ist die Sache des großen Mannes. Wer, was seine Zeit will, ausspricht, ihr sagt und vollbringt, ist der große Mann der Zeit (G. W. F. *Hegel*: Zusatz zur Rechtsphilosophie § 318 – Werke VII, 427).

Was aber ist die öffentliche Meinung?

Die letzte unvollendete Arbeit von Johann Georg *Hamann* (1740–1788), erstmals 1762 von Fr. K. v. *Moser* angeredet als »der Magus des Nordens«, hieß *»Ein fliegender Brief an Niemand den Kundbaren«*. Dieser war der Adressat seiner »Sokratischen Denkwürdigkeiten« und von Hamann, der sich selber einen »Liebhaber der langen Weile« nannte, auf das Publikum als solches gemünzt (Werke III, ed. Joseph Nadler, Wien 1951, 348 ff.).

Wider die sogenannte »Zeitgeschichte«

Innerhalb einer Epoche gibt es keinen Standpunkt, eine Epoche zu betrachten (*Goethe*: Maximen und Reflexionen, W. A. 42,2,245).

Welche ist die beste Staatsform?

Die beste Staatsform ist das Königtum. Die Entartung des Königtums: die Tyrannis ist die schlechteste. Unter den nicht guten Verfassungen ist am erträglichsten die Demokratie (*Aristoteles*: Politik IV, 2; ähnlich Nicomachische Ethik VIII, 12).

Die beste Definition der Monarchie gab der greise Kaiser Franz Joseph von Österreich, als ihn 1911 Theodore Roosevelt bei seinem Europabesuch – Franz Joseph war damals 81 Jahre alt – über seine Aufgabenstellung befragte: »Ich bin dazu da, um meine Völker vor ihrer Regierung zu schützen.«

Was ist konservativ?

Konservative Gesinnung ist etwas Höheres und Tieferes als der kleinmütige Wunsch, das, was man hat, möglichst langsam zu verlieren (Unterschrift Hermann *Wageners* – 1815–1889 – unter sein Porträt).

★

A sound Conservative Government: Tory men and Wigh measures (Benjamin *Disraeli* im Roman Coningsby II, 6 – 1844).

★

Das Konservative verstehen wir nicht als ein Hängen an dem, was gestern war, sondern als ein Leben aus dem, was immer gilt (Albrecht Erich *Günther*, Der Ring 1931, Heft 22, 409).

Was ist der Staat?

Die vom Staat gebannten Augenblicke sind »Stunden« des Volkslebens, das von sich aus keine Stunden kennt; erst der Staat bringt in den unaufhörlichen Abfluß dieses Lebens in der Zeit Stillstände, Haltepunkte, Epochen. Die Epochen sind die Stunden der Weltgeschichte, und nur der Staat bringt sie hinein durch seinen kriegerischen Bannspruch, der die Sonne der Zeit stehen läßt, bis jeweils für diesen Tag »das Volk Herr geworden über seine Feinde«. Ohne Staat also keine Weltgeschichte (Franz *Rosenzweig*: Der Stern der Erlösung III, Heidelberg 1954^3, 94).

Institutionen

Ob nun die Geschichte langen oder kurzen Prozeß macht, die Kultur in einem menschenwürdigen Sinne erhält sich dadurch, daß junge Menschen in vernünftige Einrichtungen hineinwachsen, die von langen Erfolgen legitimiert sind; sonst werden unersetzbare Erbschaften verschlissen: die Disziplin, die Geduld, die Selbstverständlichkeit und die Hemmungen, die man nie logisch begründen, nur zerstören und dann nur gewaltsam wieder aufrichten kann (Arnold *Gehlen*: Moral und Hypermoral, eine pluralistische Ethik, Frankfurt–Bonn 1969, 101).

Was ist ein Rechtsstaat?

Das ist ein Staat, in dem *Voltaires* Grundsatz zu befolgen möglich ist: »Ich mißbillige alles, was Sie sagen, aber bis zu meinem Tode will ich Ihr Recht verteidigen, es sagen zu dürfen«[2] (Nach S. G. *Tallentyre* – eigentl. Evelyn Beatrice Hall –: The Friends of Voltaire, London 1906, New York 1907, 199).
Die ironische Antithese wird Voltaires Landsmann Georges *Clemenceau* zugeschrieben. In guter Kenntnis der skeptischen Gedanken des großen Schriftstellers Anatole France während des Weltkriegs soll er 1917 zu Beginn seiner zweiten Ministerpräsidentschaft geäußert haben: »Ich bewundere Anatole France, doch wenn er ein Wort sagt, so lasse ich ihn sofort verhaften« (zit. nach Valeriu *Marcu*: Schatten der Geschichte, Leipzig 1929, 133).

[2] Wahrscheinlich ist das keine wörtliche Formulierung Voltaires, sondern die Paraphrase seiner Stellungnahme zu C. A. Helvetius anläßlich der vom Pariser Parlament angeordneten öffentlichen Verbrennung des umstrittenen Buches von C. A. *Helvetius* »De l'esprit«, die im Frühjahr 1759 erfolgte. Als Direktäußerung in einem Brief an Helvetius konnte ich das Wort auch in der neuen Bestermannschen Ausgabe der Voltaireschen Korrespondenz von bisher 109 Bänden nicht nachweisen. Sein Brief an diesen vom 17. X. 1758 (Band 34, 244) ist von größter Liebenswürdigkeit, während er seine wahre Meinung wohl dem Freunde Nic. Cl. Thierrot schrieb: »Voilà, bien du bruit pour une omelette« (Brief vom 24. XII. 1758 – ebd. 257).

Schranken der Macht

Es ist eine ewige Erfahrung, daß jeder Mensch, der Macht in Händen hat, geneigt ist, sie zu mißbrauchen. Er geht so weit, bis er Schranken findet (*Montesquieu*: Vom Geist der Gesetze, Paris 1748, Buch XI).

Der Staat und die zehn Gebote

Der vornehmste Zweck des Staates ist das Recht und die Gerechtigkeit. Das Recht ist der hauptsächliche Bestandteil der ihm aufgetragenen Gebote; es ist die Lebensordnung des Volkes zur Erhaltung von Gottes Weltordnung. Das Recht aber in dieser seiner wahren Bedeutung hat zu seinem Wesen und Gehalt die zehn Gebote. Es ist die freie Anwendung dieser von Gott an den einzelnen Menschen und für die einzelnen Handlungen erlassenen Gebote auf die Ordnung des Gemeinzustandes und für die Institutionen. – Es ist der oberste Zweck des Staates – und ist der Kern in der Stellung der Obrigkeit – Erhalter und Rächer der zehn Gebote zu sein. Er ist, wie die Älteren sagen: »Hüter beider Tafeln«[3] (Friedrich Julius *Stahl*: Die Philosophie des Rechts Bd. II, 2, Freiburg 1854³, 145 f.).

[3] Vgl. Melanchthon: Opera Corpus Ref. XV, 1017: Magistratus est custos legis, videlicet utriusque tabulae; ähnlich ebd. 726 u. ö.

Was ist eine Nation?

Die Nation ist ein sich täglich wiederholendes Plebiszit (Ernest *Renan*: Qu'est ce qu'une nation?, Paris 1882).

Die Majorität

Nichts ist widerwärtiger als die Majorität, denn sie besteht aus wenigen kräftigen Vorgängern, aus Schelmen, die sich akkommodieren, aus Schwachen, die sich assimilieren, und der Masse, die nachtrollt, ohne nur im mindesten zu wissen, was sie will (J. W. *Goethe*: Maximen und Reflexionen Nr. 604, ed. M. Hecker, Weimar 1907 – Artemisausg. IX, 578).

★

Wenn jeder konfirmierte Esser stimmberechtigt ist, wenn Stimmenmehrheit die Sache entscheidet, unterliegt man da nicht der Masse, den Flachköpfen? (S. *Kierkegaard*: Tagebücher I, Innsbruck 1923, 67).

Autorität gleich Ansehen

Wenn der Offizier seine Würde in Ansehung seiner Fähigkeiten, Vermehrung seiner Kenntnisse und wirklichen inneren Wert setzt, wenn er überall auf seine Handlungen strenge Aufmerksamkeit richtet und unparteiisch und gerecht zu seinen Untergebenen ist, so kann es ihm nicht fehlen, daß er sich die

Liebe, das Vertrauen und den achtungsvollen Gehorsam derselben im hohen Grad erwerben und sein Ansehen fest und bleibend gründen wird (Einfügung *Scharnhorsts* in einen von *Gneisenau* entworfenen Immediatbericht der Militär Reorganisations Commission vom 8. Juni 1808, Abschnitt: Über die Behandlung der Soldaten im allgemeinen).

Die Ursache des Übels

Das Übel ist nicht in den Regierungen, sondern in den Regierten. Das Übel liegt darin, daß die zu Regierenden unregierbar geworden sind. Die wahre Ursache des tiefen und schweren Übels, das Europa quält, ist darin zu suchen, daß die Idee der göttlichen und menschlichen Autorität verschwunden ist. – Das ist der Grund, warum sich die Völker nicht mehr regieren lassen (Donoso *Cortés*: Rede vom 30. Januar 1850 in der Spanischen Kammer über die allgemeine Lage Europas. – Briefe, parlamentarische Reden und diplomatische Berichte, ed. A. Maier, Köln 1950, 219).

Die Diskussion – das Geheimmittel des Liberalismus

Die Diskussion ist der Name, unter dem der Tod reist, wenn er nicht erkannt sein will (Donoso *Cortés*: Essay über den Katholizismus, den Liberalismus und den Sozialismus, Madrid 1851, resp. Tübingen 1854, 2. Buch, Kap. 8).

Der Historiker liebt das Individuelle

Es hat seine guten Gründe, wenn der Historiker sich so schwer losreißt von seinen individuellen Gestalten und immer vom Allgemeinen sogleich zum Besonderen und Konkreten vorstößt, wenn er lieber von Moltke als vom Geist des preußischen Generalstabs spricht und lieber die Jugendbewegung von 1910 als das Problem der Generationen im allgemeinen behandelt. Ich kenne die Menschheit, wenn ich einen Freund oder eine geliebte Frau bis in die Gründe und Abgründe ihres Wesens erfahren habe, unendlich viel richtiger und gemäßer, als wenn ich vielleicht Tausende oberflächlich nach einem notwendig groben Schema befragt und ihre Fragebogen nach einem mathematischen Punktsystem ausgewertet habe (Rudolf *Stadelmann*: Geschichte der englischen Revolution, Wiesbaden 1954, 17 f.).

Was wurde anders?

Die alten Zeiten waren nicht besser, aber anders. Das alte Europa, dessen letzter voller Klang in der deutschen Geschichte die Goethe-Zeit ist, war anders, bis in den Grund hinein anders als unsere Welt. Um es mit einem einfachen menschlichen Beispiel zu sagen: Wenn heute ein relativ gutgestellter Student in Straßburg sich zum Rendezvous mit einem Bürgertöchterchen nach Sesenheim begeben wollte, dann würde er nicht mehr, wie es Goethe in seinem unvergänglichen Gedicht gesagt hat, »geschwind zu Pferde« steigen, sondern er würde sein Motorrad anwerfen und wäre dann viel schneller da. Seine Erwartung – »es schlug mein Herz« – wäre um einige Grade weniger gespannt, da er vorher noch schnell angerufen hätte (ich vermute, daß im Sesenheimer Pfarrhaus heute Telefon ist). Und was Goethe damals auf seinem Ritt erlebte, was durch Augen und Ohren in ihn eindrang, was ihm an Welterfahrung begegnete, das wäre bei seinem modernen Nachfahren, der sich auf den gleichen Weg machte, ganz anders. Nichts vom Schauer der auf die Welt sich herabsenkenden Nacht, von der geheimnisvollen Verwandlung der Dinge, »wo Finsternis aus dem Gesträuche mit hundert schwarzen Augen sah«. Zwischen der raunenden, der lockenden und bedrängten Schönheit der nächtlich atmenden Schöpfung und dem Herz des Fahrers würde sich der Takt des Motors wie eine Trennwand aufrichten, und sein Blick würde gebannt und begrenzt sein durch den Lichtkegel, den seine Maschine der Fahrt vorausschleudert und der wie mit scharfem Messer aus der Welt den Ausschnitt herausschneidet, der den Fahrer in die Richtung seines Ziels führt.

Oder ein anderes: Vermögen wir es nachzuempfinden, daß der Klerus von Köln sich unter Napoleon gegen die Einführung der ständigen Straßenbeleuchtung wandte, weil hier die für die Welt gesetzte Ordnung des Wechsels von Licht und Finsternis durchbrochen würde? Wir heutigen, die wir uns als ideale Arbeitsstätte das Geschäfts- und Bürohaus mit Klimaanlage denken, wo bei festgesetzter Temperatur und genormtem Feuchtigkeitsgehalt möglichst wenig spürbar ist von dem Wechsel der Jahreszeiten, lächeln über so viel Rückständigkeit. Aber in jenem hilflosen Protest spricht sich doch ein wacher Sinn dafür aus, daß sich damals eine Entwicklung ankündigte, die die Welt gänzlich aus ihrem alten Rhythmus herausreißen würde – die Welt der Natur und auch die Welt der Geschichte (Karl Dietrich *Erdmann*: Themen der europäischen Geschichte, Geschichte in Wissenschaft und Unterricht 1955, 11 f.).

Der rasche Wandel

Manchmal kommt es mir so vor, als seien die Zeitgenossen des Lissabonner Erdbebens, der Eroberung Konstantinopels und der Französischen Revolution von diesen Ereignissen stärker erschüttert worden als wir durch die von uns miterlebten Daseinswandlungen. Mit der Drastik solcher Ereignisse können sich in unserer Zeit nur die Bomben von Hiroshima vergleichen. Und obwohl man fragen möchte, wie denn die einzelnen, wie denn die Gruppen, Schichten, Nationen ohne Erschütterungen ihres Bewußtseins und ihrer Lebensempfindung das Neue einschließlich der Bomben von Hiroshima hinnehmen sollten, hat man sich über die Schnelligkeit zu wundern, mit der sich die Einordnung dieser Bomben und aller ihrer Weiterwirkungen ins Gesamtgefüge unseres Daseins vollzogen hat, und man schöpft hieraus einigen

Trost für die Zukunft (1959) (Werner *Bergengruen*: Dichtergehäuse, aus den autobiographischen Aufzeichnungen, Zürich 1966, 177).

Geschichtslosigkeit

Der Mensch ohne Geschichte ist der Barbar. Das 20. Jahrhundert hat es in der Barbarei weiter gebracht als das 19., und wir sehen das Verhältnis des Barbaren zur Geschichte im Lichte einer neuen Erfahrung (Hermann *Heimpel*: Geschichte und Geschichtswissenschaft, Vierteljahrsschrift für Zeitgeschichte 1957, 16).

Über die moderne Technik

Die technische Überwindung von Zeit und Raum durch die tägliche Mitteilung der Zeitungen, die Massenhaftigkeit des Abbildens und Reproduzierens durch Kino, Radio und Fernsehen hat eine Berührung aller mit allen ermöglicht. Nichts ist fern, geheim, wunderbar mehr. Dies hat in bezug auf das menschliche Bewußtsein eine Nivellierung der Gehalte zur Folge, in bezug auf die Gehalte der Kultur und der Tradition eine weitgehende Demokratisierung. Indem aber alles allen zugänglich wird, vermindert sich auch sein geistiger Rang und seine Tiefendimension, denn Rang und Tiefe hat nur, was schwer, unter inneren Kämpfen und mit Opfern errungen wird. Die technische Apparatur, die Apparatisierung des Daseins löst die Menschen aus den substantiellen Lebensgehalten heraus, die sie früher als »Tradition« umgeben hatten. Ehe wir weitergehen, fragen wir im Interesse der sauberen Begriffsbestimmung: Was ist Technik? Was ist Apparat? In Anlehnung an Eugen *Diesel* gebe ich folgende Definitionen: Technik im modernen Sinne ist die Zwischenschaltung eines naturwissenschaftlich begründeten chemischen, physikalischen, maschinellen Arbeitsgebietes zwischen dem Menschen und dem von ihm erstrebten Zweck oder Ziel. So steht das Maschinenpaar aus Kraft und Arbeit zwischen dem Menschen und dem Produkt, dem Kleid, dem Gerät, dem Hausrat usw. Es steht ferner als Verkehrsmaschine zwischen dem Ausgangspunkt und dem Endziel, als Nachrichtenapparatur zwischen Mensch und Mensch usw. Diese zwischengeschaltete mechanische Apparatur mit ihrem Eigenleben und ihrer Eigengesetzlichkeit ist die moderne Technik.

Es bildet sich allmählich eine technische Lebensapparatur heraus, die sich in die zwischenmenschlichen Beziehungen hereindrängt, sie mechanisiert und durch neue künstliche ersetzt. Die Technik trennt zwar die Individuen, verbindet aber die Massen.[4] –

[4] Vgl. hierzu auch Erich *v. Kahler*: Die Wirklichkeit der Utopie, Neue Rundschau 1946, 261 ff.

Das ist ein sehr erstaunliches Phänomen! – Das Individuum wird zurückgedrängt, alles Wesentliche spielt sich auf einer neuen kollektiven Ebene ab. Es ließen sich viele Beispiele für diese Verschiebung angeben, ich beschränke mich auf ein einziges: Das Kino trat in weitem Maße an die Stelle des Theaters. Im Theater begibt sich zwischen den Schauspielern und der Versammlung, vor der sie spielen, eine jemals einmalige, lebendige Beziehung, eine unmittelbare Wechselwirkung von Mensch zu Mensch, die den Charakter einer jeden einzelnen Vorstellung auf eine bestimmte Weise beeinflußt. Das weiß jeder Schauspieler. Beim Film spielen die Schauspieler vor einer Maschine, die den Verkehr mit einem gänzlich anonymen, weltweiten, zeit- und ortlosen Massenpublikum vermittelt (Hans-Joachim *Schoeps*: Die geistige Situation der Zeit, Bremen 1949, in: Schriften der Wittheit, Reihe D: Abhandlungen und Vorträge, Bd. 19, Heft 4, 6f.).

Der Mensch der Masse

Der Massenmensch ist unfähig, die Kompliziertheit der Probleme, die sich ihm stellen, zu verstehen. Zufrieden mit sich und mit der Welt, die er geerbt hat, fühlt er keine Neigung, sich mit Problemen zu belasten und sich auf Argumentation einzulassen. Er lehnt daher jede Diskussion ab und plädiert dafür, mit der Diskussion Schluß zu machen. Faschismus und Bolschewismus sind die auf ihn zugeschnittenen politischen Bewegungen (Hanno *Kesting*: Geschichtsphilosophie und Weltbürgerkrieg, Heidelberg 1959, 167 – in Variation von Gedanken Ortega y Gassets).

Gegen den »historischen Optativ«

Der Begriff der *Wünschbarkeit des Vergangenen* ist überhaupt gänzlich aufzugeben. – –
Unsere Aufgabe statt alles Wünschens ist: uns möglichst frei zu machen von törichter Freude und Furcht und uns vor allem der Erkenntnis der geschichtlichen Entwicklung zuzuwenden. – Sobald wir unserer Lage bewußt werden, befinden wir uns auf einem mehr oder weniger gebrechlichen Schiff, welches auf einer von Millionen Wogen dahintreibt (Jacob *Burckhardt*: Historische Fragmente aus dem Nachlaß, Werke VII, 292 u. 413).

Mittelalterromantik

Wenn jene elegischen Gemüter, die sich danach (nach den mittelalterlichen Kulturformen) zurücksehnen, nur eine Stunde darin zubringen müßten, sie würden heftig nach moderner Luft begehren (Jacob *Burckhardt*: Die Kultur der Renaissance in Italien, Werke V, Stuttgart 1930, 124).

Muse Klio

Zu den Unvollkommenheiten der Geschichte kommt noch, daß die Geschichtsmuse Klio mit der Lüge so durch und durch infiziert ist wie eine Gassenhure mit der Syphilis (Arthur *Schopenhauer*: Parerga und Paralipomena, S. W., ed. A. Hübscher, Leipzig 1939, II, 476).

Zeitkritik

Unsere Zeit hat vielleicht ein Durchschnittswissen wie keine Generation vor ihr, aber sie ist leidenschaftslos. Keiner will einen der vielen Wege gehen, von denen er als Gebildeter weiß, daß sie begangen werden könnten. – Einst hatten einige wenige eine Meinung, und die anderen hatten gewußt, daß sie keine zu haben brauchten. Jetzt kann jeder eine haben, aber sie müssen sich dann numerisch zusammentun, um wirklich eine zu haben (Sören *Kierkegaard*: Kritik der Gegenwart, Innsbruck 1934, 607).

*

Unsere Zeit erinnert stark an die Auflösung des griechischen Staates; alles besteht noch, aber niemand glaubt mehr daran. Das unsichtbare geistige Band, das dem Bestehenden Recht und Halt gibt, ist verschwunden (S. *Kierkegaard*: Entweder-Oder, ed. Schrempf II, 16, ed. Hirsch II, 20).

Früher war das Wissen geringer, aber Anstand, Ordnung und Sitte waren in allen Ständen weit mehr verbreitet als jetzt. – – Die neue Lehre bestand darin, an die Stelle des Rechts und der Ordnung den Nutzen, an die Stelle christlicher Demut und Zufriedenheit mit der Stelle, die Gott einem jeden angewiesen hatte, – –: jedermann mit unbefriedigten Ansprüchen zu isolieren (Friedrich August Ludwig *von der Marwitz*: Nachrichten aus meinem Leben, 1835, abgedr. bei Fr. Meusel: F. A. L. v. d. Marwitz, Bd. I: Lebensbeschreibung, Berlin 1908, 40,44,47).

★

Das große Unheil ist im vorigen Jahrhundert angezettelt worden, hauptsächlich durch Rousseau mit seiner Lehre von der Güte der menschlichen Natur. Plebs und Gebildete destillierten hieraus die Doktrin eines goldenen Zeitalters, welches ganz unfehlbar kommen müsse, wenn man das edle Menschentum nur gewähren ließe, worauf man freilich periodisch der bloßen Gewalt anheimfiel (Jacob *Burckhardt* an Friedrich von Preen am 2. Juli 1871 – Briefe Bd. I, Stuttgart 1922).

★

Ich würde nichts sagen gegen die so furchtbar anwachsende Schulerei, wenn sie nur Geld kostete, aber sie schafft ja dem neuen Europa erst jene endlosen Generationen von Unzufriedenen, als ob nicht deren schon ohnehin genug wären (Jacob *Burckhardt* am 19. XII. 1884, an Friedrich von Preen – Briefe Bd. I, Stuttgart 1922, 192).

⋆

Ich habe noch das Glück gehabt, zum Teil unter Analphabeten aufwachsen zu dürfen (Autobiographische Aufzeichnung Werner *Bergengruens* von 1942 – Dichtergehäuse, Zürich 1966, 79).

⋆

Zum Lobpreis des Analphabetentums meldeten die Zeitungen im Oktober 1969: Zu einem Jahr Gefängnis wegen Diebstahls wurde ein Mann in Brasilien verurteilt, der weder lesen noch schreiben konnte. Im Gefängnis lernte er beides. Zwei Monate nach seiner Entlassung wurde er von neuem eingeliefert – diesmal wegen Urkundenfälschung.

Ideologen und Historiker

Ideologen führen oft ein Schattenboxen mit Phantomen auf. Der Historiker ist nicht dazu da, die Akten zu schließen, sondern sie zu erschließen (Helmut *Gollwitzer*: Gedanken zum 30. Januar, Das Parlament, 30. 1. 1963, Beilage).

Weisheiten Disraelis

Die Monarchie ist eine Staatsform, die einen hohen Grad der Zivilisation voraussetzt. Eine gebildete Nation scheut vor einer unvollkommenen Repräsentation zurück, die man »Regierung durch Volksvertretung« nennt (Coningsby or the New Generation V, 8 – 1844).

*

Wenn Parlamentsmitglieder aufhören, »gentlemen« zu sein, dann wird England als Weltreich aufgehört haben (Lothair 1870).

*

Kurz nach dem Erscheinen von Darwins »Ursprung der Arten« meinte Disraeli 1864 (Rede über die kirchliche Frage): »Die Frage stellt sich so: Ist der Mensch ein Affe oder ein Engel? Meine Lords, ich stelle mich auf die Seite der Engel« (Selected Speaches of Lord Beaconsfield, ed. T. E. Kettel, London 1882).

Die Aufgabe der Tageszeitung

Ihre erste Aufgabe ist das Sammeln von Nachrichten. Bei dem Heil ihrer Seele muß sie dafür sorgen, daß die Nachrichten nicht gefärbt werden. Das unverhüllte Gesicht der Wahrheit darf weder in dem, was sie bietet, noch in dem, was sie nicht bietet, noch auch in der Art der Darstellung entstellt werden. Kommentieren ist frei, aber Tatsachen sind geheiligt (C. P. *Scotts* im Jubiläumsartikel zur Hundertjahrfeier des Manchester Guardian – 1921).

7. Einige politische Gestalten und Situationen

Aus dem Testament des Großen Kurfürsten vom 19. Mai 1667

Die liebe *Justicia* lasset Euch in allen Euren Landen höchlichst befohlen sein und sehet dahin, damit sowohl den Armen als den Reichen ohne Ansehung der Person Recht verschafft werde und daß die Prozesse beschleunigt und nicht aufgehalten werden mögen, denn das befestigt die Stühle der Regenten (Die Politischen Testamente der Hohenzollern, ed. Küntzel-Hass, I, Leipzig 1911, 47).

Absolutismus

Ludwig XIV., dem das Wort L'état c'est moi, das er 1655 gesprochen haben soll, wahrscheinlich zu Unrecht zugeschrieben wird – er war damals erst 17 Jahre alt –, war immerhin so sehr von seiner Allmacht durchdrungen, daß er im Kreise seiner Hofleute einmal geäußert haben soll: »Wenn ich einem von Ihnen ins Wasser zu springen befehle, haben Sie ohne Zögern zu gehorchen.« Darauf erhob sich der Herzog von Guise und wollte hinausgehen. »Wohin?« rief der König. »Schwimmen lernen, Sire.«

Sparsamkeit

Sophie Charlotte an ihre Vertraute Frl. v. Pöllnitz[1] über ihren 14jährigen Sohn, den künftigen »Soldatenkönig«, im Jahre 1702: »Dieu! tant pis! avare dans un âge si tendre. On se corrige d'autres vices, mais celui – en augmente« (Mein Gott! Geizig in einem so zarten Alter. Andere Laster kann man korrigieren, dieses wächst) – (J. *Erman*: Mémoires pour servir à l'histoire de Sophie Charlotte, Berlin 1801, 185).

★

Antwort an einen Bittsteller

Der Soldatenkönig soll auf das Gesuch einer Witwe um ein Gnadengehalt mit einem Vierzeiler geantwortet haben:

> Eure Bitte kann ich Euch nicht gewähren,
> Ich habe hunderttausend Mann zu ernähren,
> Geld kann ich nicht scheißen,
> Friedrich Wilhelm, König von Preußen.

(zit. nach Sal. Jac. *Morgenstern*: Über Friedrich Wilhelm I. König von Preußen, ein hinterlassenes Werk, Braunschweig 1753, 27).

[1] Über diese etwas laszive Dame berichtet C. *Hinrichs*: Friedrich Wilhelm I., König von Preußen, Hamburg 1941, 59f. nach den Tagebüchern des Prinzenerziehers J. Ph. Rebeur; doch kennt er das obige Wort nicht.

Aus dem Testament Friedrich Wilhelms I. vom 17. Februar 1722

Also bitte ich meinen lieben Nachfolger, keinen ungerechten Krieg anzufangen und nicht ein Aggressor zu sein, denn Gott die ungerechten Kriege verboten hat --- Also bitte ich meinen lieben Sukzessor nicht einen ungerechten Krieg anzufangen, alsdann damit der liebe Gott Euch und Eure Armee beständig Segen und Bravour geben wird. Ihr seid zwar ein großer Herr auf der Erden, aber Ihr müßt für alles unrechtmäßige Blut, das Ihr vergießt, vor Gott Rechenschaft ablegen. Das ist eine harte Sache; also bitte ich Euch, haltet Euer Gewissen rein vor Gott, dann werdet Ihr eine glückliche Regierung führen (Die Politischen Testamente der Hohenzollern, I, 90).

Festigkeit

Seien Sie fest in Ihren Entschließungen! Erwägen Sie zuvor das Für und Wider; sobald Sie aber Ihren Willen einmal kundgetan haben, ändern Sie um alles in der Welt nichts mehr daran. Sonst wird ein jeder Ihrer Autorität spotten und Sie würden für einen Mann gehalten werden, auf den man nicht bauen kann (Fürstenspiegel oder Unterweisung *Friedrich II.* von Preußen für den jungen Herzog Karl Eugen von Württemberg – 1744).

Feststellung

Es ist eine alte Wahrheit, daß das Amt den Mann ehrt, aber nicht ändert (*Friedrich II.*: Geschichte des Hauses Brandenburg – 1751).

Aus den politischen Testamenten Friedrichs des Großen

Wenig für sich verbrauchen, im rechten Augenblick und hinlänglich geben, bei Zeiten Erleichterung schaffen, den Hilfsbedürftigen zuvorkommen, mit den Staatsgeldern haushälterisch umgehen, sie ordentlich und sparsam verwalten: das sind königliche Eigenschaften, die dem Geiz wie der Verschwendung im gleichen Maße fernbleiben (Politisches Testament von 1752 – Klassiker der Politik, ed. Meinecke-Oncken V, Berlin 1922, 41).

★

»In der Politik darf man keine Vorliebe für ein Volk und keine Abneigung gegen ein anderes haben. – – Wer heute unser Freund ist, kann morgen ein Feind sein.« – – – »Schließt Bündnisse nur mit denen, die genau die Interessen haben wie Ihr; schließt niemals Verträge, um Maßnahmen für ferne Ereignisse zu treffen. Wartet stets den Eintritt der Ereignisse ab; danach faßt Euren Entschluß und handelt entsprechend. Hütet Euch wohl, auf die Zahl und die Treue Eurer Verbündeten zu bauen.« »Rechnet nur auf

Euch selbst, dann werdet Ihr Euch nie täuschen« (Politisches Testament von 1752 und 1768 – ebd. 78 und 240).

Eine von Feldmarschall Moltke erzählte Anekdote über Friedrich den Großen

Bei Friedrich dem Großen wurde einmal ein Potsdamer Bürger verklagt, er habe Gott gelästert, den König geschmäht und den Bürgermeister beleidigt. »Daß er Gott gelästert hat«, antwortete der König, »– er kennt ihn nicht. Daß er über mich raisonniert, verzeihe ich ihm. Aber daß er meinen Bürgermeister alteriert hat, dafür kommt er vier Wochen in prison« (F. A. *Dreßler*: Moltke in seiner Häuslichkeit, Berlin 1904, 32).

Die Unvoraussehbarkeit der Französischen Revolution

In einem einzigen Satz zusammengefaßt lautet die historische Wahrheit über die vorrevolutionären Jahre in Frankreich: Niemand hat die Revolution, so wie sie sich schließlich entwickelte, vorausgesehen (*Metternich* an Baron A. von Hübner am 1. Mai 1851 – Mémoires du Prince de Metternich, ed. C. de Grunwaldt IV, Paris 1959, 161).

In Frankreich hat man dem Volke Befugnisse gegeben, zu denen es nicht berechtigt, und Rechte, deren es nicht bedürftig war (Antoine Comte de *Rivarol*: Notes, Maximes et Pensées, Paris 1941, übersetzt von Ernst Jünger, Frankfurt 1956, 66).

★

Als man mich 1790 nach dem Ausgang der Revolution befragte, war meine Antwort die: »Entweder wird der König eine Armee haben oder die Armee wird einen König hervorbringen.« Ich setzte hinzu: »Wir werden irgendeinen glücklichen Soldaten aus ihr hervorgehen sehen, denn die Revolutionen werden immer durch den Säbel beendet; Sulla, Caesar, Cromwell sind Beispiele« (ebenda 99).

★

Die Revolution erlitt ihr gewöhnliches Schicksal, sie fiel einem glücklichen und begabten Soldaten zur Beute. – – – Zur Überwindung der zweiten Republik genügte der Neffe eines Soldaten[2] (*Metternich* in einem Brief an den König der Belgier vom Januar 1853 in Nachgelassene Papiere III, Wien 1881, 529 f.).

[2] Gemeint ist Louis Bonaparte, nach seinem Staatsstreich seit dem 2. Dezember 1852 Napoleon III.

Napoleon über die Bourbonen

Ils n'ont rien appris ni rien oublié: Sie haben nichts vergessen und nichts (dazu)gelernt (Aus Napoleons Proklamation vom 1. März 1815 an die Kaiserliche Garde im Golf von Juan über die wenigen Monate der Bourbonenherrschaft während seiner Internierung auf der Insel Elba. Napoleon zitierte ein Wort des Generals *Dumouriez*[3] über die Anhänger Ludwig XVIII. und diesen selber, der 1795 in der Koblenzer Emigration den Königstitel annahm).

Goethe über die von Napoleon I. eingesetzten Könige

(Zahme Xenien IX, W. A. 5, 1, 153)

Warum denn wie mit einem Besen
Wird so ein König hinausgekehrt?
Wären's Könige gewesen,
Sie stünden noch alle unversehrt.

Fürst Ligne und der Wiener Kongreß

»Le congrès danse, mais il ne marche pas«. Dieses ursprünglich wohl auf den Zaren Alexander ironisch gemünzte Bonmot des Prinzen Charles Joseph *de*

[3] General Ch. F. Dumouriez (1739–1823), der Sieger von Valmy, der dann aber auf die Seite der Koalition gegen die Revolution übergetreten war, in seinem »Examen de la déclaration de Verone de sept. 1795«.

Ligne, speziell von Jacob *Grimm* (Brief an seinen Bruder Wilhelm v. 23. XI. 1814) kolportiert, wurde sehr bekannt, und es traf auch für die ersten Monate des im September 1814 eröffneten Kongresses zu. Da die Mächte sich nicht einigen konnten, kam nichts von der Stelle, bis Napoleon aus Elba zurückkehrte. Als der 80jährige Fürst und Feldmarschall am 13. Dezember 1814 in Wien starb, schrieb Astolphe *de Custine* an seine Mutter: »Sa vie est la première affaire, que le congrès ait terminée« (Sein Leben ist das erste Geschäft, das der Kongreß beendigt hat). Talleyrand kommentierte: »Der Kongreß begrub ihn, ohne das Tanzen einzustellen.«

Urteile über Napoleon I.

Napoleon wäre vollkommen, hätte er eine Seele; er besitzt aber nur Genie (Prince *de Ligne* an seinen Vetter Prince Auguste d'Aremberg am 20. VII. 1807).

*

Dieser Mann war mit erstaunlich großen Fähigkeiten ausgestattet, aber er hat seine Mission nicht verstanden, denn seine moralische Kraft war zu gering, gleich Null. Er konnte sein Glück nicht mit Mäßigung, sein Unglück nicht mit Würde tragen, und eben weil ihm die moralische Kraft fehlte, hat er das Unglück Europas und sein eigenes verschuldet. – –

Der einzige wirkliche Verschwörer gegen ihn ist er selbst gewesen (*Talleyrand*: Memoiren II, Paris 1831, 133, 189).

★

Seine Anmaßung kam seinem Glücke gleich; er glaubte, um so größer zu erscheinen, wenn er andere verkleinerte. Eifersüchtig auf seine Generale, beschuldigte er sie seiner eigenen Fehler, denn er selbst konnte nie irren oder gefehlt haben. Er war ein Verächter aller Verdienste und warf ihnen mit Härte ihre Irrtümer vor (*Chateaubriand*: Napoleon, 1815, deutsche Übers. v. L. Ulmer, Köln 1920, 343).

★

Napoleon ohne Vorfahren und ohne Nachkommen steht für sich allein in der Geschichte, gleich einer Geistererscheinung. Das Bild zeigt uns in einem imposanten Beispiel die erstaunliche Kraft des Menschen im Guten wie im Bösen, aber auch die derselben gesteckten Grenze. Er verkündet eindringlich die Lehren der Mäßigung und Weisheit und warnt in die fernste Zeit alle für Warnung Empfänglichen vor Mißbrauch der Macht, vor Übermut im Glück, vor Verhöhnung des Rechts und vor Unterdrückungsversuchen wider den Geist (Karl *Rotteck* in *Rotteck-Welcker*: Staats-Lexikon III, Leipzig 1859³, 175).

★

Während Friedrich *Nietzsche* Napoleon I. als eine »Synthese aus Unmensch und Übermensch« gefeiert hat (Werke VII, 337), warf ihm Jacob *Burckhardt* »völlige moralische Unbedenklichkeit« vor, ferner Mangel an »Edelmut« (Werke VII, 429; XIV, 230). Burckhardt nannte Napoleon I. weiter »die Garantielosigkeit in Person« (Weltgeschichtl. Betrachtungen VII, 182).

Die Rechte des konstitutionellen Königs

Friedrich Wilhelm III. wurde die Hegelsche Staatsphilosophie erklärt, als der Philosoph gestorben war: »Eure Majestät, es kommt bei Hegel zum Beispiel der Satz vor: der König sei derjenige, der das Tippelchen auf das ›i‹ macht«. – Der König lächelte ironisch: »Und wenn er es nun nicht macht?«
Hans *Delbrück* kommentierte (Regierung und Volkswille, Berlin 1914, 55): »Damit hatte er sich seine königliche Gewalt genügend vorbehalten.«

Konservatives Judentum

Das Judentum kennt kein anderes Königtum als das von Gottes Gnaden, selbst wenn der Monarch ein vom Volke erwählter ist, und jede entgegengesetzte Ansicht widerstreitet durchaus den Vorschriften und dem Geiste der jüdischen Religion. – – Geboten ist dem Juden die Treue gegen die bestehende Obrigkeit und verboten ist ihm, unter allen Umständen verboten: die Revolution (Der Israelit, Frankfurt 1861, Nr. 52).

Was ist die Revolution?

Die Revolution macht den Menschen zum Ursprung und Mittelpunkt der sittlichen Weltordnung. Sie macht die Untertanen zu Herren ihrer Obrigkeit. Sie verkündet die Menschenrechte ohne die Pflichten und den Beruf der Menschen; sie läßt den ganzen Sündenschlamm der Volksleidenschaft, den die obrigkeitliche Macht in der Tiefe niederhalten soll, emporsteigen zur Höhe der Gewalt. – Das ist die Revolution (Friedrich Julius *Stahl*: Was ist die Revolution?, Berlin 1852, S. 14).

★

Die Gedanken der Revolution stehen nicht vereinzelt, sie haben einen solidarischen Zusammenhang. Ob sie ihren Ruf mit »Freiheit und Gleichheit« oder ob sie ihn mit dem »Rechte der Nationalität« beginnt, ist dasselbe. Eine Losung zündet immer die andere, bis zuletzt die ganze rechtliche und geschichtliche Ordnung in Flammen dasteht (Friedr. Jul. *Stahl*: Rede vom 13. Mai 1859 im Preußischen Herrenhaus).

Heinrich Heine über Volkssouveränität

Ein großer Demokrat sagte einst, er würde, hätte ein König ihm die Hand gedrückt, sogleich seine Hand ins Feuer halten, um sie zu reinigen. Ich möchte in derselben Weise sagen: ich würde meine Hand waschen, wenn mich das souveräne Volk mit seinem Händedruck beehrt hätte (Gesammelte Werke, ed. O. Walzel Bd. X, 167 – Geständnisse 1854).

Opposition

Anläßlich der konservativen Ablehnung eines Vertrauensvotums für das liberale Ministerium Camphausen auf dem Vereinigten Landtag vom 5. April 1848 durch Adolf v. *Thadden-Trieglaff:* Da er die Rede nicht mehr halten konnte, hat er sie in der Spenerschen Zeitung veröffentlicht. Ihr Schlußpassus lautet: »Jetzt, meine Herren, sind wir also in der Opposition, und wir gedenken unsere Schuldigkeit zu tun. Gott der Allmächtige ist unser starker Schutz und Helfer. Für uns stehen freilich keine Fackelzüge, keine Ehrenpokale und Serenaden in Aussicht, wohl aber ein ehrlicher Galgen und eine fröhliche Auferstehung« (Eleonore Fürstin *Reuß*: Adolf v. Thadden-Trieglaff, ein Lebensbild, Berlin 1890, 94).

Bismarck über Alexander v. Humboldt

Aus einer Plauderei Bismarcks mit John Booth[4] am 30. XII. 1880:

Jeder große Mann scheint in seinem Verstand an irgendeiner Stelle scheckig zu sein, so wie ein schöner Apfel eine schlechte Stelle hat. Alexander v. Humboldts Haltung war mitunter würdelos, bei Hofe wurde er nicht respektiert, ich war einer der wenigen, der ihn höflich behandelte. So konnte er stundenlang in dem Vorzimmer des Königs Friedrich Wilhelms IV. in Potsdam bzw. Sanssouci warten, ob er gerufen werde oder nicht. Hatte der König einmal keine Neigung, ihn zu sehen, dann fuhr er nach stundenlangem Warten wieder nach Berlin zurück. Der alte Feldmarschall Wrangel, der eines Tages einigen Offizieren seines ostpreußischen Regiments Potsdam persönlich zeigte und sie überall herumführte, kam auch nach Sanssouci und sah Humboldt wie gewöhnlich antichambrieren; darauf sagte Wrangel zu seinen Offizieren: »Nun habt ihr den Chinesen und den Neger Seiner Majestät gesehen, hier zeige ich euch nun den Weltweisen des Königs.« Humboldt erhebt sich schnell von seinem Lehnstuhl, verbeugt

[4] Dieser entstammte einer schottischen Familie, die vor 1800 nach Deutschland eingewandert war. Als Baumschulenbesitzer – er wurde der Begründer der Villenkolonie Grunewald – hatte er erst geschäftliche, dann gesellschaftliche Beziehungen mit Bismarck. Poschinger hat 1899 seine Tagebuchaufzeichnungen ediert.

sich, und Wrangel klopft ihm auf die Schulter und sagt: »Nun, Weltweiserchen, wie geht's?« (Gesammelte Werke VIII, 392).

Bismarck über Verkennung der Technik

Ich selbst verstehe gar nichts von Technik. Dieser Sinn geht mir vollständig ab. Ich kann mich aber damit trösten, daß selbst solche großen Geister wie der alte Fritz und Napoleon I. auf technischem Gebiet weder Verständis noch Voraussicht gezeigt haben. Als ich den alten Kanzler Metternich einmal in Schloß Johannisberg besuchte, erzählte er mir, daß er bald nach der Schlacht von Austerlitz [1805] eines Tages zu Napoleon (in die Hofburg in Wien) gerufen worden sei. Da habe sich plötzlich die Tür von Napoleons Arbeitszimmer geöffnet, ein jüngerer Mann sei förmlich herausgeflogen und Napoleon habe in den gröbsten Worten hinter ihm hergeschimpft. – Dann habe er ihm in ganz entrüstetem Ton erzählt, daß der amerikanische Gesandte Livingstone in Paris es gewagt habe, ihm einen Irrsinnigen mit einem Empfehlungsbrief nach Wien zu schicken. Dieser Idiot habe ihm (Napoleon) gesagt, er hätte eine Erfindung gemacht, vermittels welcher er, der Kaiser, in die Lage versetzt würde, unabhängig von Wind und Flut Truppen in England zu landen, und zwar mit Hilfe von kochendem Wasser. Das sei ihm (Napoleon) denn doch zu viel gewesen, und er habe den Idioten an die Luft gesetzt. Dieser Mann sei aber –

niemand anderes gewesen als der Amerikaner Robert Fulton, der Erfinder des Dampfschiffs (Hermann Frh. v. *Eckardtstein* I, Lebenserinnerungen und politische Denkwürdigkeiten, Leipzig 1919, 86 f.).

Urteile über Napoleon III.

»Ich weise nach, wie der Klassenkampf in Frankreich Umstände und Verhältnisse schuf, welche einer mittelmäßigen und grotesken Personage das Spiel der Heldenrolle ermöglichen« (Vorwort). Louis Bonaparte ein »Abenteurer, der seine trivial-widrigen Züge unter der eisernen Totenlarve Napoleons versteckt«. Der ernsthafte Hanswurst, der nicht mehr die Weltgeschichte als eine Komödie, sondern seine Komödie als Weltgeschichte nimmt« (59 f.). »Der zweite Bonaparte, der sich übrigens im Besitze einer ganz anderen Exekutivgewalt fand als Cromwell oder Napoleon, sucht sein Vorbild nicht in den Annalen der Weltgeschichte, sondern – in den Annalen der Kriminalgerichtsbarkeit« (95) (Karl *Marx*: Der 18. Brumaire des Louis Bonaparte, 1852 – zit. nach der Ausgabe Stuttgart 1914). – Marx' Urteile verblendete der Haß. In Wirklichkeit war Napoleon III. ein verspäteter Saint-Simonist.

★

Sein politisches Ideal war von Anbeginn das Kaisertum auf der Basis der Volkssouveränität, Regelung des Freiheitstriebes durch das Gleichheitsprinzip,

Ködern der Massen durch Zusicherung des allgemeinen Wohlstandes und Besiegung des Despotismus der Knechtschaft durch den Despotismus der Freiheit (Hermann *Wagener*: Der Niedergang Napoleon III., Berlin 1889, 6).

Ab nach Kassel

Kassel war zur Zeit der nordamerikanischen Freiheitskämpfe 1775–1783 der Sammelplatz für hessische und andere Landeskinder, die von ihren Fürsten nach England verkauft wurden. Als nach der Kapitulation von Sedan der Entschluß gefaßt wurde, Napoleon auf Schloß Wilhelmshöhe bei Kassel zu internieren, hieß es wiederum im Volksmund: ab nach Kassel.

Die Heiligkeit des Eigentums

Es genügt nicht, daß wir die Heiligkeit des Eigentums proklamieren und immer wieder proklamieren. Das Eigentum ist nur heilig als Amt von Gott. Es ist nur heilig wegen der Pflichten, in Beziehung auf die Pflichten und in engster Verbindung mit den Pflichten, die darauf haften. Es ist nur heilig in den Händen derer, die nicht für sich besitzen. Wie der Adel nicht um der Edelleute, so ist der Besitz nicht um der Besitzenden willen da. Abgelöst von den göttlichen Institutionen, ohne die darauf haftende Amtspflicht, ist das Eigentum nicht heilig, sondern wie alle Selbstsucht unheilig, ja schmutzig. – – – Dem Konservatismus gegenüber, der das Eigentum nur als Genußmittel konservieren will, ist der Kommunismus in seinem Rechte (Kreuzzeitungs-Rundschau, Mai 1850, von Ernst Ludwig von *Gerlach*).

★

Wenn das Eigentum kein Amt ist, so wird es unhaltbar. Wenn Sie mich davon überzeugen, daß das Eigentum keine Amtspflicht gegen den Staat, keine Verpflichtung zu freiem Dienst, zur Aufopferung mit sich führt, dann machen Sie mich zum Kommunisten (Ernst Ludwig von *Gerlach* als Wortführer der Konservativen Partei Preußens in der Ersten Kammer am 10. November 1849).

Der preußische Richter

Der Rechtsprechung ist mein ganzes Leben gewidmet gewesen. Es ist für mich eine heilige Pflicht, jedes gute Recht – es stehe der einen oder anderen Religion, dem einen oder anderen Menschen, der einen oder anderen Partei zu – jedes gute Recht zur Geltung zu bringen, so weit ich kann. Ich verletze mein Gewissen, wenn ich es nicht tue. Ich kann fehlen und fehle oft, aber der Wille muß immer da sein, sonst bin ich nicht wert, daß ich in meinem Amt bleibe (Ernst Ludwig von *Gerlach*: Fünf Reden über die Kirchengesetze, Berlin 1873, 15).

In judicio animam candidam habeas et memor sis officii tui, ne premat innocuam scelerata causa nec vincat potentia rectum iudicium (Inschrift am ehemaligen Rathaus zu Posen).

★

Von Angelus Silesius stammen die Worte:

Ein Richter, der verdammt,
ist stark nur im Vernichten,
Des echten Richters Amt
ist: wieder aufzurichten

Der englische Premierminister Lord Palmerston über die schwierige Rechtslage der Thronfolge in den Elb-Herzogtümern

Die schleswig-holsteinische Frage haben nur drei Menschen verstanden: der Prinzregent Albert, aber der ist gestorben; ein dänischer Staatsmann, der ist darüber verrückt geworden, und ich selbst, aber ich habe die Sache leider vergessen (A. *La Marmora*: Ein wenig Licht über 1866, Mainz 1874, 30f.).

Der Herr der Heerscharen

Im Krieg gegen Dänemark mußte der 80jährige Generalfeldmarschall von *Wrangel,* der den preußischen Oberbefehl innehatte, wegen seiner vielen Eigensinnigkeiten und Insubordinationen praktisch kaltgestellt werden. Der Sturm auf die Düppeler Schanzen am 18. IV. 1864 wurde vom Prinzen Friedrich Karl geleitet, der das Glückwünschtelegramm seines Onkels, König Wilhelms, auf die Siegesmeldung in seinen Denkwürdigkeiten (I, Stuttgart 1910, 345) wörtlich abgedruckt hat: »Nächst dem Herrn der Heerscharen verdanke ich Meiner herrlichen Armee und Deiner Führung den glorreichen Sieg des heutigen Tages.« Die Anekdote weiß zu berichten, daß der störrische Haudegen Wrangel, ebenso bekannt für seinen Witz wie für seinen gepflegt falschen Gebrauch der deutschen Grammatik, das Telegramm grinsend so kommentiert habe: »Siehst Du, mein Sohn, mit dem Herrn der Heerscharen hat er mir jemeint.«

Bismarck über seine Zeitgenossen

Die Fähigkeit, Menschen zu bewundern, ist in mir nur mäßig ausgebildet und (es ist) vielmehr ein Fehler meines Auges, daß es schärfer für Schwächen als für Vorzüge ist (Brief an Leopold v. Gerlach vom 2. V. 1857 – Ges. Werke XIV, I).

Nachruf auf den Deutschen Bund

Der Deutsche Bund war nicht schlecht von Haus,
gab euch Schutz in jeder Fährlichkeit.
Nur setzt er etwas Altmodisches voraus:
Die Treue und die Ehrlichkeit.

(Franz *Grillparzer*: Sämtl. Werke XII (Gedichte), Wien 1937, 347 – wohl Dezember 1868)

Der Österreichische Grillparzer über Wilhelm I. und Napoleon III.

Er ist sein würdiger Genoss.
Es sperrt der Dieb den Räuber
in das gestohlene Schloß[5].

(Franz *Grillparzer*: Sämtliche Werke XII, Wien 1937, 354)

Worte Heinrich Leos

Christentum und Sozialismus sind nicht vereinbar.– Ein Glas Wein in eine Jauche gegossen, hört sofort auf Wein zu sein und wird Jauche (Evangelische Kirchenzeitung vom 4. November 1843).

★

Über Gleichheit

Die Natur der Dinge kennt nur in der Verwesung einigermaßen die Gleichheit. Wo Leben ist, da sind Privilegien (Aus der Antrittsrede Heinrich Leos als Prorektor der Universität Halle im Juli 1853).

[5] Das Schloß Wilhelmshöhe war erst mit der Annexion Hessen-Kassels (Kurhessen) im August 1866 in preußischen Besitz übergegangen.

Erkenntnis und Wille

Es ist ein großer Irrtum, wenn man glaubt, des Menschen Wille hänge von der Erkenntnis ab, umgekehrt, die Erkenntnis hängt vom Willen ab (Aus einem Brief an Otto von Bismarck vom 17. Januar 1863 – Bismarck-Jahrbuch 1897, 165).

Der preußische Geheimrat

Ein Geheimrat erschrickt über nichts so sehr, als wenn er sich über einem eigenen Gedanken ertappt. Glücklicherweise passiert ihm das selten (Ausspruch Hermann *Wageners* laut Rudolf *Meyer*: Briefe und Socialpolitische Aufsätze von Dr. Rodbertus-Jagetzwo, Wien 1880, 389).

Ausspruch des Generals Constantin von Alvensleben (1809–1892)

Ein preußischer General stirbt, aber er hinterläßt keine Memoiren (1874) – (Thilo *Krieg*: Constantin v. Alvensleben, General der Infanterie, ein militärisches Lebensbild, Berlin 1903, Einl. VII).

Wahlspruch des Generals von Schlieffen zur Charakterisierung des älteren Moltke

Wenig hervortreten, viel leisten, mehr sein als scheinen (Graf A. v. *Schlieffen*: Ges. Schriften Bd. II, Berlin 1913, 452).

Reichskanzler Bülow und Kaiser Wilhelm II.

Viel geredet hat und eitel hervorgetreten ist hingegen der Reichskanzler Wilhelms II. Bernhard Fürst von *Bülow*. Nach seiner Entlassung 1909 unter den Nachwirkungen des Daily-Telegraph-Interviews begann das Ressentiment gerade gegenüber seinem Monarchen in ihm zu wuchern. Nach seinem Tode am 28. Oktober 1929 erschienen vier Bände »Denkwürdigkeiten«, die wegen ihrer vielen taktlosen Äußerungen allgemein »Denkunwürdigkeiten« genannt wurden. *Wilhelm II.* soll in Doorn geäußert haben: »Bülow bietet das einzige Beispiel eines Menschen, der nach dem eigenen Tode Selbstmord begangen hat.« Ein Historiker urteilte über das nachgelassene Vermächtnis: »Ein Raketenfeuerwerk des Hasses, der Unaufrichtigkeit und der Eigenliebe ist nutzlos in der Luft verknallt« (Paul *Herre*: Fürst Bülow und seine Denkwürdigkeiten, Berlin 1931, 55).

*

Als Wilhelm II. gar seine Biographie aus der Feder des geistreich witzelnden Schriftstellers Emil *Ludwig* las, packte ihn solche Empörung, daß er das Buch ins Kaminfeuer warf. Emil Ludwig soll das folgendermaßen kommentiert haben: »Kaiser Wilhelm – zum erstenmal im Feuer.«

Gegen Ende des Ersten Weltkrieges wurde gern (z. B. von Roda Roda) die völkerpsychologisch aufschlußreiche Geschichte von einer gemeinsamen Generalstabsbesprechung im Herbst 1918 erzählt, in der der preußische Stabsoffizier die Frontlage als »ernst, aber nicht hoffnungslos« charakterisierte, während sein österreichischer Kollege meinte: »Bei uns ist die Lage vollständig hoffnungslos, aber nicht ernst.«

*

In dieselbe Richtung der Militärgrotesken Roda Rodas (Friedrich Rosenfeld 1872–1945) geht das Wort des Leutnants der österreichischen Mörser-Kompagnie: »Triffts, haut's alles z'amm! Triffts net, so ist doch die moralische Wirkung eine ungeheure.«

*

Der Abfall Italiens vom Dreibund und seine Kriegserklärung an Deutschland (vom Jahre 1916) hat sich in der Erinnerung bis in die Zeit der Hitlerischen Achse erhalten. Als Mussolini 1937 zu einem Staatsbesuch nach Berlin kam und ihm Schloß Monbijou als vorübergehende Residenz angewiesen wurde, mußten natürlich auch besondere Telefonleitungen gelegt werden. Die Berliner witzelten über die Telefonnummer, unter der er erreichbar sei: Bleibtreu 1916. – Bleibtreu war damals noch der Name eines besonderen Berliner Telefonamtes.

*

Das Ende des Ersten Weltkrieges mit dem deutschen Zusammenbruch wurde durch die Kundgabe des amerikanischen Friedensprogrammes und eines nach dem Kriege zu errichtenden Völkerbundes in Gestalt der »Vierzehn Punkte« des amerikanischen Präsidenten *Wilson* im Januar 1918 eingeleitet. Der französische Ministerpräsident Georges *Clemenceau* (1841–1929), genannt der »Tiger«, ein großer Realist, irreal nur als Deutschenhasser, soll sich damals ironisch so geäußert haben: »Gott gab uns die zehn Gebote. Wir haben sie gebrochen. Wilson gab uns die vierzehn Punkte. Man wird sehen – –.«
Über seine Zusammenarbeit mit Lloyd George und Woodrow Wilson bei den Friedensverträgen von Versailles (1919) hat sich Clemenceau rückblickend so geäußert: »Ich hatte mit zwei Leuten zu tun, von denen sich der eine für Napoleon und der andere für Jesus Christus hielt.«

Gegen die Volkssouveränität

»Seitdem ich aus dem Weltkrieg heimgekehrt war, in ein verrunzeltes Vaterland heimgekehrt war, hatte ich niemals den Glauben an eine Regierung aufgebracht; geschweige denn: an eine Volksregierung. Ich gehöre heute noch – kurz vor meiner wahrscheinlich letzten Stunde darf ich, ein Mensch, die Wahrheit sagen – einer offenbar versunkenen Welt an, in der es selbstverständlich schien, daß ein Volk regiert werde und daß es also, wollte es nicht aufhören, Volk zu sein, sich nicht selber regieren könne. In meinen tauben Ohren – ich hatte oft gehört, daß sie »reaktionär« geheißen werden – klang es so, als hätte mir eine geliebte Frau gesagt, sie brauchte mich keineswegs, sie könnte mit sich selbst schlafen und müßte es sogar, und zwar einzig zu dem Zweck, um ein Kind zu bekommen« (Der legitimistisch denkende Österreicher Joseph *Roth* in dem Roman »Die Kapuzinergruft« – Bilthoven 1938, 227).

Die Demokratie

Die Demokratie ist für mich keine Weltanschauung, sondern ein Zustand – man könnte auch sagen: eine Geschichtsperiode – und, wie in unserer Zeit die Dinge liegen, das kleinere von mehreren Übeln. Den Weg von ihr zur Tyrannis hat die Geschichte häufig beschritten, und es ist zu befürchten, daß sich diese Entwicklung wiederholen wird. Die Monarchie hat sich meistens als ein Bollwerk gegenüber totalitären Strömungen gezeigt. Ich müßte mich selbst und die Welt, in der ich atme, verleugnen, wollte ich in der Demokratie mehr sehen als einen derzeit freilich nicht zu entbehrenden Notbehelf (1959) – (Werner

Bergengruen: Dichtergehäuse, aus den autobiographischen Aufzeichnungen, Zürich 1966, 412 f.).

Übertreibungen der Demokratie

Die Demokratie übertreibt sich selbst, wenn sie in ihrer Furcht vor starken Männern die Blässe zur politischen Tugend erhebt (H. *Kasper*: Expeditionen nach Innen, Aktuelle Aphorismen, Düsseldorf 1965, 37).

8. Staatsmänner

I. Der zynische Staatsmann: Talleyrand

Von Charles Maurice *Talleyrand,* Graf von Périgord, Herzog von Benevent (1754–1838), stammt das Wort: »Der Mensch hat die Sprache empfangen, um seine Gedanken zu verbergen« (Mémoires IV, 447). Er soll es in einer Unterredung mit dem spanischen Gesandten Izquierdo im Jahre 1807 gebraucht haben.[1] Man weiß von dem Staatsmann Talleyrand, der als Bischof unter dem Ancien Régime, als Diplomat unter der Revolution und als Außenminister sowohl unter Napoleon wie zeitweise auch noch unter den Bourbonen der Restaurationszeit gedient hat – zuletzt wurde er Botschafter Louis Philippes in London –, daß er den verschiedenen Regimes mit einer inneren Gelassenheit und Ironie gegenüberstand, die sich gelegentlich bis zum Zynismus gesteigert hat. Der Verrat war daher das Thema seines Lebens. Er selber hat Verrat als solchen nicht empfunden, sondern eher als Lebensklugheit. So wandte er auf dem Wiener Kongreß gegen den Zaren Alexander ein, als dieser den König von Sachsen einen Verräter

[1] Über andere Fassungen und Autoren des Satzes (z. B. Rivarol, Fouché) vgl. Georg *Büchmann*: Geflügelte Worte, 650. Wahrscheinlich geht er auf Plutarch zurück. *Kierkegaard* hat ihn ironisch so abgewandelt: »Die Menschen haben die Sprache empfangen, um zu verbergen, daß sie keine Gedanken haben« (Tagebücher V A 19 – Hirsch I, 326).

nannte: »Verrat, Sire, ist nur eine Frage des Datums.« Der Zar verstand sofort, daß Talleyrand damit auch auf sein Verhalten in Tilsit (1807) anspielte. Ebenso bezieht sich Talleyrands Ausspruch »Der Meuchelmord ist die in Rußland übliche Weise der Thronentsetzung« wohl darauf, daß Alexander nach dem Meuchelmord, begangen an seinem Vater Zar Paul, auf den Thron gekommen war. Beim Marquis de *Custine* hieß es dann ganz allgemein: »Le gouvernement russe est une monarchie absolue temperée par l'assassinat« = Die russische Staatsform ist eine absolute Monarchie, gemildert durch den Meuchelmord (La Russie en 1839 Bd. I, 317).

1801 berichtete Talleyrand an Napoleon über die kürzlich erfolgte Krönung des Zaren Alexander I.: »Vor ihm schritten die Mörder seines Großvaters, neben ihm die Mörder seines Vaters und hinter ihm seine eigenen.« – Alexander I. starb am 1. XII. 1825; die näheren Umstände seines Todes sind dunkel.

Als Napoleon über Talleyrands Verräterei einen Wutanfall bekam und ihn »einen Haufen Dreck (merde) in seidenen Strümpfen« nannte, änderte Talleyrand nicht einen Augenblick die Haltung. »Kein Blutstropfen stieg in seine blassen Wangen, nicht einmal mit dem Zucken eines Augenlides gab er zu erkennen, daß er die Worte des Kaisers auf sich bezog.«[2] Er hinkte hinaus und sagte nur beiläufig zu einem

[2] So Duff *Cooper*: Talleyrand, Leipzig 1935, 235. Die Szene spielte sich am 28. Januar 1809 ab. – Auch Napoleon hat bezeugt, daß

Teilnehmer der Szene: »Schade, daß ein so großer Mann so schlecht erzogen ist.« Am nächsten Tag fand er sich wieder zum Empfang beim Kaiser ein, als ob nichts geschehen sei. Vergessen hat er Napoleon die Szene nie.

Die Madame de *Rémusat* bzw. ihr Enkel, der die »Memoiren« der Großmutter herausgegeben hat, berichtet über ein Gespräch Napoleons mit Talleyrand, in dem der erstere geäußert haben soll: »Ach der ›gute Geschmack‹, auch nur eins der klassischen Schlagworte, die ich nicht leiden kann.« Talleyrand soll ihm geantwortet haben: »Er ist Ihr persönlicher Feind. Wenn Sie sich seiner mit Kanonenschüssen entledigen könnten, dann gäbe es ihn schon längst nicht mehr« (berichtet von Mme. de Rémusat, Mémoires I, Paris 1880, 278).[3]

Es war Talleyrands ehrliche Überzeugung, daß Napoleons Weltherrschaftsträume Frankreich zum Unheil ausschlagen würden. Diese Überzeugung festigte sich mit den Jahren immer mehr. 1807 nahm er – vorübergehend – den Abschied als Außenminister des Kaiserreichs, weil er den Frieden von Tilsit nicht

das Gesicht des Herrn v. Talleyrand so teilnahmslos sei, daß man nie etwas darin lesen könne. Wenn er während eines Gespräches einen Tritt in den Allerwertesten bekäme, so würde sein Gesicht davon nichts verraten.

[3] Man vergleiche Jacob *Burckhardts* Urteil: »Seine Späße, wenn er etwa heiter wurde, erinnerten gar zu sehr an die Garnisonen, in denen er sich ehemals bewegt hatte. Er besaß überhaupt einen schlechten Geschmack und verstand es nicht, sich zu zügeln.« (Vorträge, ed. E. Dürr, Werke XIV, Stuttgart 1933, 230).

billigte, den er mit verhandelt hatte. Talleyrand hielt nicht viel von Eroberungen, er wollte Stabilität.

Talleyrand hatte auch noch andere Überzeugungen, an denen er stets festgehalten hat. Nach den Briefen und Papieren des russischen Grafen *Nesselrode* (Bd. III, Paris 1906) – hat er 1832 einmal der Fürstin Lieven entrüstet erklärt: »Wissen Sie, daß es empörend ist, was Sie da sagen. England auf dem Kontinent? Madame, solange Frankreich bestehen wird, so klein es auch sein mag, auf dem Kontinent wird und kann es kein England geben. Ihre Äußerung: Antwerpen an England ist abscheulich!«

Zu Hans von Gagern, oranischem Gesandten, äußerte er damals: »Ich will nicht unter den Würgeengeln Europas und nicht ihr Diener sein.« – Als Napoleon dann im Mai 1812 den Entschluß zum Rußlandfeldzug faßte, bemerkte sein damaliger Vice-Grand-Électeur sarkastisch: »Er wird gegen vier unüberwindliche Generäle zu kämpfen haben: November, Dezember, Januar, Februar.«

Die Nachricht von Napoleons Tod 1821 auf St. Helena – und er hatte doch in seinem Leben eine große Rolle gespielt – nannte er »kein Ereignis mehr, nur noch eine Neuigkeit«.

Man hat dem einstigen Abbé und Boudoir-Prälaten, der sogar Bischof von Autun geworden war, nachgesagt, daß er käuflich und für Geld zu allem fähig sei. Es würde nur auf die Höhe der Bestechungssumme ankommen. Noch als Außenminister soll er die geheimsten Archivdokumente Frankreichs im Origi-

nal entwendet und nach seiner Entlassung (Sept. 1815) durch Ludwig XVIII. für eine halbe Million Franken an die Regierung in Wien verkauft haben.[4] Es war eine seiner peinlichsten Unternehmungen, die ihm dazu nichts einbrachte.[5] Während seiner ganzen Laufbahn hat er Bestechungsgelder angenommen, mitunter sogar gefordert. »Seine Gewinne müssen riesenhaft gewesen sein.«[6] Mirabeau, dem hinterbracht worden war, daß Talleyrand ihn mit seiner Geliebten betrüge, schrieb 1787 von seiner Berliner Mission aus: »Der Abbé von Périgord würde für Geld seine Seele verkaufen und er täte recht daran, denn er würde Geld für Mist einhandeln.« Das liederliche Leben des verheirateten Bischofs erklärt die Härte solcher Worte, zu denen Mirabeau allerdings am wenigsten befugt war. Rivarol urteilte über diesen: »Mirabeau ist für Geld zu allem fähig – selbst zu einer guten Tat« (Notes, Maximes et Réflexions, Paris 1841, 219 – Rivaroliana). Talleyrand entschuldigte seine Lasterhaftigkeit weltmännisch so: »Das elegante Laster ist nur ein halbes Laster.«
Am Ende seines Lebens meinte Talleyrand: »Wer lange genug gelebt hat, hat alles gesehen und auch das Gegenteil von allem.«[7] Als Louis Philippe zu Tal-

[4] G. Lacour-Gayet: Talleyrand IV, Paris 1934, 161.
[5] J. Orieux: Talleyrand, die unverstandene Sphinx, Frankfurt 1972, 590.
[6] So M. Paléologue: Drei Diplomaten, Berlin 1929, 59.
[7] Zitiert nach C. J. Burckhardt: Gestalten und Mächte, Zürich 1961, 181.

leyrands Sterbelager kam und dieser stöhnte: »Sire, ich leide Höllenschmerzen«, soll der König gefragt haben: »Schon?« – Doch ist dies sicher legendär. Sein Leichenbegräbnis wurde prachtvoll begangen. In seinem Politischen Testament von 1836 findet sich das Wort, er habe eine Regierung niemals früher verlassen, als sie sich selbst verließ. Mündlich soll er sich so ausgedrückt haben: »Nur wenig früher, als sie sich selber verließ.« Als Grund dafür gab er an: seine Uhr sei beständig etwas vorgegangen.

Jacob *Burckhardt*[8] hat in einer beide charakterisierenden Weise über Talleyrand geurteilt: »Er war eben ein käuflicher Mensch, der die großen Schätze seines Geistes in den Dienst der ordinärsten Bedürfnisse zu stellen gewohnt war, dabei aber ein Mensch, der für die charmantesten Genüsse des Privatlebens wie gemacht war. Er wußte sich in der späten Zeit in der Tat aufs liebenswürdigste zu äußern. Die Briefe, die man von ihm besitzt, sind vom allerangenehmsten, was man lesen kann; er war ein vornehmer, wohlerzogener alter Franzose.«

Eine Talleyrand vergleichbare Figur war übrigens sein Gegenspieler Joseph *Fouché* (1759–1820), durch lange Jahre der Polizeiminister Napoleons und von diesem in den Rang eines Herzogs von Otranto erhoben.

Als Napoleon unter Bruch des Völkerrechts den bourbonischen Herzog von Enghien als Wortführer

[8] Vorträge, Berlin–Leipzig 1933, 219.

der monarchistischen Emigration durch Gendarmen aus neutralem Gebiet entführen und dann erschießen ließ (21. März 1804), soll der zynische Fouché geäußert haben: »Das war mehr als ein Verbrechen, es war ein Fehler.«[9]

Als man einmal in einer Gesellschaft davon sprach, wie sehr Fouché die Menschen verachte, warf Talleyrand ein: »Das ist begreiflich, der Mann hat sich selbst gut studiert.«

1824 erschienen in Paris die Memoiren des vier Jahre zuvor verstorbenen Fouché. Sie wurden rasch als eine unechte Kompilation erkannt. Heinrich *Heine* meinte dazu: Der falsche und verräterische Fouché habe die Falschheit so weit getrieben, noch nach seinem Tode falsche Memoiren zu veröffentlichen.[10]

II. Der skeptische Staatsmann: Metternich

Man hat behauptet, daß Fürst Metternich mehr Geist hatte als Talleyrand, weil er ihn weniger zeigte.[11] Der Staatskanzler Österreichs, Fürst Clemens Wenzel *Metternich* (1773–1859), war ein leidenschaftlicher Briefschreiber. Sein Mitarbeiter Graf Ficquelmont hatte mit der Meinung nicht so unrecht: »Er hat den Staat in seinem Tintenfaß ertränkt.« Aber Metter-

[9] Vgl. L. *Michelin*: Fouché I, Paris 1901, 352f.

[10] Buch »Le Grand«, Kap. 15 (Inselausg. d. Ges. Werke, O. Walzel, IV, Leipzig 1912, 199f.).

[11] Graf v. *Ronsaglia*: Aus dem Notizbuch eines alten Diplomaten, Deutsche Revue 20,4 (1895), 6.

nich hatte auch etwas zu sagen. Hinter seiner Skepsis gegen den »Zeitgeist« stand echte Sorge, er hat sich gern selber »Arzt im großen Welthospital« genannt. Er lebte noch ganz aus einer festgefügten Weltanschauung heraus, deren Rationalität aus dem 18. Jahrhundert stammte. Man hat diese Weltanschauung nicht falsch als »antijosephinischen Josephinismus« charakterisiert.[12] Tatsächlich war er ein durch die Ereignisse ungebrochener Herr aus dem alten Regime, für den Staatskunst in der Gewohnheit der Mäßigung stand, um den Sinn für Proportionen zur Anwendung zu bringen.

Metternich war ganz unpathetisch. Vornehmlich ging es ihm um die Verteidigung des europäischen Gleichgewichts. Hier hatte er »Prinzipien«, aber kein »System«, wie er selber sagte: »Das sog. Metternichsche System war kein System, sondern eine Weltordnung. Revolutionen ruhen auf Systemen, ewige Gesetze stehen außer und über dem, was mit Recht den Wert eines Systems hat.[13] Die Gegner sprachen gleichwohl vom »System Metternich«. Sich selber hat er gern mit einem »Sozialarzt« verglichen, der in der Krisis des Krankheitszustandes durch Beobachten und Nachdenken die Diagnose stellt und die Mittel angibt, um das Leben des Patienten zu verlängern. Er meinte, die Politik müsse in dieser Zeit un-

[12] Egon *Friedell*: Kulturgeschichte der Neuzeit III, München 1932, 35.

[13] Denkwürdigkeiten II, ed. O. Brandt, München 1921, 461.

ter diätetische Regeln gestellt werden, um die Ausbreitung der politisch-sozialen Seuchen einzudämmen, die den europäischen Gesellschaftskörper seit dem Jahre 1789 befallen haben.
Metternichs große Leistung ist es gewesen, der Welt durch lange Jahrzehnte den Frieden erhalten zu haben. Als seinen Gegenspieler sah er die schleichende Krankheit der Revolution, die den ganzen Volkskörper vergiftet, den Zeitgeist der moralischen und gesellschaftlichen Auflösung, welche er »die verlarvte, einschmeichelnde, ich möchte beinahe sagen die parfümierte Revolution« nannte. So in einem Briefe an den Minister des königlichen Hauses in Preußen, Fürst Wittgenstein, vom 21. Mai 1833, der im Staatsarchiv Berlin der Stiftung Preußischer Kulturbesitz aufbewahrt wird.[14] In einem weiteren aufschlußreichen Brief an diesen heißt es: »Das Stück, das heute aufgeführt wird, ist ein altes, hundertmal durchgepeitschtes, dessen Hauptsermon durch den seligen Catilina und so manche zerstreute kleine Schurken und Narren im Verlauf der Jahrhunderte gespielt worden ist, dem man von Fall zu Fall ein neues Aushängeschild gibt. – – – Ich, der nie mit dem Schicksal hadert, kann dennoch nicht umhin, mich oftmals höchlich zu bedauern, daß ich mit meinem ruhigen, friedlichen Temperament in eine so spektakelsüchtige Zeit fallen mußte, in eine Zeit, in welcher mein

[14] Rep. 192 (Nachlaß Wittgenstein) VII K5.

Geist gerade dazu fähig genug ist, das Wahre in der Sache zu sehen und zu bedauern, ohne das Schlechte anders als auf negativen Wegen bekämpfen zu können...« (Brief vom 30. Mai 1835).[15]
Und am 17. November 1835: »Ich wittere das Gefahrdrohende gewöhnlich früher als andere, deren Geschäft es ebenso als das meinige wäre, die Wahrheit und das von derselben unzertrennliche Recht aufrechtzuerhalten.«[16] An Prokesch-Osten schrieb er: »Man kann am Ende doch nur auf Menschen bauen, welche eine moralische Garantie bieten« (Brief vom 24. Oktober 1841).[17] Hier deckt er sich ganz mit dem ihm unsympathischen Freiherrn vom Stein, den er für einen »Phantasten der ärgsten Art« hielt, der aber ganz ähnlich seinem Freunde Gagern schrieb: »Die mit dem Praktischen des konstitutionellen Lebens innig vertrauten Alten forderten unerläßlich zum Bestehen des Staates Religion und Sittlichkeit. Der Charakter, das Wollen muß gebildet werden, nicht allein das Wissen.« Und in einem anderen Brief schrieb Stein: »Der Granit des Charakters ist es, der entscheidet in allen großen Momenten des männlichen Lebens, in welchem es überall viel

[15] Rep. 192 (Nachlaß Wittgenstein) VI, 3,5
[16] Rep. 192 (Nachlaß Wittgenstein) VI, 3,7. – Alle Briefe sind abgedruckt in meinen »Neue Quellen zur Geschichte Preußens im 19. Jahrhundert«, Berlin 1968, 182 ff.
[17] Aus d. Nachlaß des Grafen Prokesch-Osten II, Wien 1881, 223.

mehr darauf ankommt, was einer ist, als was er weiß.«[18]

Schon früh hatte Metternich in weiser Erkenntnis der Zeitlage und Abschätzung seiner eigenen Chancen seiner Freundin, Madame de Lieven, geschrieben: »Mein Leben ist in eine abscheuliche Periode gefallen. Ich bin entweder zu früh oder zu spät auf die Welt gekommen; jetzt fühle ich mich zu nichts gut. Früher hätte ich die Zeit genossen; später hätte ich dazu gedient, wieder aufzubauen; heute bringe ich mein Leben damit zu, die morschen Gebäude zu stützen. Ich hätte im Jahre 1900 geboren werden und das zwanzigste Jahrhundert vor mir haben sollen« (Brief vom 6. Oktober 1820).[19] Und seinem Freunde, dem russischen Reichskanzler Nesselrode, vertraute er an: »Mein geheimster Gedanke ist, daß das alte Europa am Anfang seines Endes ist. Ich werde – entschlossen, mit ihm unterzugehen – meine Pflicht zu tun wissen. Das neue Europa ist andererseits noch im Werden, zwischen Ende und Anfang wird es ein Chaos geben.«

[18] Vgl. G. H. *Pertz*: Das Leben des Ministers Frh. vom Stein, Berlin 1855, VI, 695 und 1135. Gerade die Lektüre dieses sechsbändigen Werkes (1849–1855) bestimmte Metternich zu dem harten Ausspruch: »Die Lesung des Wirkens von Stein 1811–1814 beugt mich zum Geständnis, daß ich wohl wußte, daß ich mit Phantasten im Ausmaß der ärgsten Art zu tun hatte, aber an die Möglichkeit eines Phantasten im Ausmaß Steins nicht glaubte« (Brüssel 16. V. 1851, Metternich-Hartig, ein Briefwechsel 1848–1851, Wien 1923, 100).

[19] Nachgelassene Papiere III, Wien 1884, 348.

Sicher wird man Metternich den Realismus nicht absprechen können, aber auch sein Denken war noch stark ideologisch befrachtet. »Ich habe eine Art von Titularprofessur für fundamentale Wahrheiten inne«, hat er nach seinem Sturz nicht grundlos über sich selbst geurteilt (Januar 1850). Als der junge Bismarck den alten Fürsten auf seinem Gut Johannisberg besuchte, wohin er sich nach seinem Sturz zurückgezogen hatte, sagte dieser: »Ich bin von der Bühne in eine Proszeniumsloge gegangen und sehe mir nun an, wie andere in meiner Rolle auf der Bühne agieren.« Nach seinem eigenen Sturz 1890 errinnerte sich Bismarck dieser Worte (G. W. XIII, 412 resp. 532). Otto von Bismarck (1815–1898), Vertreter einer jüngeren Generation, war im Vergleich mit Metternich noch in ganz anderer Weise Realpolitiker, der in erster Linie das Wohl des eigenen Landes im Auge hat und allen Weltanschauungsfragen überordnet. So schrieb er schon in der Zeit, als er noch preußischer Bundestagsgesandter in Frankfurt a. M. war, an seinen alten Schul- und Jugendfreund Karl Friedrich Ernst v. Canitz, Sohn des verstorbenen Außenministers, nach Darmstadt: »In Berlin werde ich von jedem gefragt, ob ich englisch oder russisch sei; von einem preußischen Standpunkt hatten wenige Leute eine Ahnung, daß er möglich sei, und selbst Leute, die als Soldaten anerkannt sehr brav sind, erwiesen sich im Rat als so ängstlich, daß sie eine selbständige

Politik den Forderungen der Westmächte gegenüber für kindische Phantasie erklärten.«[20] Was Bismarck unter Realpolitik verstanden hat, zeigt klar seine Definition der politischen Aufgabe, die er in »Gedanken und Erinnerungen« (Buch III, Kap. 12) gegeben hat: »Die Aufgabe der Politik liegt in der möglichst richtigen Voraussicht dessen, was andere Leute unter gegebenen Umständen tun werden.« Daher sei politisches Handeln auch nicht in ein wissenschaftliches System zu bringen und nicht erlernbar. »Die Politik ist keine Wissenschaft, wie viele der Herren Professoren sich einbilden, sie ist eine Kunst« (Reichstagsrede vom 15. März 1884 – G. W. XII, 420). Ein andermal nannte er sie die »Fähigkeit, in jedem wechselnden Moment der Situation das am wenigsten Schädliche oder das Zweckmäßigste zu wählen« (G. W. XIII, 468). Bismarck war sich auch darüber klar, daß zum politischen Gelingen die Gunst der Stunde gehöre: »Wir können die Uhren vorstellen, die Zeit geht aber deshalb nicht rascher, und die Fähigkeit zu warten, während die Verhältnisse sich entwickeln, ist eine Vorbedingung praktischer Politik« (G. W. VIb, S. 2 – Instruktion von 1869 an den Münchner Gesandten Freiherrn von Werthern). Bismarck hatte eine sehr realistische Geschichtsanschauung. Im Reichstag des Norddeutschen Bundes sagte er einmal: »Die Geschichte können wir nicht ma-

[20] Staatsarchiv Berlin der Stiftung Preußischer Kulturbesitz, Brief vom 27. April 1854. Neue Quellen a. a. O. S. 462.

chen, sondern nur abwarten, daß sie sich vollzieht. Wir können das Reifen der Früchte nicht dadurch beschleunigen, daß wir eine Lampe darunter halten. Und wenn wir nach unreifen Früchten schlagen, so werden wir nur ihr Wachstum hindern und sie verderben« (Norddeutscher Reichstag, 16. IV. 1869 – G. W. XI, 46).

Bismarck wußte aber auch, was politische Fehler und Mißgriffe für Folgen haben können. So schrieb er in seinen letzten Lebensjahren: »Es mag fünfzig Jahre dauern, bis politische Mißgriffe offenkundig werden und ihre letzten Konsequenzen tragen, aber schließlich legt die Geschichte die Rechnung für jeden Fehler vor, und sie ist peinlicher dabei als unsere preußische Oberrechnungskammer.« Andererseits war ihm klar, wie riskiert alles politische Handeln ist. So meinte er 1895 an seinem 80. Geburtstag in einer Ansprache an Studenten im Rückblick auf die vielen bitteren Erfahrungen, die er hinter sich gebracht hatte: »Der Mensch kann den Strom der Zeit nicht schaffen und nicht lenken, sondern nur auf ihm fahren und steuern, um mit mehr oder weniger Erfahrung und Geschick den Schiffbruch zu vermeiden« (G. W. XIII, 558). Das Schicksal im Leben der Völker bleibt immer unvorhersehbar und undurchsichtig, wie er während des Krieges gegen Dänemark am 20. Juni 1864 an seine Frau schrieb: »Man kann so klug sein wie die Kinder dieser Welt, und geht doch jederzeit in die nächste Minute wie ein Kind ins Dunkle« (XIV, 672).

Wie Bismarck aber über Kriege und ihre angeblich »naturgewollte Notwendigkeit« wirklich gedacht hat, tritt in vielen Darstellungen über ihn, die sich am »Eisen und Blut« Wort von 1862 festgebissen haben, nicht klar hervor. Es seien darum folgende Aussagen von ihm hier zitiert: »Jeder Krieg, auch der siegreiche Krieg ist immer ein großes Unglück für das Land, das ihn führt, die Ursache, aus der er entsteht, ist für das Land ziemlich gleichgültig« (Rede im Deutschen Reichstag vom 26. VI. 1884 – G. W. XII, 488 f.).[21] Und dem Chef des Militärkabinetts von Albedyll schrieb er am 19. II. 1887: »Unsere Politik hat die Aufgabe, den Krieg, wenn möglich, ganz zu verhüten, und geht das nicht, ihn doch zu verschieben.«[22] Und ein Jahr später erklärte der alte Kanzler, dem aller »Militarismus« der Gesinnung wesensfremd war, in einer Rede vor dem Reichstag: »der Deutsche sei allzeit ad utrumque paratus: den Frieden zu erhalten, wenn es sein kann, zu fechten, wenn es sein muß, aber ein Glück ist das letztere für niemanden« (Reichstagsrede vom 6. II. 1888 – G. W. XIII, 336).

[21] Ähnlich in einem Schreiben vom 28. II. 1870 an den Gesandten Graf Flemming in Karlsruhe: »Ich halte selbst einen siegreichen Krieg für ein Mittel, welches zur Erreichung von Zwecken, die sich auch ohne einen solchen zweifellos erfüllen werden, von gewissenhaften Regierungen nicht angewendet werden sollte.« (G. W. VIb, 264).

[22] Die große Politik der europäischen Kabinette 1871–1914, Bd. VI (1922), 58.

Bismarcks lebendiger Vorsehungsglaube kommt immer wieder zum Ausdruck und erweist sich gerade dann, wenn ihn staatsmännische Sorgen quälten, als Komplement seines Realismus: »Aber Gott, der die Welt und Preußen halten und zerschlagen kann, weiß, warum es so sein muß, und wir wollen uns nicht verbittern gegen das Land, in welchem wir geboren sind, und gegen die Obrigkeit, um deren Erleuchtung wir beten.«[23] Und weiter im Gefühl der vanitas vanitatum unter Anknüpfung an Psalm 110 Vers 5, den er am Abend zuvor gelesen hatte: »Wie Gott will, es ist doch alles nur eine Zeitfrage, Völker und Menschen, Torheit und Weisheit, Krieg oder Frieden, sie kommen und gehen wie Wasserwogen, und das Meer bleibt. Was sind unsere Staaten und ihre Macht und Ehre vor Gott anderes als Ameisenhaufen und Bienenstöcke, die der Huf eines Ochsen zertritt oder das Geschick in Gestalt eines Honigbauern ereilt« (Brief an die Gattin vom 2. VII. 1859 – G. W. XIV, I, 533).

[23] Vgl. auch seinen Brief an Albrecht von Roon vom 21. I. 1864: »Wie Gott will. Er wird wissen, wie lange Preußen bestehen soll. Aber leid ist mir's sehr, wenn es aufhört, das weiß Gott!« (G. W. XIV, 2. 661).

9. Politische Schlagworte und politisierte Allgemeinbegriffe

Wir leben in einer Zeit der politischen Schlagworte. Nach der Charakterisierung von O. *Ladendorf* (Historisches Schlagwörterbuch, Berlin 1906) sind politische Schlagworte ausgezeichnet »durch prägnante Form und gesteigerten Gefühlswert«. Heutzutage scheinen die wenigsten von ihnen Anwartschaft auf langes Leben zu haben. Das war vor hundert bis hundertdreißig Jahren noch anders. Offenbar haben damals schöpferische Wortprägungen noch stärker durchgeschlagen, so daß sie in das allgemeine Sprachbewußtsein eingehen konnten. Meist haben sie sich auch rasch von ihrem Schöpfer abgelöst, und der Anlaß, dem das Wort seine Entstehung zu verdanken hatte, wurde rasch vergessen.

Wer weiß heute noch, daß der *»Hecht im Karpfenteich«* auf den Usurpator Napoleon III. gemünzt war? Sicher ist das Wort älter, aber in bezug auf ihn wurde es populär. Der überaus geistvolle Historiker Heinrich *Leo* (1799–1878) in Halle schrieb nämlich im Monatsbericht des »Volksblatt(s) für Stadt und Land« vom Juli 1859 folgendes: »Im übrigen müssen wir gestehen, daß wir allmählich auch an eine göttliche Mission des Kaisers Napoleon glauben. Wer große Fischhaltereien kennt, wird wissen, daß die Karpfen leicht Krankheiten preisgegeben sind, wenn sie gar zu faul im Schlamme liegen. Da pflegt man dann nach Bedürfnis Hechte in den Karpfenteich zu setzen, um die Karpfen munter zu halten. Und da nun einmal Europa zu dem stillen Wasser eines Zivilisations-Karpfenteiches ausgebildet worden ist und unser Herrgott noch nicht Zeit zu haben scheint zum Jüngsten Tag, hat er einstweilen einen Haupthecht in den Teich hineingesetzt, Gott erhalte ihn uns zur Gesundheit.« Bismarck hat in seiner Reichstagsrede vom 6. Februar 1888 an Leos Bild wieder angeknüpft (GW XIII, 336).

Heinrich Leo hat sich auch sonst sprachschöpferisch verdient gemacht. So prägte er das weniger erfreuliche Wort vom *»frisch-fröhlichen Kriege gegen das skrofulose Gesindel«*, den Gott doch endlich schicken möge, wie er den Krimkrieg 1853 im »Volksblatt« (Nr. 61) ankündigte. Eigentlich kann man da Leo nur das alte Weisheitswort des Erasmus entgegenhalten: »Dulce bellum inexpertis« (Süß ist der Krieg nur für die, die ihn nicht erfahren haben).

Was das vielgebrauchte Schlagwort *»Militarismus«* betrifft, so ist es eine französische Prägung, die stets polemisch verwandt wird. Nach den Feststellungen der Dissertation meines Schülers Erhard *Assmus* (Die publizistische Diskussion um den Militarismus, Erlangen 1951) erscheint der Begriff erstmalig 1867 in der Zeitschrift »Grenzboten«. Eine Korrespondenz aus Schwaben wandte sich »gegen den in Norddeutschland verkörperten Absolutismus, Caesarismus, Militarismus, Corporalismus« (I, 110). Der

Militarismus habe in Preußen »das Land ausgemergelt« und wolle nunmehr via Zollparlament »auch unser Volk zu einer bei uns schon lange überschrittenen Stufe von Unterwürfigkeit zurückschrauben.« Auch Ludwig *Bamberger* wies 1870 darauf hin, daß Militarismus ein Schlagwort süddeutscher Abgeordneter sei (Ges. Schr. IV, 182). Assmus konnte ferner belegen, daß es zuerst süddeutsche Klerikale waren, die mit diesem Schlagwort konkret gegen die preußische Armee polemisiert haben. Von ihnen haben dann in den siebziger Jahren Linksliberale und Sozialdemokraten das Wort in ihr Waffenarsenal übernommen, bis es dann im Ersten Weltkrieg bevorzugter Vorwurf der Entente-Propaganda gegen Preußen-Deutschland wurde.

Aus dem Krimkrieg stammt übrigens auch der Ausdruck *»Tatarennachricht«* für die Zeitungsente vom 30. September 1854 über den angeblichen Fall der Festung Sewastopol, weil sie durch berittene tatarische Postkuriere überbracht worden ist. Tatsächlich fiel aber Sewastopol erst ein volles Jahr später. Der Ausdruck »Tatarennachricht« für Lügenmeldung hat sich jedoch erhalten.

In der Gegend der Tatarennachrichten und der ebenfalls nach 1850 auftauchenden *»Zeitungsenten«* – »von blawen Enten predigen« für Lügen findet sich freilich schon 1512 in Thomas Murners »Narrenbeschwörung« (Nr. 32) – sind auch die großen *»Seeschlangen«* der deutschen Journalistik beheimatet, die mit Regelmäßigkeit während der *»Sauren-Gurken-*

Zeit« auftauchen, welch letzterer Begriff auch Goethe schon bekannt war (so Brief Zelters an Goethe vom 31. Juli 1821). Über die Seeschlangen machten sich schon die »Grenzboten« (1843, 283) lustig, und der Redakteur Bellmaus in Gustav *Freytags* »Journalisten« (1853) wird gescholten: »Als wir dir die Ehre erwiesen, dich mit der Verfertigung der Nippes-Sachen für dieses Blatt zu betreuen, da war die Meinung nicht, daß du die ewige große Seeschlange durch die Spalten unserer Zeitung wälzen solltest« (I. Akt, 2. Szene). Das Meeresungeheuer *»Seeschlange«* wird meines Wissens erstmalig von dem schwedischen Historiker Olaus Magnus (Historia de gentibus septentrionalibus, Rom 1555; dt. Basel 1567) erwähnt.

Besonders ergiebig in der Prägung politischer Devisen ist das Revolutionsjahr 1848 gewesen: In Wien und Berlin sprach man, als die ersten Erfolge der demokratischen Bewegung sichtbar wurden, freudig bewegt von *»März-Errungenschaften«*, denen dann die Konservativen, als im Spätherbst General Wrangel in Berlin einmarschierte und den Belagerungszustand verhängte, die *»November-Errungenschaften«* entgegenstellten. Aus ungedruckten Aufzeichnungen Ludwig von *Gerlachs* ergibt sich, daß der damalige Innenminister und spätere Ministerpräsident Otto von *Manteuffel* (1805–1882) einer Aufforderung Bismarcks zu *»rettenden Taten«* – der Historiker F. C. *Dahlmann* hatte in der Paulskirche in Frankfurt am 14. Dezember vom »Recht der rettenden Tat« gesprochen –, nämlich mit einigen Schüssen an den Berliner Straßenpöbel heranzugehen, mit der Begründung abgelehnt hatte: er wolle nicht, daß sein Name als der eines *»Bluthundes«* auf die Nachwelt komme. Der Name *»Bluthund«*, der übrigens biblisches Alter hat (2. Sam. 16,7 f.), ist bekanntlich 70 Jahre später dem ersten Reichswehrminister der Weimarer Republik Gustav *Noske* (1868 bis 1946) von den Kommunisten angehängt worden, nachdem er selber die Bezeichnung aufgegriffen hatte.

Und von der *»Hand, die verdorren müßte«*, wie Philipp *Scheidemann* (1865–1939) für den Fall der bevorstehenden Unterschrift unter den Versailler Vertrag emphatisch ausgerufen hatte (Rede in der Berliner Universität am 22. Mai 1919), war bereits von Friedrich Wilhelm IV. anläßlich der Zumutung eines Vertrages mit Frankreich 1850 gesprochen worden (vgl. A. *Scharff*: Die europäischen Großmächte und die deutsche Ordnung, Leipzig 1942, 249). Über Friedrich Wilhelm IV, der so oft als »Romantiker« wie als »Finsterling« verkannt wird – er war beides nicht –, sei an dieser Stelle festgehalten, was Goethe über ihn schon als Kronprinzen geäußert hat: »Nach allem, was ich von ihm kenne und höre, ist er ein sehr bedeutender Mensch« (Gespräch mit Eckermann vom 11. März 1828 – Gespräche, ed. Biedermann VI, Leipzig 1890, 279).

Eines der übelsten Schlagworte der Nationalisten der Zwischenkriegszeit gegen die Sozialdemokratie, *»Novemberverräter«*, hat ebenfalls ein ehrwürdiges

Alter. Es war bereits eine Devise der liberalen Opposition gegen die Österreich und Rußland zugeneigten *»Erfüllungspolitiker«* von 1850 gewesen, die die Punktation von Olmütz befürwortet haben und zu denen damals auch Otto von Bismarck gehörte. Der Ausdruck findet sich in den Briefen eines führenden Politikers der sog. »Wochenblattpartei«, des Grafen Robert Heinrich *von der Goltz* im Jahre 1852 an den Grafen Pourtalès (vgl. O. von *Stolberg-Wernigerode*: R. H. Graf von der Goltz, Oldenburg 1941, 58). – In ihren Kreisen ist auch, wie Heinrich von *Srbik* und andere nachweisen konnten, das für die österreichische Politik gegenüber Preußen umlaufende böse Wort »Avilir puis démolir« (erst demütigen, dann vernichten) dem Fürsten *Schwarzenberg* in den Mund geschoben worden. Ebensowenig hat Schwarzenberg gesagt: »Österreich wird die Welt durch das Ausmaß seiner Undankbarkeit in Erstaunen setzen.« Der Krimkrieg schien wenigstens den Russen zu beweisen, daß dieses Ausmaß gewaltig und Schwarzenbergs angebliche Voraussage eingetroffen sei.

Und wie wir manchem deutschen Herrscher erhabene Worte und Redewendungen zu verdanken haben, die in unsere Umgangssprache eingegangen sind, so auch *Heinrich LXI.*, Fürsten Reuss jüngerer Linie zu Lobenstein und Ebersdorf, der schon halb schwachsinnig mit seinen volksbeglückenden Erlassen den Demokraten so lange Freudenfeste gab, bis sie ihn 1848 schließlich zwangen, zugunsten seines Schleizer Schwagers abzudanken. Seine Erlasse aus Schloß Altenburg aber leben weiter wie der vom 12. Oktober 1844, mit dem er die deutsche Sprache durch das Wort *»Prinzipienreiter«* bereichert hat, das der selige Büchmann (692[30]) mit Recht für »geflügelt« erklärte: »Ich befehle hiermit folgendes ins Ordrebuch und in die Special-Ordrebücher zu bringen. Seit zwanzig Jahren reite ich auf einem Prinzip herum, d. h. Ich verlange, daß ein jeglicher bei seinem Titel genannt wird. Dies geschieht stets nicht. Ich will also hiermit ausnahmsweise eine Geldstrafe von einem Thaler festsetzen, wenn einer, der in Meinem Dienste ist, einen anderen, der in Meinem Dienste ist, nicht bei seinem Titel oder Charge nennt. Heinrich LXI.«

Der *»Prinzipienreiter«* wurde als spöttische Schelte rasch beliebt. So schrieb Michail *Bakunin* (1814–1876), der russische Anarchist aus altadliger Familie, in einem Brief vom 8. Dezember 1848 an Georg *Herwegh*: »Ich finde keinen Ausdruck, um Dir die Stupidität, den Leichtsinn und die abstrakte Prinzipienreiterei der sog. demokratischen Führer in Deutschland zu bezeichnen« (Briefe von und an Georg Herwegh, München 1898, 226).

Eines der großen Schlagworte des Vormärz und des »tollen Jahres« 1848 ist die *»Pressfreiheit«* gewesen, die seit Wilhelm von Humboldt seitens der Liberalen und Demokraten mit wachsender Lautstärke gefordert wurde. Der Terminus selber ist zumal in England sehr viel älter. In Deutschland schrieb bereits 1766 der Minister und politische Publizist Friedrich Karl von *Moser* (1723–1798): »Schon in den politischen Verfassungen ist zwischen der Freiheit und Frechheit der Pressen ein großer Unterschied« (Reliquien, Frankfurt 1766, 24). Friedrich Wilhelm II. von Preußen verwendete »Pressfrechheit« in einer Kabinettsordre an den Großkanzler von Carmer vom 10. September 1788. Goethe dichtete 1821 in »Zahme Xenien«:

> Oh Freiheit süß der Presse!
> Nun sind wir endlich froh.
> Sie pocht von Messe zu Messe
> In dulce jubilo.
> Kommt, laßt uns alles drucken
> Und walten für und für.
> Nur sollte keiner mucken,
> Der nicht so denkt wie wir.

Treffend ist auch Goethes Bemerkung: »Nach Pressfreiheit schreit niemand, als wer sie mißbrauchen will« (Maximen und Reflexionen – W. A. 42, 2, 237). Der pietistische Junker Adolf von *Thadden* auf Trieglaff in Pommern empfahl die Press(e)freiheit im Frühjahr 1847 auf dem Vereinigten Landtag mit folgenden Worten: »Freies Wort ohne Maske und Schminke, aber nach Wechselrecht mit der Verpflichtung auf mich selbst, das ist's, was wir fordern, Pressefreiheit, aber der Galgen daneben! Die Völker haben jetzt so gut ihre Schmeichler, wie weiland die Fürsten. Ich behaupte, nie ist den Völkern auf eine so unverschämte Weise geschmeichelt worden wie jetzt.« Aber die Pressefreiheit wurde vom vordringenden Liberalismus durchgesetzt, obwohl *Grillparzer* noch 1840 ironisch gedichtet hatte:

> Pressfreiheit steht denn oben an
> Wo – welch absurdes Treiben! –
> Das halbe Land nicht lesen kann
> Das andere nicht schreiben.

(Ges. Werke XII, 108)

August *Vilmar* (1800–1868) sollte dann wieder von der »Pressfrechheit« sprechen (Zur neuesten Culturgeschichte Deutschland I, Frankfurt 1858, 53 f.). Und Arthur *Schopenhauer* (1788–1860) erklärte in seinen »Parerga und Paralipomena«, Kap. 9 (1851): »Ich fürchte sehr, daß die Gefahren der Pressfreiheit ihren Nutzen überwiegen, zumal wo gesetzliche Wege jeder Beschwerde offenstehen. Jedenfalls aber sollte Pressfreiheit durch das strengste Verbot aller und jeder Anonymität bedingt sein« (II, 544). Dasselbe hatte schon Goethe 1816 gegenüber seinem Weimarischen Ministerkollegen Chr. G. von *Voigt* »für die größte Wohltat« erklärt.

★

Interessant in diesem Zusammenhang ist auch die Politisierung von Allgemeinbegriffen, die allmählich zu politisch gefärbten Schlagworten geworden sind. So war – pars pro toto – der *»Zeitgeist«* eine schlechte Nachbildung des französischen »esprit du siècle« und von Montesquieu und Voltaire her gegen Ende des

18. Jahrhunderts über die Gelehrtensprache ins deutsche Allgemeinbewußtsein gekommen. Die frühesten Belege stehen 1769 bei *Herder* (Kritische Wälder, SW III, 424), der an anderer Stelle den Zeitgeist als die »herrschenden Meinungen, Sitten und Gewohnheiten einer Zeit« definiert hat (SW XVIII, 95). Johann Heinrich *Voss* (1751–1826) machte sich über den Zeitgeist als ein neu aufgekommenes »Modewort« bereits 1804 lustig. Gleichwohl hat ihn Ernst Moritz *Arndt* (1769–1860) durch sein fünfbändiges Werk »Geist der Zeit« – Band I erschienen 1805 – populär gemacht.

Der allgemeine Sprachgebrauch der ersten Hälfte des 19. Jahrhunderts versteht das Wort nach Goethes Vorgang zumeist in abwertendem Sinne als Inbegriff subjektiver Ideen modernen und fortschrittlichen Charakters; im kulturkritischen Sinne war so schon seit Fichte gesprochen worden. Häufig wurde der Zeitgeist auch als Bezeichnung für den Geist der Französischen Revolution von 1789 bis 1793 verstanden. In dieser Meinung wird der Begriff von Leopold von *Gerlach* (1790–1861) in seinem Tagebuch vom 17. August 1844 verwandt: »Alles, was der König Gutes und Großes will, ist dem Zeitgeist, das heißt dem aktiven revolutionären Zeitgeist entgegen, sonst nach meiner festen Überzeugung ganz zeitgemäß« (Denkwürdigkeiten I, Berlin 1891, 96). Aber allmählich wird dann Zeitgeist unter dem Einfluß der jungdeutschen Schriftsteller ins Positive gewendet und zum Modernen schlechthin, das zu erkennen und aussprechen zu können man aber eine gewisse Intelligenz haben muß:

> Still Martha, das verstehst du nicht,
> durch meinen Mund der Zeitgeist spricht.

(Wilhelm *Jordan*: Demiurgos I, Leipzig 1854, 255)

Schließlich bezeichnet Zeitgeist nur noch das Aktuelle als solches und erscheint ab 1886 eine Zeitlang als Name einer wöchentlichen Beilage des »Berliner Tageblatts«. Erst in unseren Tagen ist eine Rückkehr zum ursprünglichen Gebrauch Herders erfolgt, insofern die »Gesellschaft für Geistesgeschichte« als ihre Spezialaufgabe »die Untersuchung des Zeitgeists und seiner Wandlungen« bezeichnet hat (Vgl. H.-J. *Schoeps*: Was ist und was will die Geistesgeschichte, Göttingen 1970[2]).

Eine ähnliche Entwicklung machte die Bezeichnung *»Patriot«* durch, die sich von einer Tugend (Verwirklichung des volonté générale) über eine Tiefzeit der Abwertung, in der sie etwa mit »Demagoge« gleichbedeutend wird, wieder zu einer edlen Bedeutung heraufgeschwungen hat. Das Wort scheint – 1736 durch Lord Bolingbroke eingeführt – sich durch französische Kanäle auf dem Kontinent ausgebreitet zu haben. Im Spätstadium des Heiligen Römischen Reiches Deutscher Nation war Patriotismus eine – wie man heute sagen würde – »Frustration« geworden, denn »die Verhältnisse – sie waren nicht so«. Deshalb konnte *Goethe* 1772 bei einer Rezension der Schrift des österreichischen Staatsrechtslehrers Josef von *Sonnenfels* »Über die Liebe des Vaterlandes« in den Frankfurter Gelehrten Anzeigen sagen: »Wozu nun das vergebliche Aufstreben nach einer Empfindung, die wir weder haben können noch mögen«. Die Französische Revolution wurde der große Einschnitt in der Geschichte der Wortbedeutung. 1797 schrieb George *Canning,* der spätere englische Premierminister, den Spottvers auf die englischen Jakobiner nieder:

> A standy patriot of the world alone
> The friend of every country, but not his own.
> (Ein strammer Patriot, doch nur der Welt,
> dem jedes Land, nur seines nicht gefällt.)

Zu Beginn des 19. Jahrhunderts wurde »Patriot« geradezu ein negatives politisches Schlagwort; die dritte Auflage des Brockhaus-Lexikons von 1816 belehrt darüber, daß das Wort Patriot durch revolutionäre Bewegungen neustens in Verruf gekommen ist und jetzt so viel wie »den Demagogen, Volksführer und Verführer« bezeichnet (VII, 294). Noch die 9. Auflage von 1846 spricht davon, daß sich hinter dem Wort Patriotismus oft der politische Parteigeist versteckt. Die Kleinstaaterei behindere vaterländische Gefühle. Aber sehr bald steht eindeutig fest, daß ein deutscher Patriot derjenige ist, der die deutsche Einheit resp. Einigung als politisches Leitbild bejaht.

Ähnlich ist es dem Wort *»Ideologe«* gegangen. Napoleon I. nannte intellektuelle Widersacher, die seine Politik kritisierten, abschätzig Ideologen. Später bezeichnete man jedes unfruchtbare systematische Denken und Grübeln als Ideologie; ideologisch wurde identisch mit unpraktisch und weltfremd. Für Karl *Marx* wurde Ideologie zur weltanschaulichen Verkleidung (»Überbau«) einer wirtschaftlichen Interessenlage, und die Ideologiekritik bekam die Funktion, derartige Uneigentlichkeiten zu enthüllen. Heute scheint sich das Blatt wieder zu wenden, da Ideologie häufig im Sinne von Weltanschauung schlechthin gebraucht und für etwas Notwendiges gehalten wird. Daneben hält sich allerdings auch die Bedeutung »falsches Bewußtsein«.

Ganz heruntergekommen scheint, wenn man dem Lexikon von Brockhaus glauben darf, die Bezeichnung *»Intellektueller«* zu sein. Anfänglich etwas Wertvolles, läßt sich die Bedeutungsverschlechterung in der Literatur etwa seit dem Dreyfus-Prozeß (1894) nachweisen. In der Brockhaus-Auflage von 1908 fehlt Intellektueller als Typusbezeichnung, nur »intellektuelle Urheber einer Handlung« sind bekannt. 1928 waren Intellektuelle immerhin noch »Gebildete, geistige Oberschicht, Verstandesmenschen«. Der Sprach-Brockhaus nennt einen Intellektuellen sogar schlechthin »Mensch mit höherer geistiger Vorbildung«. Aber der Brockhaus in der 16. Auflage von 1954 verblüffte seine Leser mit der Behauptung, ein Intellektueller sei »ein Mensch, der seinem Verstande nicht gewachsen ist«. – Hat hier nun ein Mitarbeiter dem Brockhaus einen Streich gespielt, der von der Redaktion nicht bemerkt wurde, oder ulkte das Lexikon seine intellektuellen Leser an? – In der 17. Auflage von 1970 ist der Intellektuelle ein Mensch, der den rationalen Verstandeskräften den Vorzug vor »Wille, Gemüt und Gefühl gibt, aber auch abwertendes Schlagwort für einen einseitigen Verstandesmenschen«.

Entsprechendes läßt sich in diesem Zusammenhang auch von Lieblingsworten sagen, die zu Allgemeinbegriffen wurden. So war *»geistreich«* ein Lieblingswort des alten Goethe, wurde aber auch als Charakterisierung eines Menschen von den Schriftstellern des Jungen Deutschland hoch geschätzt, bis es dann 1835 von Theodor *Mundt* (1808–1861) in seinem Roman »Madonna« parodiert wurde: »Ich schaue eine Periode des Menschengeschlechtes, wo alle geistreich sind. Es ist das glorreiche 19. Jahrhundert, in dem jeder Ladendiener geistreich werden wird« (330 f.).

Und schließlich konnte Otto von Bismarck in einer Reichstagsrede vom 9. Mai 1885 feststellen: »Um geistreich zu sein, braucht man nur vor nichts mehr Respekt zu haben« (G. W. XIII, 16). – Heute dürfte geistreich ohne jede abwertende Nebenbedeutung nur noch als positives Attribut verwandt werden. Hingegen wurde *Dilettant* (von italien. dilettare = sich ergötzen) im 18. Jahrhundert noch allgemein als Liebhaber verstanden, im 19. Jahrhundert zum Halbwisser oder Halbgebildeten. Dies wäre also wieder ein Beispiel für Pejorisierung oder Bedeutungsverschlechterung.

Manche neuen Wortbildungen haben sich in der deutschen Sprache durchgesetzt, auch wenn es Mißbildungen waren, wie als Flexion eines Adverbs die Bezeichnung »schlechthinnig«, nachdem *Schleiermacher* (1768–1834) die Religion als »Gefühl der schlechthinnigen Abhängigkeit« definiert hat (vgl. Der christliche Glaube I, Berlin 1835, 169 – Werke I, 3). Das hatte schon *Hegel* vom Inhalt her ironisch aufgenommen, wenn er in seiner »Vorrede zu Hinrichs Religionsphilosophie« feststellte: »Gründet sich die Religion im Menschen auf ein Gefühl, so hat solches richtig keine weitere Bestimmung als das Gefühl seiner Abhängigkeit, und so wäre der Hund der beste Christ, denn er trägt dieses am stärksten in sich, und er lebt vornehmlich in diesem Gefühl. Auch Erlösungsgefühle hat der Hund, wenn seinem Hunger durch einen Knochen Befriedigung wird« (SW, ed. H. Glockner, II, Stuttgart 1958, 19).
Karl *Gutzkow* (1811–1878) wiederum protestierte von der sprachlichen Seite her gegen den Neuankömmling:

> Du hattest sonst den Ruhm, zu sein im Worte sinnig.
> Warum verdarbst du ihn durch das Gefug:
> schlechthinnig?
> Kommt dieses Wort in Kurs (zu denken wär' es
> grausig!),
> So sagt man bald vielleicht: nachdemig und gradausig.

(Lieder und Epigramme, Ges. Werke I, Jena 1872, 316)

10. Literarische Proteste gegen den Nationalsozialismus

Über das Dritte Reich ist viel Befugtes und Unbefugtes geschrieben worden. Die zeitgeschichtliche Forschung hat alle möglichen Winkel ausgeleuchtet. Nur auf einen Sektor des damaligen Zeitgeschehens fiel meines Wissens bisher kaum ein Licht, obwohl er eine große Bedeutung hatte: die literarische Aktivität der inneren Emigration. Der geistige Widerstand hat in jenen Jahren mancherlei seltsame Formen angenommen. Sehr richtig urteilt Werner *Bergengruen* – »dieser letzte Parteigänger der Freiheit« wurde über ihn gesagt –: »Wer nicht selbst ein Terror- und Zensursystem von der Art des nationalsozialistischen kennengelernt hat, wer aufgewachsen ist im selbstverständlichen Genuß der Rede- und Schreibefreiheit, der kann sich unmöglich auf die Technik der stichworthaften Anspielung, die Technik der indirekten und doch unmißverständlichen Aussage verstehen, unmöglich auf die immer mehr sich verfeinendernde Kunst des Schreibens – aber auch des Lesens – zwischen den Zeilen. Damals regierte eine unglaubliche Hellhörigkeit; die leiseste Andeutung wurde nicht nur verstanden, sondern sie hatte auch ihr Gewicht« (Dichtergehäuse, Zürich 1966, 141 f.). Das ist der Grund, warum in diesen Jahren so viele Predigten des Grafen *Galen* oder des Kardinals *Faul-*

haber oder des Pfarrers Martin *Niemöller* in Schreibmaschinenabschriften zirkulierten oder warum Gedichte und Prosa von Jochen *Klepper,* Reinhold *Schneider* und Werner *Bergengruen* umgingen, aus denen man Anspielungen auf die Zeitsituation heraushörte. Auch einige historische Monographien, die nach 1933 erschienen sind, konnten als literarische Proteste gegen den Nationalsozialismus verstanden werden, so die Bücher von Hermann *Oncken* über Cromwell, Peter Richard *Rohden* über Robespierre, Theodor *Heuss* über Friedrich Naumann und Friedrich Wilhelm von *Oertzen* über Pilsudski. Sie schienen nämlich in der »Sklavensprache« der Intellektuellen abgefaßt zu sein, weil sie mit ihren Parallelisierungen doppeldeutig wirkten, was von allen Deutschen, die zum inneren Widerstand gehörten, auch sofort registriert wurde.[1] Am deutlichsten war wohl der Ostpreuße Friedrich P. *Reck-Malleczewen,* der 1937 ein Buch über die Schwarmgeister von Münster mit dem bezeichnenden Titel »Bockelson, Geschichte eines Massenwahns« erscheinen ließ. Am Schluß des Vorworts hieß es über den »Führer« der Wiedertäufer: »Ein Häuflein Nichts also, geladen mit Hy-

[1] Karl O. *Paetel* hat das Verdienst, schon 1946 in New York einiges unter dem Titel »Deutschlands innere Emigration. Antinationalsozialistische Zeugnisse aus Deutschland« als erster gesammelt zu haben. – Zum Thema »Flüsterwitz« (siehe auch S. 261 in diesem Buch) vgl. Fritz *Redlich*: Der Flüsterwitz, seine publizistische Aussage in soziologischer und zeitgeschichtlicher Sicht, Zeitschrift »Publizistik« VIII, Bremen 1963, H. 2.

sterie«. Das Buch wurde sofort nach seinem Erscheinen verboten, der lange Jahre beobachtete Verfasser wurde im Krieg inhaftiert und ist noch am 17. Februar 1945 im Konzentrationslager Dachau ermordet worden. Aus Recks Nachlaß wurde das »Tagebuch eines Verzweifelten« (Stuttgart 1947, 1966[2]) veröffentlicht.

In den Jahren nach 1933 ist Max von *Schenkendorfs* Vers von 1813 »Freiheit, die ich meine« weitergedichtet worden:

> Welche meinst du, sprich:
> deine oder meine,
> darum dreht es sich.

Eine Schallplatte der »Comedian Harmonists«, die im Ausland hergestellt war und sich auf die Feier des 1. Mai bezog, wurde im vertrauten Kreise gern aufgelegt:

> Ein neuer Frühling wird in die Heimat kommen,
> schöner noch, wie's einmal war
> – – – – – –
> Und man wird wieder das Lied der Arbeit singen,
> geradeso wie's einmal war
> Es geht im Schritt und im Tritt
> auch das Herz wieder mit.
> Und dann fängt ein neuer Frühling an.

Der in den dreißiger Jahren beliebte Schlager: »Es geht alles vorüber, es geht alles vorbei« wurde häufig leise so weitergesummt: »Erst geht der Hitler, dann geht die Partei.« – Und so kam es dann ja auch.

Selbst in Frau-Wirtin-Verse verkleidete sich der innere Widerstand und der ganze ohnmächtige Nazihaß im Volke. So behielt ich in Erinnerung:

Frau Wirtin hat auch einen Traum,
der war so schön, man glaubt es kaum,
er war wie ein Te Deum:
Sie sah den Führer ausgestopft
im Britischen Museum.

Aber noch viel wirksamer sind die vielen anonym versandten Zeugnisse aus klassischer Literatur gewesen, die als Kampfansage gegen den Nationalsozialismus verstanden werden konnten und sollten. Oft wurden sie in der Form von *Kettenbriefen* verbreitet, das heißt mit der Auflage, sie abzuschreiben und an eine größere Zahl von Personen ohne Absender mit der Post zu verschicken; dem, der die Kette unterbricht, wurden häufig unheimliche Strafen angedroht. Aber dessen bedurfte es gar nicht, denn die meisten haben sie gern abgeschrieben und weitergesandt. Sicher gingen solche Briefketten von verschiedenen Urhebern oder Zellen aus, die voneinander nichts gewußt haben. Ich führe hier nur solche Schneeballtexte auf, die auf derartigen Wegen zwischen 1933 und 1939 in meine Hände gekommen sind.

Aus *Plato:* Der Staat: »Nun wohl mein Freund, wie steht es aber mit der Diktatur? Ist es nicht so, daß die Demokratie sich selber auflöst durch eine Unersättlichkeit in der Freiheit?

Wenn sich Väter damit abfinden, ihre Kinder einfach gewähren und laufen zu lassen, wie sie wollen, und sich vor ihren erwachsenen Kindern geradezu fürchten, überhaupt ein Wort zu reden! Oder wenn Söhne schon sein wollen, wie die Väter, vor ihren Eltern weder Ehrfurcht haben noch sich um ihr Wort kümmern, sich nichts mehr sagen lassen, um ja recht erwachsen und selbständig zu erscheinen!
Wenn auch die Lehrer bei solchen Verhältnissen vor ihren Schülern zittern und ihnen lieber schmeicheln, statt sie sicher und mit starker Hand auf einen geraden Weg führen, so daß sich die Schüler nichts mehr aus ihren Lehrern machen!
Überhaupt sind wir ja schon so weit, daß sich die Jüngeren den Älteren gleich erachten, ja gegen sie auftreten in Wort und Tat; die Alten aber setzen sich unter die Jungen und suchen sich ihnen gefällig zu machen, indem sie ihre Albernheiten und Ungehörigkeiten übersehen oder gar daran teilnehmen, um ja nicht den Anschein zu erwecken, als seien sie Spielverderber oder auf Autorität versessen. Auf diese Weise aber werden Seele und Widerstandskraft aller Jungen allmählich brüchig und mürbe. Sie werden aufsässig und können es nicht mehr ertragen, wenn man nur ein klein wenig Unterordnung von ihnen verlangt.
Am Ende verachten sie auch die Gesetze, weil sie niemanden und nichts mehr als Herrn über sich anerkennen wollen.
Und das ist der schöne und jugendfrische Anfang der

Diktatur!« (Plato, Politeia, Buch V, 63 [430–370]). *Bitte möglichst viele Vervielfältigungen anfertigen oder anfertigen lassen und an Verwandte und Bekannte schicken!!*

J. W. *Goethe*: Noten und Abhandlungen zum besseren Verständnis des »West-östlichen Diwans«: »– – Wie man denn niemals mehr von Freiheit reden hört, als wenn eine Partei die andere unterjochen will und es auf weiter nichts abgesehen ist, als daß Gewalt, Einfluß und Vermögen aus einer Hand in die andere gehen sollen. Freiheit ist die leise Parole heimlich Verschworener, das laute Feldgeschrei der öffentlich Umwälzenden, ja das Losungswort der Despotie selbst, wenn sie ihr unterjochte Masse gegen den Feind anführt und ihr von auswärtigem Druck Erlösung auf alle Zeiten verspricht« (W. A. I, 7, 94). Auf der Rückseite stand aus Ludwig *Uhlands* »Vaterländische Gedichte«:

Noch ist kein Fürst so hoch gefürstet,
so auserwählt kein ird'scher Mann,
daß wenn die Welt nach Freiheit dürstet,
er sie mit Freiheit tränken kann.

(Vollst. Krit. Ausg., ed. E. Schmidt-J. Hartmann, Stuttgart 1898, 80)

Dann habe ich ein offenbar Adolf Hitler geradezu gespenstisch vorausahnendes Gedicht von Gottfried

Keller des Titels »Die öffentlichen Verleumder« (Ges. Gedichte, Jubiläumsausg. I, Stuttgart 1919, 297) vervielfältigt gesehen:

Ein Ungeziefer ruht
in Staub und trocknem Schlamme
verborgen wie die Flamme
in leichter Asche tut.
Ein Regen, Windeshauch
erweckt das schlimme Leben
und aus dem Nichts erheben
sich Seuchen, Glut und Rauch.

Aus dunkler Höhle fährt
ein Schächer, um zu schweifen,
nach Beuteln möcht' er greifen
und findet bessern Wert,
er findet einen Streit
um Nichts, ein irres Wissen,
ein Banner, das zerrissen,
ein Volk in Blödigkeit.

Er findet, wo er geht
die Lehre dürft'ger Zeiten,
da kann er schamlos schreiten,
nun wird er ein Prophet;
auf einen Kehricht stellt
er seine Schelmenfüße
und zischelt seine Grüße
in die verblüffte Welt.

Gehüllt in Niedertracht
gleich wie in eine Wolke,
ein Lügner vor dem Volke,
ragt bald er groß an Macht

mit seiner Helfer Zahl,
die hoch und niedrig stehend,
Gelegenheit erspähet,
sich bieten seiner Wahl.

Sie teilen aus sein Wort,
wie einst die Gottesboten,
getan mit den fünf Broten,
das klecket fort und fort!
Erst log allein der Hund,
nun lügen ihrer tausend;
und wie ein Sturm erbrausend,
so wuchert jetzt das Pfund.

Hoch schießt empor die Saat,
verwandelt sind die Lande,
die Menge lebt in Schande
und lacht der Schofeltat!
Jetzt hat sich auch erwahrt,
was erstlich war erfunden:
Die Guten sind verschwunden,
die Schlechten stehn geschart!

Wenn einstmals diese Not
lang wie ein Eis gebrochen,
dann wird davon gesprochen,
wie von dem schwarzen Tod;
und einen Strohmann bau'n
die Kinder auf der Heide,
zu brennen Lust aus Leide
und Licht aus altem Grau'n.

Die Zeilen:

Erst log allein der Hund,
nun lügen ihrer tausend

waren rot angestrichen.[2]

In den Jahren vor Kriegsausbruch wurden aus Heinrich *Heines*: »Zur Geschichte der Religion und Philosophie in Deutschland« nach der Ausgabe des dritten Buchs von 1852 folgende Sätze verbreitet, die in diesen Jahren als Warnung an die Adresse Frankreichs gerichtet zu sein schienen: »... Es erwacht jene Kampfeslust, die wir bei den alten Deutschen finden, und die nicht kämpft, um zu zerstören, noch um zu siegen, sondern bloß um zu kämpfen. Das Christentum – und das ist sein schönster Verdienst – hat jene brutale germanische Kampflust einigermaßen besänftigt, konnte sie jedoch nicht zerstören, und wenn einst der zähmende Talisman, das Kreuz, zerbricht, dann rasselt wieder empor die Wildheit der alten Kämpfer, die unsinnige Berserkerwut, wovon die nordischen Dichter so viel singen und sagen. Jener Talisman ist morsch, und kommen wird der Tag, wo er kläglich zusammenbricht. Die alten steinernen Götter erheben sich dann aus dem verschollenen Schutt und reiben sich den tausendjährigen Staub aus den Augen, und Thor mit dem Riesenhammer

[2] F. *Reck-Malleczewens* »Tagebuch eines Verzweifelten« notiert im November 1938, daß diese Vorausahnung »gegenwärtig das populärste aller Keller-Gedichte in Deutschland ist. Jeder kennt es, einer liest es dem anderen vor« (95).

springt endlich empor und zerschlägt die gotischen Dome. Wenn ihr dann das Gepolter und Geklirre hört, hütet euch, ihr Nachbarskinder, ihr Franzosen, und mischt euch nicht in die Geschäfte, die wir zuhause in Deutschland vollbringen. Es könnte euch schlecht bekommen. Ihr könntet euch leicht an den Flammen die Finger verbrennen. Hütet euch das Feuer anzufachen, hütet euch es zu löschen. Lächelt nicht über meinen Rat, den Rat eines Träumers, der euch vor Kantianern, Fichteanern und Naturphilosophen warnt. Lächelt nicht über den Phantasten, der im Reiche der Erscheinungen dieselbe Revolution erwartet, die im Gebiete des Geistes stattgefunden. Der Gedanke geht der Tat voraus wie der Blitz dem Donner. Der deutsche Donner ist freilich auch ein Deutscher und ist nicht sehr gelenkig und kommt etwas langsam herangerollt; aber kommen wird er, und wenn ihr es einst krachen hört, wie es noch niemals in der Weltgeschichte gekracht hat, so wißt: der deutsche Donner hat endlich sein Ziel erreicht. Bei diesem Geräusche werden die Adler in der Luft tot niederfallen, und die Löwen in der fernsten Wüste Afrikas werden die Schwänze einkneifen und sich in ihren königlichen Höhlen verkriechen. Es wird ein Stück aufgeführt werden in Deutschland, wogegen die Französische Revolution nur wie eine harmlose Idylle erscheinen möchte. Jetzt ist es freilich ziemlich still: und gebärdet sich auch der eine oder der andere etwas lebhaft, so glaubt nur nicht, diese würden einst als wirkliche Akteure auftreten. Es sind nur die klei-

nen Hunde, die in der leeren Arena herumlaufen und einander anbellen und beißen, ehe die Stunde erscheint, wo dort die Schar der Gladiatoren anlangt, die auf Tod und Leben kämpfen sollen.
Und die Stunde wird kommen. Wie auf den Stufen eines Amphitheaters werden die Völker sich um Deutschland herumgruppieren, um die großen Kampfspiele zu betrachten. Ich rate euch, ihr Franzosen, verhaltet euch alsdann sehr stille und, beileibe, hütet euch zu applaudieren. – – – Ich meine es gut mit euch, und deshalb sage ich euch die bittere Wahrheit. Ihr habt von dem befreiten Deutschland mehr zu befürchten als von der ganzen Heiligen Allianz mitsamt allen Kroaten und Kosaken. Denn erstens liebt man euch nicht in Deutschland, welches fast unbegreiflich ist, da ihr doch so liebenswürdig seid und euch bei euerer Anwesenheit in Deutschland so viel Mühe gegeben habt, wenigstens der besseren und schöneren Hälfte des deutschen Volkes zu gefallen. Und wenn diese Hälfte euch auch liebte, so ist es eben doch diejenige Hälfte, die keine Waffen trägt und deren Freundschaft euch also wenig frommt. Was man eigentlich gegen euch vorbringt, habe ich nie begreifen können. – – – Jedenfalls rate ich euch, auf euerer Hut zu sein. Es mag in Deutschland vorgehen, was da wolle, es mag der Kronprinz von Preußen oder der Dr. Wirth zur Herrschaft gelangen, haltet euch immer gerüstet, bleibt ruhig auf euerem Posten stehn, das Gewehr im Arm. Ich meine es gut mit euch, und es hat mich schier erschreckt, als ich

jüngst vernahm, euere Minister beabsichtigten, Frankreich zu entwaffnen. Da ihr trotz euerer jetzigen Romantik geborene Klassiker seid, so kennt ihr den Olymp. Unter den nackten Göttern und Göttinnen, die sich dort bei Nektar und Ambrosia belustigen, seht ihr eine Göttin, die, obgleich umgeben von solcher Freude und Kurzweil dennoch immer einen Panzer trägt und den Helm auf dem Kopf und den Speer in der Hand behält: Es ist die Göttin der Weisheit.«

Von zeitgenössischen Dichtern gingen Gedichte *Bergengruens* hektographiert von Hand zu Hand wie »Das Dauernde« aus dem 1937 in Graz erschienenen und alsbald verbotenen Band »Der ewige Kaiser«, dessen letzte Strophe hieß:

Am Himmel, wenn Gewölk und Dunst zerrannen,
Steht groß das alte Licht.
Erblosen Todes sterben die Tyrannen.
Tribunen zeugen nicht.

Und schließlich sprach aus Friedrich Georg *Jüngers* Versband »Gedichte«, der noch 1934 in Ernst Niekischs Widerstandsverlag erschienen war und verbreitet werden durfte, das Gedicht »Der Mohn« die Empfindungen von Zehntausenden guter Deutscher aus:

Widrig ist mir der Redner Geschlecht.
Kalekutische Hähne
höre ich kollern am Markt, höre ich scharren am Platz.

Gaukler treiben mit Worten ihr Wesen,
Lügner sie deuteln,
Retter, sie retten den Trug, Ärzte, sie scheuen
den Tod.
Wollt Ihr betrügen das Volk, so schmeichelt
ihm schamlos und lobt es,
dient ihm mit Worten zuerst, eh' ihr es
redend beherrscht.
Hört, es schmeicheln Tribunen dem Volk,
es jubeln Betrogene
laut den Betrügern zu, die sie mit Netzen
umgarnen.

Volk, wo sind deine Toten, sie schweigen.
Es hört, wer in Schlachten
redlich sank in den Tod, tönenden Worten
nicht zu.
»So viel Opfer des edlen Blutes umsonst?
Vergebens fiel der bessere Mann? Wär' ich
gefallen doch auch.«
So vernahm ich des Redlichen Seufzer,
doch achtete niemand
auf den denkenden Mann, lauter noch
lärmten sie fort.
Feste seh' ich und Feiern, ich höre
Märsche, Gesänge,
Bunt ist von Fahnen die Stadt, immergleich
summet der Schwarm.

Lauter als der Cherusker, der Romas
stolze Legionen
weihte der Nacht und dem Tod, so stimmen
den Siegruf sie an.

Habt ihr feindliche Heere geschlagen,
die Fürsten gefangen,
Risset ihr Ketten entzwei, die euch
der Sieger gestückt?
Nein, sie bejubeln den Sieg, der, über Brüder
erfochten,
süßer als Siege sie dünkt, die man in
Schlachten erstritt.
Schmerzend hallt in den Ohren der Lärm mir.
Mich widert der Taumel,
widert das laute Geschrei, das sich
Begeisterung nennt.
Wehe! Begeisterung! Silberner Brunnen
der Stille, du klarer,
du kristallener Born, nennt es
Begeisterung nicht.
Tiefer schweigen die Toten, sie trauern,
sie hören das Lärmen,
hören das kindische Lied ruhmloser
Trunkenheit nicht.

III.

ZWISCHEN TIEFSINN UND SCHMUNZELN

11. Geschichtliche Voraussagen, die eingetroffen sind

Seit jeher haben die Zeitgenossen versucht, künftige Entwicklungen vorauszubestimmen. Wir wissen aber, daß es in der Geschichte keine Zwangsläufigkeiten gibt derart, daß ein Prozeß unweigerlich in dieser oder jener Richtung laufen muß und das Endergebnis dann so oder so aussehen wird. Die von Menschen gestaltete Geschichte ist stets Geschichte der menschlichen Freiheit und unterliegt darum auch nicht irgendwelchen errechenbaren Ablaufgesetzen. Damit wird nicht geleugnet, daß es Wahrscheinlichkeiten und mitunter auch – wenngleich seltener, als man meint – Analogien zu früheren Abläufen gibt. Um so erstaunlicher ist es, wenn man heute Voraussagen liest, die exakt so oder doch so ähnlich Jahrzehnte später tatsächlich eingetroffen sind. Derartige Voraussagen sind an der Wiege der modernen technisch-industriellen Entwicklung von bedeutenden Männern, die scharf beobachteten, angestellt worden.[1] Eine Reihe solcher Zeugnisse seien angeführt:

[1] Mit dem Aufsatz von S. A. *Kaehler*: Über einige politische Visionen des 19. Jahrhunderts, Nachr. d. Akad. d. Wiss. Göttingen, Phil-Hist. Kl. 1954, 81 ff., ergeben sich keine Berührungen. Wohl aber darf ich auf das Kap. »Realistische Geschichtsprophetien um 1850« in meinem Buch »Vorläufer Spenglers«, Leiden [2]1955, hinweisen, das interessante Voraussagen von Karl Voll-

Schon der alte Goethe zeigte große Besorgnisse, wenn er am 6. Juni 1825 an seinen Freund Zelter schrieb: »Junge Leute werden viel zu früh aufgeregt und dann im Zeitstrudel fortgerissen; Reichtum und Schnelligkeit ist, was die Welt bewundert und wonach jeder strebt. Eisenbahnen, Schnellposten, Dampfschiffe und alle möglichen Facilitäten der Kommunikation sind es, worauf die gebildete Welt ausgeht sich zu überbieten, zu überbilden und dadurch in der Mittelmäßigkeit zu verharren. Und das ist ja auch das Resultat der Allgemeinheit, daß eine mittlere Kultur gemein werde.

Eigentlich ist es das Jahrhundert für die fähigen Köpfe, für leichtfassende praktische Menschen, die mit einer gewissen Gewandtheit ausgestattet ihre Superiorität über die Menge fühlen, wenn sie gleich selbst nicht zum Höchsten begabt sind. Laßt uns so viel als möglich an der Gesinnung halten, in der wir herankamen. Wir werden mit vielleicht noch wenigen die Letzten sein einer Epoche, die so bald nicht wiederkehrt« (Goethe an Zelter, Werke W. A. IV. Abt., Bd. 39, 216).

Ähnlich sah es Sören *Kierkegaard* (1813–1855): »Die Eisenbahnmanie ist durchaus ein Versuch à la Babel. Es hängt zusammen mit dem Ende einer Kulturperiode, es ist die Schlußgeschwindigkeit« (Tagebücher von 1850–II, 147). Der große Däne meinte so-

graff, Ernst v. Lasaulx, Bruno Bauer, Alexis de Tocqueville, Donoso Cortés u. a. behandelt.

gar, daß alle modernen technischen Erfindungen nur darauf ausgingen, in den Menschen »das Windbeutelartige zu entwickeln«.

Ebenso wuchsen zu Beginn des 19. Jahrhunderts die Befürchtungen, daß die Ausbreitung der allgemeinen Bildung schlimme Kehrseiten habe. Es würden, wie Friedrich August Ludwig von der *Marwitz* (1775–1837) meinte, am Schluß nur Nivellierung, Oberflächlichkeit und allgemeine Halbbildung herauskommen.[2]

Insbesondere konservative Kreise zeigten große Besorgnisse und Ängste über das sich anbahnende Jahrhundert der »Plutokraten«. So schrieb das Berliner Politische Wochenblatt Nr. 15 vom 13. April 1839: »Daß aber ein Unglück niemals allein kommt, sondern daß die Plutokraten keinen anderen Gott als ihren Pluto, den sie obendrein beherrschen, keine andere Kirche als ihre Börse, keine andere Bibel als ihr Hauptbuch haben würden: das alles ist mehr als wahrscheinlich und schon die Ahnung davon niederschlagend. – – – Dreimal wehe, wenn dieses goldene Zeitalter eintritt.«

*

Rußland galt schon im Vormärz als die Sphinx Europas. Es gibt einen heute fast gänzlich vergessenen zweibändigen Reisebericht in Briefform aus der Feder des Marquis Astolphe de *Custine* (1790–1857):

[2] Lebensbeschreibung, Berlin 1852, 47 (geschrieben 1835).

»La Russie en 1839«, der 1843 sogar von einem Herrn A. Diezmann ins Deutsche übersetzt wurde, von welcher Ausgabe aber nur ganz wenige Exemplare erhalten sind.[3] Custine war ein Enkel des 1793 hingerichteten Generals und geistig offenbar in der Schule des französischen Traditionalismus beheimatet. Custine hat mit seiner Erklärung, daß Rußland eine Mischung aus Europa, Asien und Byzanz sei, viel Staub aufgewirbelt und entrüstete Gegenschriften ausgelöst, so daß er es im Oktober 1843 für angebracht hielt, das Zarenreich zu verlassen. – Einiges, was an Custines Niederschriften nicht nur bemerkenswert, sondern geschichtliche Voraussage, ja zeitlos gültig zu sein scheint, sei hier mitgeteilt:

»Der politische Gehorsam ist für die Russen ein Kultus, eine Religion geworden. Nur in diesem Lande, wenigstens glaube ich es, hat man die Märtyrer ihre Henker fast anbeten sehen« (26. Br. – II, 401 f.).

»Das russische Volk ist von allen zivilisierten Völkern dasjenige, bei welchem das Rechtsgefühl am schwächsten und unklarsten ist« (Anhang – II, 442).

»Wenn man die Größe des Zweckes nach der Größe der Opfer mißt, muß man dieser Nation die Weltherrschaft voraussagen« (20. Br. – II, 266).

[3] M. W. gibt es in deutschen öffentlichen Bibliotheken nur ein einziges Exemplar. Ich werde mich aber hüten, den Standort zu nennen, weil es dann mit Sicherheit gestohlen würde. Möglicherweise ist es schon geschehen, denn ich habe meine Abschriften vor mehr als 30 Jahren gemacht.

Es läuft einem kalt über den Rücken nach allen Erfahrungen seither, wenn der Berichterstatter von 1839 äußert:

»Die Vorsichtsmaßregeln, die man in Rußland anwendet, um sogenannte Staatsgeheimnise zu verbergen, befestigen mich mehr, als es offene barbarische Handlungen vermöchten, in dem Gedanken, daß dieses Land nichts als eine heuchlerische Tyrannei ist. Verheimlichung ist die Maske einer großen Unmenschlichkeit, denn das Gute verschleiert man nicht so sorgfältig« (20. Br. – II, 264).

»In Rußland werden an dem Tage, da ein Minister fällt, die Freunde taub und blind. Wer in Ungnade gefallen zu sein scheint, wird begraben. – – Der Mangel an Freiheit erzeugt die Einsamkeit und verbreitet Trauer« (II. Br. – I, 226 f.).

Zar Nikolaus I., der Custine empfing, sagte ihm im Gespräch, und Josef Stalin würde es kaum anders gesagt haben:

»In Rußland besteht der Despotismus noch, weil er das Wesentliche meiner Regierung ist, aber er steht im Einklange mit dem Volksgeist. Der politische Gehorsam ist für uns Russen ein Kultus, eine Religion« (13. Br. – II, 11). Custine, der dem Zaren Nikolaus Charakter und Willen zuspricht, aber die Großmut aberkennt (21. Br. – II, 307), kommt zu dem Ergebnis:

»Unter einem Despoten ist der Untertan, welcher Rechte zu haben glaubt, ein Rebell. – – Ich hatte auch noch nicht eine unbeschränkte Regierung mit einer

Nation von Sklaven gesehen. Man muß nach Rußland kommen, wenn man das Resultat dieser schrecklichen Verbindung des Geistes und der Wissenschaft Europas mit dem Genius Asiens sehen will« (13. Br. – II, 26 f.).

»Nur in diesem Lande hat man die Märtyrer ihre Henker fast anbeten sehen« (26. Brief – II, 401).

»Trotz der Einbildungen, welche Peter der Große den Russen eingepflanzt hat, beginnt Sibirien an der Weichsel« (12. Brief – I, 260).

»In diesem Land wird die eingestandene Tyrannei ein Fortschritt sein« (15. Brief – II, 69).

★

Großes politisches Interesse haben heute insbesondere die Voraussagen, die sich auf die slawischen Expansionstendenzen schon vor mehr als hundert Jahren beziehen. Hier berühren sich in gewisser Weise Karl Marx und Friedrich Engels mit Otto von Bismarck, obwohl die beiden ersteren Rußland feindlich und Polen freundlich gesinnt sind, während es für Bismarck genau umgekehrt lag. Karl *Marx* schrieb während des Krimkrieges 1853 in der New York Herald Tribune, daß es einen russischen Welteroberungswillen gebe und der Panslawismus die kommende Weltgefahr sei.[4] So äußerte sich Karl Marx in

[4] Vgl. Marx contra Rußland. Der russische Expansionsdrang und die Politik der Westmächte, Berichte von Karl Marx als

einem Zeitungsartikel »Rußlands Vergrößerung« vom 14. Juni 1853: die ganze Habsburger Monarchie werde durch Rußlands Streben, Weltreich zu werden, verschlungen werden, wenn man seiner Laufbahn nicht Halt gebiete. Sonst würde sich herausstellen, daß die als natürlich erscheinende Grenze Rußlands von Danzig oder vielleicht Stettin bis nach Triest verläuft. Und Friedrich *Engels* ging so weit zu erklären, daß Europa nach seiner Auffassung nur noch eine Alternative habe: »Unterjochung durch die Slawen oder Zerstörung für immer des Zentrums ihrer Offensivkraft: Rußland.«[5]

Und von *Bismarck* haben wir aus der Zeit des polnischen Aufstandes 1863 – das geteilte Polen existierte damals als Staat nicht, aber die Liberalen Europas wünschten seit langem seine Wiederherstellung – eine realistische Voraussage, die sich in einem Erlaß an den Londoner Gesandten Graf Bernstorff findet: »Befriedigen können wir die Ansprüche, welche dieser neue Nachbar (sc. Polen) auf unsere Kosten erheben würde, niemals. Sie würden außer Posen und Danzig sich demnächst auf Schlesien und Ostpreußen richten, und die Landkarten, in welchen die Träume der polnischen Insurrektion ihren Ausdruck

europäischer Korrespondent der New York Daily Tribune 1853–1856, Stuttgart 1960.

[5] Karl Marx – Friedrich Engels: Gesammelte Schriften 1852–62, Bd. II. ed. Rjazanoff, Stuttgart 1917, 227.

finden, bezeichnen Pommern bis an die Oder als polnische Provinz.«[6]

Bismarck, der 1866 die deutsche Frage durch Ausgliederung Österreichs aus dem damaligen Deutschen Bund gelöst hat – man hat nicht ohne Grund von der ersten Teilung Deutschlands gesprochen, die damals stattgefunden habe –, war in den späteren Jahren um ein neues Bündnis mit dem Donaustaat bemüht. Vor allen Dingen war er von der Existenznotwendigkeit dieses Staates überzeugt. So schrieb er in seinen »Gedanken und Erinnerungen«: »Was sollte an die Stelle Europas gesetzt werden, welche der österreichische Staat von Tirol bis zur Bukowina bisher ausfüllt? Neue Bildungen auf dieser Fläche können nur dauernd revolutionärer Natur sein« (Kap. 20). Und 1898, kurz vor seinem Tode, prognostizierte Bismarck mit geradezu exakter Datierung: »20 Jahre nach dem Tode Friedrichs d. Gr. kam Jena, und 20 Jahre nach meinem Ableben wird Deutschland zusammenbrechen, wenn es weiter so regiert wird.«[7]

Ob Bismarcks Reichsgründung den Deutschen bekommen ist, wird gerade heute von den Historikern lebhaft diskutiert. Aber schon nach 1871 hat es genü-

[6] Erlaß vom 7. Februar 1863 – G. W. IV, 60. Vgl. auch Bismarcks Promemoria vom 7. Mai 1863: »Ein souveräner polnischer Staat mit eigener Armee würde ein französisches Lager an der Weichsel vorstellen« (G. W. IV, 117f.).

[7] Nach Karl Alexander *von Müller*: Mars und Venus, Erinnerungen 1914–19, Stuttgart 1954, 246 (Bericht der Schwiegertochter Fürstin Herbert Bismarck).

gend skeptische Stimmen gegeben von Friedrich Nietzsche bis Constantin Frantz, die seither häufig zitiert wurden. Ich will hier nur aus der »Fröhlichen Wissenschaft« Nietzsches Bemerkung über »neudeutsche Offizierspolitik« zitieren, die auf Bismarck schwerlich zutrifft, viel eher so klingt, als habe er Hitler vorausgesehen: »Die öffentlichen deutschen Kundgebungen, die auch ins Ausland dringen, sind von eben jenem neuen Klange einer geschmackswidrigen Anmaßung. Fast in jeder Rede des ersten deutschen Staatsmannes ist ein Akzent, den das Ohr des Ausländers mit Widerwillen zurückweist. Aber die Deutschen ertragen ihn, sie ertragen sich selber.«[8] Constantin *Frantz*, der föderalistische Außenseiter, urteilte über Bismarck in einem Brief: »Bei hoher Tatkraft und seltenem Talent der Mache bewegt er sich leider in einem beschränkten Ideenkreise. Der überstaatliche, übernationale und überkonfessionelle Beruf Deutschlands ist ihm gänzlich fremd.«[9] Hinsichtlich eines umspannenden Europagedankens als politischer Kraft zeigte sich der realistische Staatsmann Bismarck äußerst skeptisch. »Ich habe das Wort Europa immer im Munde derjenigen Politiker gefunden, die von anderen Mächten etwas verlang-

[8] Werke V, 140.

[9] Brief an den Rassenforscher Ludwig Schemann vom 3. 1. 1888, zitiert nach Eugen *Stamm*: Constantin Frantz 1857–66, Stuttgart 1930, 141. Vgl. aber auch die Schriften von C. *Frantz*: Bismarckianismus und Friderizianismus (München 1873) und: Der Bankrott der herrschenden Staatsweisheit (ebd. 1874).

ten, was sie im eigenen Namen nicht zu fordern wagten.«[10] Constantin Frantz an die Seite zu stellen wäre Paul de *Lagarde* (eig. Bötticher), der 1881 niederschrieb: »Der Deutsche des neuen Reiches wird mehr und mehr für das Gefühl reif, welches sein Kanzler nicht gerade klassisch als das der allgemeinen Wurstigkeit bezeichnet: daß dies Gefühl zur Bildung des Charakters beitrage, wird so leicht niemand behaupten.«[11]

Er bezog sich offenbar damit auf Bismarcks leicht zynische Bemerkung im schönsten Jägerlatein anläßlich der Auseinandersetzungen vom Januar 1871 »Deutscher Kaiser«, »Kaiser der Deutschen«, »Kaiser von Deutschland«, daß ihm dies völlig wurst wäre: »Nescio quid mihi magis farcimentum esset.«[12]

Auch die Skepsis an der Demokratie und am allgemeinen, gleichen und direkten Wahlrecht breitete sich nach 1871 immer weiter aus und führte zu negativen Prognosen. Als Kronzeuge sei hier Jacob *Burckhardt* zitiert, der schon im Vormärz (1842) an seinen Freund Gottfried Kinkel geschrieben hatte: »Fast sämtlichen europäischen Völkern ist das, was man

[10] Diktat v. 9. Nov. 1876, abgedr. in: Die große Politik 1871–1914, Diplomatische Akten des Ausw. Amtes II, (Berlin 1922), 88, 92.

[11] Vgl. Deutsche Schriften, ed. K. A. Fischer I, München 1934, 100.

[12] Bericht unter dem 21. 1. 1871 von Moritz *Busch*: Graf Bismarck und seine Leute während des Krieges mit Frankreich, I, Leipzig 1878, 255.

historischen Boden nennt, unter den Füßen weggezogen worden.« Jetzt meinte er: Seit 1789 haben wir in Europa eine »ewige Revision resp. Revolution«, das Hauptphänomen der Neuzeit sei das »Gefühl des Provisorischen« (Werke VII, 421, 431). Und in Analogie zur politischen Entwicklung der Griechen sieht Burckhardt 1871 voraus, was mit Sicherheit kommen werde: Der Gleichheitsdünkel wird die Menschen erfassen, die Nivellierungskräfte werden steigen. Die Macht wird auf dem Wege der Demokratie an die »Brüllmasse Volk«, an die »gottesjämmerliche Majorität« übergehen (Br. an Alioth v. 6. XII. 1880). Das Verlangen nach allgemeiner Bildung als Menschenrecht, was ja nur »ein verhülltes Begehren nach Wohlleben« sei (Weltgesch. Betr., Kröner-Ausg. 69), werde erst »dem neuen Europa jene endlosen Generationen von Unzufriedenen schaffen, die das Zeitalter der Massenherrschaft heraufführen werden« (Brief an Friedrich von Preen, 196). Alsdann werden die wertvollen Minoritäten ausgeschaltet und die bedeutenden Individuen werden aus dem öffentlichen Leben verdrängt (Br. an Alioth v. 15. X. 1883). Denn, schreibt er 1883, »für das Seltene hat die Demokratie keinen Sinn und wo sie es nicht leugnen oder entfernen kann, haßt sie es von Herzen« (Brief an einen Architekten, 220). Wirklich große Männer werden nicht mehr erstehen, da »sich das vorherrschende Pathos unserer Tage, das Besser-Leben-Wollen der Masse unmöglich zu einer wahrhaft großen Gestalt verdichten kann« (Weltgesch. Betr.,

248). Es ist kein Wunder, daß der Kulturpessimismus um die Jahrhundertwende einen Höhepunkt erreicht. Bismarcks zweiter Nachfolger als Reichskanzler, der alte Chlodwig von *Hohenlohe-Schillingsfürst,* brachte im Jahre 1900 bei einem Festmahl der Preußischen Akademie der Wissenschaften, die ihn zu ihrem Ehrenmitglied ernannt hatte, diesen Trinkspruch aus: »Ich bin alt geworden im Glauben an den Fortschritt der Menschheit, an den *aufsteigenden* Fortschritt. Nun gestehe ich, daß mein Glaube in den letzten Jahren etwas erschüttert worden ist. Der naturnotwendige Kampf ums Dasein hat in neuerer Zeit eine Richtung und eine Form angenommen, die an Vorgänge in der Tierwelt erinnert und die einen Fortschritt in absteigender Linie befürchten läßt.«[13] Und an seinen Sohn Alexander schrieb er im letzten Jahr des 19. Jahrhunderts: »Ich freue mich, daß ich längst den Schlaf der Gerechten schlafen werde, wenn einmal Flugmaschinen erfunden sein werden. Gott, wird das unausstehlich sein.«[14]

Nun, es hat nicht so lange dauern sollen, denn schon im Jahre 1900 stieg der erste Zeppelin in die Lüfte. Deshalb taucht hier auch der begründete Verdacht auf, daß dieser ganze Kulturpessimismus nicht immer objektiv begründet, sondern häufig Ausdruck einer Misanthropie ist. Dieser Skepsis gab schon

[13] Denkwürdigkeiten der Reichskanzlerzeit, ed. K. A. von Müller, Stuttgart 1931, 570.

[14] Ebenda, 513.

Seneca (4a–65p) Ausdruck, wenn er in einem Brief (Epist. morales 97,1) schrieb: »Erras, mi Lucili, si existimas nostri saeculi esse vitium luxuriam et neglegentiam boni moris et alia, quae obiecit suis quisque temporibus: hominum sunt ista, non temporum« (Du irrst, mein Lucilius, wenn du Üppigkeit, Sittenverderbnis und das übrige, was jeder seiner eigenen Zeit vorgehalten hat, für einen Fehler unseres Jahrhunderts hältst. Es sind Fehler der Menschen, nicht der Zeiten). Ebenso hat der doppelbödige *Erasmus* mit leicht ironischem Unterton geklagt: »Welcher wirklich Fromme sieht nicht und seufzt darüber, daß *dieses* Jahrhundert bei weitem das verderbteste ist« (Brief an den Abt Paul Volz, später Pfarrer in Straßburg – Basel, 14. August 1518). Auch der große Kulturhistoriker Jacob *Burckhardt* steht hinsichtlich seiner pessimistischen Gegenwartskritik unter dem Verdacht, »die Unfähigkeit, persönliche Schwierigkeiten zu bewältigen«, gelegentlich ins Kosmische projiziert zu haben.[15] Von Kohelet 7, 10 her: »Sage nicht: Wie kommt es, daß die früheren Tage besser waren als die jetzigen«, wäre auch er ein querulus laudator temporis acti (ein verquengelter Lobredner der Vergangenheit).
Um nun aber auf die geschichtlichen Voraussagen zurückzukommen, so wollen wir noch, um nicht über die Schwelle des 20. Jahrhunderts hinauszuge-

[15] Konrad *Kahl*: Wider die Verächter des Zeitalters, Basel 1967, 40 (Privatdruck).

hen, die Erinnerung auf einen heute vollständig vergessenen Romanschreiber lenken, den Balten Alexander *von Ungern-Sternberg* (1806–1868), der zur Kreuzzeitungs-Partei der hochkonservativen Legitimisten gehörte und den Entschluß König Friedrich Wilhelms IV., die deutsche Kaiserkrone abzulehnen, da er als Monarch von Gottes Gnaden nicht eine »Kaiserkrone aus der Gosse« aufheben könne, in einem Tendenzroman gerechtfertigt hat. Dieser Roman hat den Titel »Die Kaiserwahl« und erschien als dritter Band seiner »Neupreußischen Zeitbilder« noch im Jahre 1849. In ihm finden sich geschichtliche Voraussagen, die fast unheimlich wirken, weil sie über das Vorstellungsvermögen der Zeitgenossen weit hinausgreifen und diesen phantastisch vorgekommen sein müssen. Sternberg malt nämlich in seiner skeptischen Utopie aus, welch Unheil seiner Meinung nach eintreten würde, wenn durch Annahme der Wahl das Deutsche Reich 1849 gegründet worden wäre. In der Mitte des Romans macht der Dichter plötzlich einen kühnen Sprung, und sein Held, der eben noch in Berlin durch die Königstraße von 1849 promenierte und zur Köpenicker Straße wollte, fühlt sich in einen milchig weißen Nebel eingehüllt, und als dieser sich wieder verteilt, ist er um 100 Jahre weiter in der Zeitrechnung. Und dann kommt eine Vorausahnung der Zustände Berlins nach 1945, die geradezu verblüffend ist.

Da heißt es vom Tiergartenviertel, in dem damals noch *Ifflands* prächtige Villa stand, es sei das Armen-

quartier von Berlin geworden, der Tiergarten ein wüstes Feld und die Innenstadt läge ganz in Trümmern. Es würde zwar auch neu gebaut, erst kürzlich sei eine Kaserne der Tscherkessischen Garde errichtet worden. Als der Held der Erzählung seinen hundert Jahre jüngeren Begleiter, der sich als ein Professor *Ranke* vorstellt, Urenkel des Historikers, ganz entgeistert fragt, wie denn eine Tscherkessische Garde nach Berlin gekommen sei, kippt Professor Ranke seinerseits vor so viel Ahnungslosigkeit beinahe aus den Pantinen und fängt zu erzählen an:
Friedrich Wilhelm IV. habe doch vor hundert Jahren die deutsche Kaiserkrone angenommen und damit den Anlaß zu einem zweiten dreißigjährigen Krieg gegeben, den einer seiner Nachfolger habe führen müssen. Daß es der Großneffe war und ein brauner Imitator ihn fortgesetzt hat, sagt Ranke zwar nicht, aber dieser Krieg sei mit Pauken und Trompeten, d. h. total verloren worden. »Es war ein Krieg, wie ihn die Welt noch nie gesehen.« Im Frieden von Moskau hätte Rußland ganz Preußen und Mecklenburg eingesteckt, Bayern hätte der Westen annektiert. Ranke sagt, die Franzosen – auf Amerika ist selbst Sternberg mit seiner blühenden Phantasie nicht gekommen –, und vom ganzen sonstigen Deutschland sei als selbständig und unbesetzt nur das Fürstentum Liechtenstein übriggeblieben. Jetzt aber drohen neue internationale Verwicklungen, weil der Fürst von Liechtenstein Dokumente in seinen Besitz gebracht habe, die ihm den berechtigten Anspruch

auf den Anschluß größerer Gebiete des übrigen Deutschlands nachwiesen, wodurch die neue europäische Staatenordnung nach dem Frieden von Moskau erneut bedroht werde. Dann treten der Professor des Jahres 1949 und sein Zuhörer aus dem Jahre 1849, die in Rankes Wohnung gegangen waren, zusammen ans Fenster, vor dem sich ein ungeheurer Platz dehnt. Im Mondschein ist eine Marmorgruppe zu erkennen, die den »Raub der Sabinerinnen« darzustellen scheint. Der Professor erklärt aber, es handle sich um eine Verherrlichung des russischen Diktators. Die entführten Mädchen verkörperten die von ihm eroberten Staaten.

»Auf der anderen Seite des Platzes steht eine Kirche mit schwarz drapierten Säulen. Auf die Frage, was dies bedeute, erklärt Professor Ranke: ›Man wird morgen einen Trauergottesdienst dort feiern, in den ungeheueren Gewölben dieser Kirche ist die Unmasse von Gebeinen derer gesammelt, die in jenen mörderischen Kriegen fielen. Deutschland unter eine Religion zu bringen, hat den ersten mörderischen dreißigjährigen Krieg hervorgebracht. Deutschland in eine politische Gestaltung zu gießen, hat den zweiten Mordkrieg veranlaßt, das Land fast zur Wüste gemacht und es fremden Gebietern untergeordnet. Ich habe in meinem neuesten Buche nachgewiesen, in dem 80. Band meiner Gesammelten Werke, wie glücklich hätte Deutschland sein können, wenn die einzelnen Staaten unter gesicherten Regierungsformen nebeneinander hätten bestehen wollen. Griechenland hat so bestanden, es ist ein hellstrahlender Staatenmeteor am Himmel der Geschichte geworden. Deutschland hat viel Ähnlichkeit mit Griechenland. Es hat die Empfänglichkeit und Bedächtigkeit, die eine immer höher steigende Völkerkultur zuläßt. Und wer sagt, was da kommt! Könnte ich um hundert Jahre weiter wieder in der Welt erscheinen – also etwa 2049 –, so würde ich vielleicht sehen, wie Deutschland aus der Nacht der Prüfung hervorgegangen und geläutert endlich die Größe erreicht, die ihm bestimmt ist, nämlich freie Staaten in einem freien und starken Staatenbunde, blühend in allem, was Kunst, Leben und Völkerverkehr heißt. Mein Urahn hat etwas Ähnliches in einer seiner Schriften gesagt, er konnte aber nicht voraussehen, daß, ehe Deutschland diese Staffel seines Ruhmes erstieg, es erst durch die gefährlichen Stürme der Ränke und Eifersüchteleien der einzelnen Stämme werde steuern müssen. Die schlechte und unechte Freiheit mußte erst ihre Geißel über das arme Land schwingen, ehe die gute und echte ihre Segnungen zu verteilen schien.‹

›Das ist ein großer und erhebender Gedanke!‹, rief ich. ›Ja‹, entgegnete der Gelehrte, ›ich pflege nie andere als große und erhebende Gedanken zu haben. Das ist nun einmal das Erbteil meiner Familie. Aber darf ich fragen, wieviel Uhr es ist?‹

Ich zog meine Uhr hervor und sagte rasch: ›Es hat eben zwölf geschlagen.‹

Kaum hatte ich diese Worte ausgesprochen, als ich

die Gestalt des Gelehrten vor mir erzittern und in eine verworrene Nebelmasse zusammenrinnen sah.«

Der Romanschreiber Alexander von Ungern-Sternberg war vielleicht nur ein Dichter dritter Güte und dazu ein oft sehr flacher Vielschreiber, aber als historischer Prophet steckt er alle seine Kollegen in die Tasche – von Nostradamus bis Bernard Shaw.

12. Völkerpsychologie im Sprichwort

Was die Deutschen über sich selber und über andere Völker denken, hat sich oft im Sprichwort und in sprichwörtlichen Redewendungen niedergeschlagen, die als Quelle der Völkerpsychologie meines Wissens erst selten ausgewertet worden sind. Meist sind es bestimmte geschichtliche Erfahrungen negativer Art, die durch das Sprichwort im Volksbewußtsein Allgemeingeltung erlangt haben. Als wirkliche Erkenntnisquelle für Nationalität und Volkscharakter sind solche Sprichwörter freilich nur sehr bedingt und mit größter Vorsicht heranzuziehen, weil es sich fast immer um halbwahre Verallgemeinerungen oder um arge Vergröberungen handelt. Das gilt aber für das Spruchgut aller anderen Völker genauso.

Schon *Erasmus von Rotterdam* (1466–1536) hat sich über die Pauschalurteile lustig gemacht, die die Völker über sich selber und über andere abzugeben geneigt sind. In seinem erstmals 1509 erschienenen Buch »Moriae encomium oder Laus stultitiae (Lob der Torheit)« findet sich in Kap. 44 diese Passage: »Die Engländer sind die schönste Rasse, sie machen die beste Musik und haben die besten Köche. Jeder Schotte ist mit seinem Königshaus verwandt und ein ebenso kniffliger Denker wie sein Landsmann Duns Scotus. Die Franzosen finden nur bei sich die wahre Höflichkeit und ihre Sorbonne hat die einzig orthodoxe Theologie. Für die Italiener sind alle anderen Völker Barbaren und für die Vornehmheit schickte sich als Wappen ein Pfau. Wer ist überzeugter von der einzigen Wahrheit seiner Religion als der Türke? – – – Dies alles leistet meine Dame Selbstgefälligkeit (sagt die Torheit) und nicht schlechter fahren die Menschen mit ihrer Schwester Schmeichelei.«

Dasselbe Thema hat Salomon Jacob *Morgenstern* (1706 bis 1785), Hofnarr im Tabakskollegium Friedrich Wilhelms I., ein sehr weiser Mann und Professor der Geschichte und Geographie in Halle und Frankfurt an der Oder, anläßlich seiner Disputation mit dem Staatsrechtslehrer Joh. Jacob Moser November 1737 in Frankfurt/Oder behandelt, wiedergegeben in seiner Schrift von 1737 »Vernünfftige Gedanken von der Narrheit der Narren, aufgesetzt und in hoher Versammlung . . . behauptet«. Es finden sich in ihr köstliche Völkercharakteristiken, von denen einige hier wiedergegeben werden sollen:

»Der Holländer mißt aus Gewohnheit alles mit der Elle. Den Franzosen klebt als eine Pest an, aus Kleinigkeiten etwas Großes zu machen, der Italiener macht daraus sogar ›Staatsüberlegungen‹. Der Franzose aus Gascognien prahlt, der aus der Normandie betrügt. Der Teutsche sucht alles zu verbessern und sich über alle anderen Nationen zu erheben. Der Österreicher möchte am liebsten alle Tage Fastnacht halten. Der Sachse gibt die Wahrheit für eine Pointe dran.«

Morgenstern selber war ein weiser Narr, drum gab

er seinen Charakteristiken die fürsorgliche Erklärung mit auf den Weg: »Damit nicht einer gegen den anderen sich allzu weise und klug dünken solle, hat die Natur die Austeilung der Narrheit allgemein gemacht und jedem einen bescheidenen Teil gegeben.«

Die ganze Welt ist voller Narren
vom Hirten an bis auf den Pfarren.

Oft sind aber auch die Urteile über fremde Völker zu bösen Vorurteilen geworden. So hat etwa der Dreißigjährige Krieg, in dem ausländische Soldateska sengend und plündernd in Deutschland hauste, derartige Spuren hinterlassen. Besonders haben die Schweden unter Oxenstierna nach Gustav Adolfs Tod den Bauern das Vieh aus den Ställen getrieben und die bewegliche Habe der Städter fortgeführt:

Der Schwede ist kummen
mit Pfeifen und Trummen
hat alles genummen
hat Fenster zerschlagen,
das Blei fortgetragen usw.

Also bis zum Buntmetall ist nichts vor ihnen sicher gewesen. Die Redensart aus dem Bergischen Land »Das haben die Schweden liegen lassen«, d. h., es war nicht wert, von ihnen mitgenommen zu werden, bezieht sich auf diese Verhältnisse. Der Lutheraner Friedrich v. Logau (1604–1655) hat in manchen seiner Epigramme der verbreiteten Entrüstung über die Schweden freien Lauf gelassen. Auch das in norddeutschen Städten noch lange kursierende Wort:

Trau, schau wem
keinem Schweden, keinem Dän'

zeugt von keinem guten Angedenken.
Ähnlich problematisch ist das Verhältnis zu den Franzosen, zumindest seit den Raubkriegen Ludwigs XIV. Aus diesem Volkssprichwort spricht echte Geschichtserfahrung: »Der Franzose ist ein guter Freund, aber ein schlimmer Nachbar.« Übrigens sagen die Holländer von ihnen das gleiche, und die Franzosen haben das Wort aufgenommen, das hochaltertümlich ist und schon in Karolingischer Zeit bekannt war. Noch in »Compendiöses Lexicon Apophthegmaticum oder stark fließende Quelle künstlicher Redensarten« von 1718 aus Nürnberg hat sich dieses tief gewurzelte Mißtrauen gegen den westlichen Nachbarn niedergeschlagen: »Die Franzosen sind falsche Leute, denn sie schreiben anders als sie reden, lesen anders als sie schreiben und meinen anders als sie es verstehen.«
Den Engländern hat nicht erst Theodor *Fontane* fromme Heuchelei nachgesagt (»Sie sagen Christus und sie meinen Kattun« – Stechlin – Werke VIII, 208)[1], sondern diese Meinung scheint im Volksmund

[1] Eine Frühform dieses Satzes findet sich in einem Fontaneschen Artikel über die englische Wirtschaftspolitik in China, Kreuzzeitung 14. III. 1857: »In der linken Hand die aufgewickelte Fahne der Zivilisation, ein Stück Calicot, in der Rechten eine seltsame

schon lange umgegangen zu sein. Aus dem späten 18. Jahrhundert stammt der Satz: »Der Engländer läßt seine Moral am Kap der Guten Hoffnung, aber wenn er heimgekehrt ist, wird er wieder ein frommer Mann.« »Perfides Albion« ist aber kein deutscher, sondern ein sehr alter französischer Vorwurf. – Der Engländer seinerseits sieht im Deutschen seit jeher den »Troublemaker«. Und daß die Russen trotz ihrer westlich gebildeten Oberschicht eigentlich Asiaten seien, war verbreitete westeuropäische Meinung.

Der Satz »Grattez le Russe et vous trouverez le Tatare« (Kratzt den Russen, und es kommt der Tatare heraus) wird Joseph de Maistre, Napoleon I. und dem Prince de Ligne zugeschrieben.

Gelegentlich stellt die Volksweisheit auch Vergleiche an, die natürlich immer ganz naiv zugunsten des eigenen Volkes ausfallen. Etwa:

Der Deutsche denkt es aus,
Der Franzose macht's nach zu Haus,
Der Brite kommt hinterdrein
Und steckt den Nutzen ein.

Quelle und Ursprung dieses Vierzeilers waren leider nicht festzustellen. Natürlich urteilen und werten andere Völker entsprechend anders oder, wenn man so will, genauso. Aber schon Goethe warnte:

Waffe, halb Opiumpfeife, halb Flintenlauf, so fällt John Bull über den Sohn der Mitte her und ruft ihm zu: ›Kattun oder Tod‹.«

Und wer franzet oder britet,
italienert oder teutschet,
einer will nur wie der andre,
was die Eigenliebe heischet.«

(West-östlicher Diwan, Buch des Unmuts, W. A. VI, 110)

Geistreich ist auch Johann Gottfried *Seume* (1763–1810), der ein gutes Stück Welt gesehen und seinen »Spaziergang nach Syrakus« gemacht hat. Er nennt in seinen »Apokryphen« »drei ganz kleine, aber nicht unbedeutende Züge von den verschiedenen Nationalcharakteren«:

Se promener	=	sich vorführen, sagt der Franzose
Spazieren	=	den Raum messen, der Deutsche
To walk	=	wandeln, der Engländer

Und weiter: »sich amüsieren heißt etymologisch: die Muße loswerden. Also wäre Amusement das Vergnügen der Plattköpfe.«
Seltsamerweise hat das deutsche Volkstum in seine symbolische Verkörperung allerlei weniger Schmeichelhaftes und Selbstkritisches hineingesehen. Der »Teutsche Michel«, der 1541 in Sebastian Francks Sprichwörtersammlung vorkommt und von Grimmelshausen (1673) bedichtet wurde, gilt bekanntlich als schlafmützig, schwerfällig und dumm. Der ursprüngliche Bezug auf den Erzengel Michael hat sich schon früh verloren. Seit Achim von Arnims romantische Zeitschrift »Zeitung für Einsiedler« ihn 1808 mit einer Zipfelmütze auf dem Kopfe abgebildet hat-

te, ist er als tumber, etwas beschränkter Bauernbursche – also als Sinnbild negativer Nationaltugenden – volkstümlich geworden.
John Bull, der Spitzname des englischen Volkes, geht auf eine schottische Satire von 1712 zurück, in der Englands Rolle im spanischen Erbfolgekrieg dargestellt wird. Immerhin war dieser John Bull (= Hans Ochs) ursprünglich ein handfester und nüchterner Tuchhändler, ähnlich wie der amerikanische Uncle Sam (volkstümliche Deutung von U.S.Am.) ein Pfeffersack und Money-maker.

Die französische Marianne mit der phrygischen Mütze ist relativ jungen Ursprungs. Marianne war zuerst der Name einer linksradikalen Geheimgesellschaft in der Zeit der Restauration und des Bürgerkönigtums. Erst später wurde sie Freiheitsheldin und symbolische Verkörperung der République française. Delacroix' (1798–1863) Bild »Die Freiheit auf der Barrikade« machte sie rasch populär.
Daß das Sprichwort sich auch die einzelnen deutschen Stämme vorgenommen hat, ist bekannt. Nur einige Beispiele können hier gebracht werden, die zumeist auf geschichtliche Ereignisse zurückgehen. In den 1866 annektierten Gebieten hat man geflucht: »Die Preußen und die Wanzen bringt man nicht wieder raus.« »Das ist zum Preußisch werden« war in Sachsen ein Ausruf der Verzweiflung. Für die Nachbarn in Anhalt hingegen bedeutete die von Frischbier mitgeteilte Redewendung »nicht preußisch mitein-

ander sein« so viel wie auf gespanntem Fuß stehen. Auf welche Verhältnisse sich das zuerst für den Oberharz nachgewiesene bekannte Wort »So schnell schießen die Preußen nicht« beziehen soll, ist ungeklärt. Auch vor Einführung des Zündnadelgewehrs galt die Schießtechnik der preußischen Armee nicht gerade als unterlegen.

Im allgemeinen waren die Preußen dafür berühmt, daß bei ihnen das Wort Ordnung groß geschrieben wurde und im Wertekatalog weit vor Worten wie Freiheit oder Gleichheit zu stehen kam. Besonders galt dies für Berlin und das Stammland Brandenburg. Folglich hat Theodor *Fontane* die Märker so charakterisiert:

»Wenn unsere märkischen Leute sich verheiraten, so reden sie nicht von Leidenschaft und Liebe, sie sagen nur: ›Ich muß doch meine Ordnung haben.‹ Und das ist ein schöner Zug im Leben unseres Volkes und nicht einmal prosaisch, denn Ordnung ist viel und mitunter alles« (»Irrungen, Wirrungen«, Berlin 1889).

Die meisten deutschen Stämme sind durch derbe Worte und Redewendungen charakerisiert, die eine scharfe Beobachtung der Nachbarn, manchmal auch kritische Selbstbeobachtung erkennen lassen, wie etwa: »Grob wie ein Pommer« oder: »Ist einer aus Sachsen, so ist ihm der Schnabel danach gewachsen.« Oder: »Der Bayer ohne Bier ist ein gefährlich Tier.« Oder: »Die Schwaben werden vor dem vierzigsten Jahr nicht gescheit.« Das mag mit den im ganzen Reich bekannten »Schwabenstreichen« zusammenhängen, die literarisch freilich erst 1781 nachgewiesen sind; Adelungs Wörterbuch von 1789 verzeichnet sie noch nicht. Andererseits ist ein Wort wie »Die Schwaben fechten dem Reiche vor« sehr alt, denn es ist schon in den Annalen des Lampert von Hersfeld im Jahre 1075 zu belegen. Den Schwaben wird im übrigen ein großer Wortreichtum, ja Geschwätzigkeit: »Schwabbelschwäble« nachgesagt. Folgender vergleichender Vierzeiler ist älter als die Reformationszeit und wird von Heinrich *Bebel* in seinen »Facetiae« (1509) als Proverbium in Polones erwähnt:

Schwab ein Schwätzer,
Böhm ein Ketzer,
Der Pol ein Dieb,
Preuß ein Nimmerlieb.[2]

Übrigens haben die Schwaben ein sehr erhebliches Selbstgefühl, denn einer der ihren (Eduard Paulus) dichtete im vorigen Jahrhundert:

[2] Die letzte Zeile hieß ursprünglich: »Preuß, der seinen Herrn verriet« und bezieht sich wahrscheinlich auf den Abfall der Stände vom Ordensstaat, da 1454 Städte und Adel den Polenkönig Kasimir IV. als ihren Herrn gegen den Hochmeister ausriefen. Vgl. H. *Frischbier*: Preußische Sprichwörter und volksthümliche Redensarten, Berlin 1865, 212. – Später verblaßte die historische Erinnerung. Länger hielt sich das masurische Schimpfwort »Scheiß Preuß, Pollack frißt alles« (ebd. – Frischbier Nr. 3008).

Der Schelling und der Hegel,
der Uhland und der Hauff,
das ist bei uns die Regel,
das fällt hier gar nicht auf.

Nun, das ist schon eine Weile her. Mehr Bestand als der Glücksfall einer Häufung genialer Begabungen hat ihre Tüchtigkeit und Sparsamkeit, die sie gelegentlich auch selber ironisieren:

Schaffe, schaffe
Häusle baue
– – – –
– – – –
Hund abschaffe,
selber belle.

Manchmal sind auch Volksstämme unverdientermaßen und sogar durch etymologische Mißverständnisse in einen schlechten Ruf gekommen, wie die Nassauer, daß sie auf anderer Leute Kosten leben wollen. Das Nassauern hängt aber gar nicht mit dem Erfechten eines Freitischs für Nassauische Landeskinder an der Universität Göttingen oder Marburg zusammen, wie das die Legende will, sondern kommt aus einer mundartlichen Verballhornung von nasz = umsonst. Im übrigen war es der »Kladderadatsch«, der den Nassauer als jemanden, der auf anderer Kosten lebt, und den Potsdamer als jemanden, auf dessen Kosten gelebt wird, also der die Zeche bezahlen muß, zu populären Witzblattfiguren gemacht hat.

Heute leben wir in einer Zeit des beängstigend nachlassenden Heimat- und Stammesbewußtseins. Selbst das einheitliche Volks- und Reichsbewußtsein ist problematisch geworden. Da sollten wir uns an ein leider immer aktuell gebliebenes Sprichwort aus dem Dreißigjährigen Krieg erinnern: »Man sucht die Deutschen durch Deutsche zu vertilgen.«
Ein ganz besonderes Kapitel, das hier aber nur noch angedeutet werden kann, ist die kritische Selbstbeurteilung der Deutschen durch große Vertreter des eigenen Volkes. Hier gibt es viele gewichtige Stimmen. Ich beschränke mich auf drei Aussagen: *Hölderlin* nannte 1799 in seiner »Ode an die Deutschen« diese »tatenarm und gedankenvoll«. – *Goethe* hat am 13. Dezember 1813 im Gespräch mit dem Jenenser Historiker Heinrich Luden geäußert: »Ich habe oft einen bitteren Schmerz empfunden bei dem Gedanken an das deutsche Volk, das so achtbar im einzelnen und so miserabel im ganzen ist« (Biedermann, Nr. 1529). Schon 1796 in den »Xenien« rief er aus: »Deutschland? Aber wo liegt es? Ich weiß das Land nicht zu finden. Wo das gelehrte beginnt, hört das politische auf.« – *Schopenhauer* äußerte: »Die Deutschen haben den Fehler, daß sie, was vor ihren Füßen liegt, in den Wolken suchen; bei gewissen Worten wie Freiheit, Idee, Sein wird ihnen ganz schwindlig« (Parerga und Paralipomena II, 2 [Kap. 9], 256).

13. Epigramme – Losungen und Devisen

I.
Epigramme

Epigramme (ursprünglich in Griechenland Grabinschriften, Aufschriften) sind »Gedanken, welche sich in sich runden« (Hebbel) und zumeist eine geistreiche Pointe haben, aber ausgezeichnet durch Kürze und Prägnanz. Meist haben sie reflektierenden, manchmal auch ironischen Charakter. Herder, wie vor ihm schon Fr. von Logau, nannte Epigramme »Sinngedichte«. Von der griechischen und römischen Antike haben sie sich mit einer Glanzzeit im 17. und 18. Jahrhundert bis in die Gegenwart erhalten.

Sehr alt ist diese Inschrift auf einem Grabstein:

Ich leb, weiß nit wie lang,
Ich stirb und weiß nit wann,
Ich fahr, weiß nit wohin,
Mich wundert, daß ich fröhlich bin.

(Grabschrift des Magisters Martinus Biberach zu Heilbronn, gest. 1498)

Freu Dich des Lebens, es ist schon später, als du denkst.

(Balkenaufschrift in einem Wirtshaus zu Buxtehude)

Der Tod ist blind, sieht doch All an
Er schießt gewiß, trifft jedermann,
Herr, Knecht, Frau, Magd, reich, jung, alt
Wie, wo, wann und wer ihm gefallt.

(Spruch auf dem Kirchhof zu Durlach – 1645)

Hier ruhen meine Gebeine,
Ich wollt's, es wären deine.

(Grabsteinspruch, mitgeteilt von Carl Julius *Weber*, dem lachenden Philosophen – auch sonst bekannt)

Gott schreibt gerade auf krummen Zeilen.

(Als Motto verwandt zu Paul *Claudel*: Der seidene Schuh – Dramen II, ed. Kerle, Heidelberg, o. J., 358 –, der ein »Portugiesisches Sprichwort« behauptet. Wahrscheinlich geht dieser Satz aber auf Kohelet, 7, 13 zurück: »Wer kann gerade machen, was er krümmte?«)

Friedrich von Logau (1604–1655), der wohl fruchtbarste deutsche Epigrammatiker überhaupt, der von Lessing wiederentdeckt wurde, schrieb nach dem dreißigjährigen europäischen Glaubenskrieg:

Lutherisch, Päpstisch und Calvinisch, diese
Glauben alle drei
sind vorhanden; doch ist Zweifel, wo das
Christentum dann sei.

(Deutsche Sinn-Getichte II, 1, 100 – Breslau 1654)

Ein andermal meinte er unter der Überschrift »Ein Glaube – und kein Glaube«:

Deutschland soll von dreien Glauben nun-
mehr nur behalten einen.
Christus meint, wann wird er kummen, dürft
er alsdann finden keinen.

(ebd. III, 4, 33)

Die Unterschiede in den drei Glaubensbekenntnissen hat Logau in diesem Epigramm zusammengefaßt:

Der Papst, der will durch Tun, Calvin will
durch Verstehn,
In Himmel aber will durch Glauben Luther
gehn.

(ebd. III, 7, 4)

Über *Moses Mendelssohn* (1729–1786) als den ersten deutschen Juden, der das europäische Parkett betrat, wurden mancherlei ironische Epigramme gemacht, so dieses:

Es ist ein Gott, das wußte Moses schon,
doch den Beweis gab Moses Mendelssohn.

(Simon *Höchheimer*: Über Moses Mendelssohns Tod, Würzburg – Leipzig 1786, 73)

In einer Abendgesellschaft, an der neben Mendelssohn auch Lessing, Nicolai und andere teilnahmen, fühlte sich Propst Wilhelm Abraham Teller (1734–1804) im Anschluß an Mendelssohns Streit mit Lavater, ein etwas verunglücktes Religionsgespräch, zu folgender spöttischen Anfrage in Versform veranlaßt:

An Gott, den Vater, glaubt ihr schon,
So glaubt doch auch an Gott den Sohn.
Ihr pflegt doch sonst bei Vaters Leben
Dem Sohne schon Kredit zu geben.

Moses Mendelssohn antwortete:

Wie sollen wir Kredit ihm geben,
Wird doch der Vater ewig leben.

(Moses Mendelssohns Gesammelte Schriften, ed. G. B. Mendelssohn I, Leipzig 1843, 37)

Die Waage gleicht der großen Welt,
Das Leichte steigt, das Schwere fällt.

(Gotthold Ephraim *Lessing*: Sämtl. Schriften, ed. K. Lachmann, I, Stuttgart 1886, 45)

Alles wiederholt sich nur im Leben.
Ewig jung ist nur die Phantasie.
Was sich nie und nirgends hat begeben,
das allein veraltet nie.

(Friedrich *Schiller*: An die Freunde (Cottas Jubiläumsausgabe I, 44, V. 49–50)

Das Vorwärtsstürmen des Begeisterten kann mit Untergang enden; aber der Sieg des Nivellierenden ist eo ipso sein Untergang (Sören *Kierkegaard*: Kritik der Gegenwart, ed. Th. Häcker, Innsbruck 1934, 61).

Will unsre Zeit mich bestreiten,
Ich lasse es ruhig geschehn,
Ich komme aus anderen Zeiten
Und hoffe in andre zu gehn.

(Franz *Grillparzer*: Sämtl. Werke, ed. H. Sauer XII, Wien 1937, 299)

Sieh nach den Sternen, gib acht auf die Gassen.

(Wilhelm *Raabe*: Die Leute aus dem Walde, ihre Sterne, Wege und Schicksale – 1860 – Sämtl. Werke V, Göttingen 1962, 160)

Nicht träumen sollt ihr euer Leben,
erleben sollt ihr, was ihr träumt.

(Otto *Roquette*: Waldmeisters Brautfahrt [1851])

Im übrigen meinte aber schon *Goethe*:

Seid nicht so frech, Epigramme!
Warum nicht?
Wir sind nur Überschriften.
Die Welt hat die Kapitel des Buches.

(Venetianische Epigramme 59 – W. A. I, 322)

II.
Losungen und Devisen

Schon in der Antike sind manche Losungen fürs sinnvolle Leben oder Devisen für das richtige Handeln aufgestellt worden. Losungen und Devisen sind knappe Wahlsprüche, die auf Sinnbilder hinweisen. *Horaz* meinte:

> Si quid novisti rectius istis
> candidus imperti; si nil, his utere mecum.

(Deutsch durch J. H. *Voss*. Wenn etwa du Besseres kennst denn jenes, teil aufrichtig es mit; wenn nicht, laß dies dir genügen. [Epistolae I, 6, 67 f.])

Catull seufzte:

> Odi et amo: quare id faciam, fortasse requiris.
> Nescio, sed fieri sentio et excrucior.

(Ich hasse und liebe. Warum ich das tue, fragest du vielleicht. Ich weiß es nicht, aber ich fühle es geschehen, und ich werde dadurch gequält.)
(Gedichte 85)

Cicero, ein Mann, der viele Briefe schrieb, wußte:

> Epistola non erubescit.
> (Ein Brief errötet nicht.)

(Ad fam. 5, 12)

Seneca in seinem Fürstenspiegel für den jungen Kaiser Nero (anno 55): Necessitas frangit omnem legem (Die Notwendigkeit bricht jedes Gebot) (de clementia). – Der Große Kurfürst von Brandenburg übernahm diese Devise.

Ebenfalls *Seneca:* Deo servire libertas est (Gott dienen ist Freiheit). (De vita beata – Vom glücklichen Leben, 15, 7)

Lucan traf die Feststellung, die zumindest einer Devise nahekommt: Victrix causa diis placuit, sed victa Catoni (Die siegreiche Sache gefiel den Göttern, die besiegte aber dem Cato).
(Pharsalia – De bello civili – I, 128)

Honeste vivere, neminem laedere, suum cuique tribuere (Ehrenhaft leben, niemanden verletzen, jedem das Seine gewähren).
(F. C. von *Savigny: Ulpians* [170–228] tria praecepta juris im System des heutigen Römischen Rechts I, Berlin 1840, 407 f.)

Pauca cum aliis, tecum multa (loquere).
(Sprich wenig mit anderen, viel mit dir.)
(Devise König Konrads III. – 1094–1152 – J. M. *v. Radowitz*: Die Devisen und Mottos des späteren Mittelalters, Ges. Schr. I, Berlin 1852, Nr. 221)

Qui tacet consentire videtur.
(Wer schweigt, scheint zuzustimmen.)

(Satz des kanonischen Rechts – von Papst Bonifaz VIII. im Jahre 1298 formuliert)

Cedo nulli (Ich weiche keinem). *Erasmus* von Rotterdam (1469–1536) widerlegte den Wahlspruch durch sein Leben.

Wilhelm I. von Oranien (1537–1584) hatte diesen Wahlspruch: Il ne faut pas espérer pour commencer, ni vaincre pour continuer (Man braucht nicht zu hoffen, um anzufangen, nicht zu siegen, um fortzusetzen).

Aude audenda! (Wage, was zu wagen ist!)
(Wahlspruch des Grafen *Reinhard von Soults, Radowitz*: Die Devisen und Mottos des späteren Mittelalters, Nr. 110)

Alter französischer Adelswahlspruch

À Dieu mon âme,
ma vie au Roi,
mon cœur aux dames
l'honneur pour moi.

Quo res cumque cadent, stat semper recta linea (Mag alles zusammenstürzen, immer die gerade Linie). (Wappenspruch des Hauses *Ligne*)

Markgraf *Albert Friedrich* von Brandenburg (1582–1600): Pietas cum robore conjuncta (Gottesfurcht verbunden mit Gemütsstärke).

(Nach A. M. *Hildebrandt*: Eintragungen Brandenburgischer Fürsten und Fürstinnen in Stammbüchern des 16. und 17. Jahrhunderts, Hohenzollern-Jahrbuch Bd. VII [1903], 169)

Lebe standhaft, kein Unglück ewig.
(Devise des Kurbrandenburgischen Regiments zu Fuß Nr. 4 Hillebrand v. Kracht – 1626)

Sophie Charlotte, erste Königin von Preußen (1668–1705): Mon devoir fait mon plaisir (Meine Pflicht gibt mir Vergnügen).
(Auch als Umschrift auf ihrer Bildmedaille von 1691)

Providentiae memor (Der Vorsehung sei eingedenk).
(Wappenspruch des Hauses *Wettin*)

Le secret d'être ennuyeux, c'est de tout dire.
(Das Geheimnis zu langweilen, ist alles zu sagen.)
(*Voltaire:* Sept Discours en vers sur l'homme, VI – 1738 –, 174 f.)

Das Doktorwerden ist eine Konfirmation
des Geistes.
(Georg Chr. *Lichtenberg*: Sudelbücher F, ed. A. Leitzmann Nr. 18 – ed. Promies Nr. 19)

Lichtenberg erklärte an anderer Stelle:
Die letzte Hand an sein Werk legen, das heißt es verbrennen.
(Sudelbücher F, Nr. 173) – Franz Kafka suchte sich danach zu richten.

Der Heilige *Filippo Neri* (1515–1595) hat sich diesen Satz des Bernhard von Clairvaux (1091–1153) – aber auch für Hildebert von Lavardin (1056–1135) bezeugt – zur Lebensdevise erwählt:
Spernere mundum, spernere se ipsum, spernere se sperni (Die Welt verachten, sich selbst verachten, verachten, daß man verachtet wird).

Goethe, der die Gegenposition vertrat, hatte für Filippo Neri kein Verständnis, sondern nannte ihn 1787 einen »humoristischen Heiligen« (W. A. 32, 186ff.). Seine Devise war:

> Wonach soll man am Ende trachten?
> Die Welt zu kennen und sie nicht verachten.

(Zahme Xenien I, 81 – W. A. III, 233)

Gott gibt die Nüsse, aber er bricht sie nicht auf.
Goethe in Weimar am 9. Oktober 1811.
(Auf einem Albumblatt des Goethe-Museums zu Düsseldorf als »altdeutsches Wort« bezeichnet; vgl. auch M. *Morris*: Chronik des Wiener Goethe-Vereins 24 [1910], 26.)

Wer einmal lügt, muß oft zu lügen
sich gewöhnen;
denn sieben Lügen brauchts, um
eine zu beschönen!

(Friedrich *Rückert*: Die Weisheit des Brahmanen III, 34, 10)

Erbitte Gottes Segen für deine Arbeit. Aber verlange nicht auch noch, daß er sie tut.
(Friedrich *Rückert*: Ges. poetische Werke)

Wahlspruch des Historikers Heinrich *Luden* (1780–1847), der der Nachfolger Friedrich Schillers auf dem Lehrstuhl für Geschichte in Jena war:
Qui non est in omnibus aliquid, in singulis est nihil.
(Wer nicht in allem etwas ist, ist im einzelnen nichts.)
(Dietrich *Schäfer* in seiner Gedenkrede, Preußische Jahrbücher 46 – 1880 –, 398)

Inschrift des Heiligen Grals:

Ich habe mich nach eigenem Recht gegründet,
vergebens sucht ihr mich.
Der Wandrer, welcher meinen Tempel findet,
den suchte ich.

(Karl *Immermann*: Merlin, eine Mythe – 1812 – V. 1953 ff.)

Nur wer echte eigene Gedanken hat, hat echten Stil (Arthur *Schopenhauer* an seinen Verleger F. A. Brockhaus, 28. III. 1818 – Sämtl. Werke XI, Leipzig 1926, 25).

Äußerung *Bismarcks*:
Montaigne ließ auf seinen Grabstein schreiben: »Peutêtre«. Ich möchte mir auf meinen Grabstein schreiben lassen: Nous verrons (Gespräch Bismarcks – 1898 – mit Christa Gräfin v. Eickstedt – G. W. IX, 449).

Unglück kann jeder Esel haben, die Kunst besteht darin, daß man es richtig auszubeuten versteht (Frank *Wedekind*: Der Marquis von Keith – 1901).

Man darf niemanden betrügen – auch nicht die Welt um ihren Sieg (Frank *Kafka*: Betrachtungen über Sünde, Leid, Hoffnung und den wahren Weg, Nr. 53 – 1917).

Die Psychoanalyse ist jene Geisteskrankheit, für deren Therapie sie sich hält (Karl *Kraus*: Nachts – 1919).

Das Wort »Familienbande« hat einen Beigeschmack von Wahrheit (Karl *Kraus*: Sprüche und Widersprüche, Wien 1924, 97).

Mein Denken stammt nicht aus dem Gedachten, ich bin noch zur Hälfte Wald (Hans *Blüher*: Ges. Aufsätze, Jena 1919, 106).

Wer sich selbst kommentiert, geht unter sein Niveau (Ernst *Jünger*: Blätter und Steine, Hamburg 1934, 226; Epigrammatischer Anhang Nr. 100).

Et si omnes, ego non.
(Devise des Dichters Reinhold *Schneider*)

Es gibt nichts Gutes,
außer man tut es.
(Äußerung des Schriftstellers Erich *Kästner*, ubi?)

Es ist viel leichter, für eine Sache zu sterben, als sie zu begreifen (Valeriu *Marcu*: Mythos der Diktatur in: Männer und Mächte der Gegenwart, Berlin 1930, 245).

Es gibt Denker, die sich so vorbildlich irren, daß ihr Lebenswerk gewissermaßen eine geistige Sackgasse beschildert.

Revolutionäre versuchen, neue Fehler auszudenken, Konservative versuchen, mit den vorhandenen auszukommen.

Schließ deine Augen vor dem Bösen – es wird dir danken, daß es einen Zeugen weniger hat (Hans *Kasper* [eigentlich Dietrich Huber]: Revolutionäre sind Reaktionäre, Sätze zur Situation, Düsseldorf 1969, 54, 71, 86).

Die Wahrheit ist unser höchstes Gut, laßt uns sparsam damit umgehen.
(Mark *Twain* [Pseud. für S. L. Clemens, 1835–1910]: Pudd'nhead Wilson's Calendar [1894], auch als Aphorismus von O. *Wilde* verwandt)

»Der Geist steht links.« Dieses Schlagwort der zwanziger Jahre kann man auch heute wieder hören. Der Humanist fühlt sich an die lateinische Konstruktion: Utinam mit dem Optativ – – – »o daß doch möchte« erinnert.

Felix intra, felicior exi (Glücklich tritt ein, noch glücklicher geh von dannen). (Spruch am Eingang des Hauses Reinhold Regensburger in Cambridge)

Vor jedem steht ein Bild, was er werden soll, solange er das nicht ist, ist nicht sein Friede voll (Friedrich *Rückert*, Angereihte Perlen Nr. 54, angelehnt wohl an Angelus Silesius).

Unmögliches erledige ich sofort, Wunder dauern etwas länger (Devise eines unbekannten Berliner Taxichauffeurs).

Sperare contra spem (Hoffen gegen die Hoffnung). (Wahlspruch, wohl aus Röm. 4, 18 entwickelt, der evangelischen Urspring-Schule in Württemberg)

Wer spricht vom Siegen?
Überstehn ist alles.
(Rainer Maria *Rilke*: Requiem für den Grafen Kalckreuth – Gottfried *Benn* [Werke VII, 1735] nannte dies »den Vers, den meine Generation nie vergessen wird«.)

14. Von Büchern und Rezensionen

»Und des vielen Büchermachens nimmt kein Ende«, hat schon der Prediger *Salomonis* (12, 12) vor 2200 Jahren gemeint. Er hätte unsere Zeit erleben sollen! Es ist unwahrscheinlich, was heutzutage alles geschrieben, gedruckt und gelesen wird. Aber wer kann heute noch ein Buch richtig lesen, Wort um Wort, Zeile um Zeile in sich aufnehmen, durchdenken und meditieren, wie das die Menschen früherer Zeiten als Bücherleser getan haben?
Die echten Bücherleser beginnen daher auch auszusterben, gerade weil so viel Papier bedruckt, gefalzt und zu Büchern eingebunden wird. Schon der alte Goethe klagte darüber, daß der ganze Büchermarkt eines Jahres nicht mehr zu überschauen wäre. In unserem Jahrhundert kann schon seit langem nicht einmal der Spezialist die Neuerscheinungen seines Faches in allen Sprachen überblicken. Und dabei gilt doch unvermindert, was Friedrich *Hebbel* (S. W. IV, 342 – Gnomen) als den »Weg zur Bildung« empfohlen hat: »Mensch, ergründe die Welt und nicht die Bücher, wieviel sie auch enthalten; es ward ja aus der Welt stets geschöpft.« Und ebenso wußte schon Martin *Luther*: »Viel Bücher machen nicht gelehrt, viel Lesen auch nicht, sondern gute Dinge und oft lesen, wie wenig es auch ist, das macht gelehrt in der Schrift und fromm dazu« (An den christlichen Adel

deutscher Nation von des christlichen Standes Besserung – 1520 – W. A. VI, 461).
Sicher ist es übertrieben, wenn der große Spötter Georg Christoph *Lichtenberg*, der Physiker und Philosoph aus Göttingen, März 1771 feststellte: »Eine seltsamere Ware als Bücher gibt es wohl schwerlich in der Welt. Von Leuten gedruckt, die sie nicht verstehen, gebunden von Leuten, die sie nicht verstehen, verkauft von Leuten, die sie nicht verstehen, rezensiert und gelesen von Leuten, die sie nicht verstehen, und nun gar geschrieben von Leuten, die sie nicht verstehen« (Sudelbücher Heft K, Nr. 172). Aber nicht übertrieben ist die andere Frage Lichtenbergs, die er März 1774 in die Form einer spöttischen Bemerkung gekleidet hat: »Wenn ein Kopf und ein Buch zusammenstoßen und es klingt hohl, ist das denn allemal im Buche?« (Sudelbücher, ed. Leitzmann D, Nr. 396; Promies D, Nr. 399).
Aber zurück zu der Frage, was denn die Ursache der so kolossal angeschwollenen Bücherproduktion sei. Auch darauf gibt wieder Lichtenberg die Antwort: »Der einzige Fehler, den die recht guten Schriften haben, ist der, daß sie gewöhnlich die Ursache von sehr viel schlechten oder mittelmäßigen sind« (Sudelbücher Heft K, Nr. 234). Bekanntlich gilt dieses Gesetz auch für viele andere Gebiete, etwa für das der Filmproduktion. Das wirklich gute Buch aber, das Buch, das zu schreiben notwendig war, hat nach Lichtenberg »die Wirkungen, die gemeinlich gute Bücher haben: es macht die Einfältigen einfältiger,

die Klugen klüger, und die übrigen Tausende bleiben ungeändert« (Sudelbücher E, Nr. 128 resp. Nr. 129). Um ein gutes Buch richtig lesen zu können, muß man freilich schon selber ein »Jemand« sein, der eigenen Verstand und also eigenes Urteil hat. Denn sonst geht es einem so, wie dem Manne aus seiner Umgebung, den der boshaft-geistreiche Aphoristiker Lichtenberg folgendermaßen beschrieb: »Der beständige Umgang, den K. mit Büchern allerlei Art hatte, die Titel, die er las und über welche er sprechen hörte, hatten in seinem Kopf eine Art allgemeiner Enzyklopädie erzeugt, welche gedruckt zu sehen vielleicht des größten Betrachtungensammlers nicht unwürdig wäre« (Sudelbücher B, Nr. 141 resp. Nr. 145).
Der Altmeister *Goethe* hat einmal festgestellt: »Eigentlich lernen wir nur von Büchern, die wir nicht beurteilen können. Der Autor eines Buches, das wir beurteilen könnten, müßte von uns lernen« (Maximen und Reflexionen – WA 42, 2, 154). Goethes Antipode als Buchautor wäre der dem Arzt Bouvard verglichene Jemand, von dem Antoine Comte de *Rivarol* berichtet hat: »Jemand, dem das Schreiben zur Gewohnheit geworden ist, schreibt auch ohne Ideen weiter wie ein alter Arzt namens Bouvard, als er in seinen letzten Zügen lag, seinem Lehnstuhl den Puls fühlte« (Maximen zur Literatur – Übers. Ausg. Ernst Jünger, 116).

*

Auch über das Rezensionswesen oder -unwesen, das heute noch so blüht wie zu seiner Zeit, hat Lichtenberg geistreiche und beherzigenswerte Sätze gesagt wie etwa diesen: »Unter die größten Entdeckungen, auf die der menschliche Verstand in den neuesten Zeiten gefallen ist, gehört meiner Meinung nach die Kunst, Bücher zu beurteilen, ohne sie gelesen zu haben« (Schriften vermischten Inhalts I, 274). Oder diese Sentenz: »Ich sehe die Rezensionen als eine Art von Kinderkrankheit an, die die neugeborenen Bücher mehr oder weniger befällt. Man hat Exempel, daß die gesündesten daran sterben und die schwächlichsten oft durchkommen. Manche bekommen sie gar nicht. Man hat häufig versucht, ihnen durch Amulette von Vorrede und Dedikation vorzubeugen oder gar durch eigene Urteile zu inokulieren; es hilft aber nicht immer« (Sudelbücher J, Nr. 132 resp. 854). Andererseits kann sich aber auch ein Autor, der schlecht kritisiert wurde, von Lichtenberg trösten lassen. »Die Rezensionen sind bei weitem noch keine Gottesurteile« (Sudelbücher, Goldpapierheft, Nr. 79 – ed. W. Promies II, 224).

Die Wut der Autoren auf den Rezensenten ist wahrhaft klassisch zu nennen. Schon Goethe dichtete Juni 1774:

Schlagt ihn tot den Hund,
Es ist ein Rezensent.

(Parabolisch: Rezensent-Schlußvers, WA I, 2, 204)

Was aber bei Goethe – oder im Abstand bei *Mörike* (Gedicht »Abschied« von 1837) – noch durchgehen mag, kann Sternen dritter Lichtstärke wie Ernst von *Wildenbruch* nicht nachgesehen werden, der grob genug war zu dichten:

> Ein Rezensent, das ist ein Mann,
> Der alles weiß und gar nichts kann.

(Christoph Marlowe, Akt III, Szene 5)

Sicher können solche Exemplare auch unter heutigen Rezensenten noch angetroffen werden, die durch ihre Kritik nur sich selber besingen wollen, und nicht den Autor, und die Bücher meisterhaft zu rezensieren verstehen, in die sie – abgesehen vielleicht von der ersten und der letzten Seite – nicht hineingesehen haben. Aber andererseits gibt es ja auch, wie schon Lichtenberg bissig meinte, in Deutschland mehr Schriftsteller, als alle Weltteile zusammen zu ihrer Wohlfahrt nötig haben.

Auf die Grenzen der Buchkritik hat im übrigen schon der französische Moralist Jean *de la Bruyère* (1645–1696) hingewiesen: »Le plaisir de la critique nous ôte celui d'être vivement touché de très belles choses« (Das Vergnügen der Kritik bringt uns um jenes andere, durch sehr schöne Dinge freudig bewegt zu werden – Les caractères, 20). Und die Grenzen der Kritiker bezeichnete Henry *Benrath* (Albert H. Rausch): »Unter tausend ihres Gewerbes ist einer, der sich einen Gewerbeschein verdient hat: nämlich durch – Selbstkritik« (Prisma, Privatdruck 1943).

Schließlich sei noch ein Wort an die kritischen Leser, die Rezensenten zumal, wiedergegeben, das noch heute mancher Autor am liebsten wohl als Motto über sein eigenes Buch setzen möchte und das auch wirklich einen tiefen Wahrheitsgehalt hat. Es stammt aus einem hausbackenen Volkskalender für 1831, bei dessen biederem Titel einem richtig warm ums Herz wird: »Der redliche Altpreuße«. Ein Kalender auf das Gemein-Jahr, bearbeitet zu freundlichem und nützlichem Gebrauch für jedermann von C. L. Rautenberg in Mohrungen – und von da ab über ein Jahrhundert stets auf dem Titelblatt. Das Wort ist 1774 von dem Diakon Sebastian Friedrich *Trescho* in Mohrungen in Ostpreußen geschrieben worden, der der Lehrer Herders gewesen ist:

Gib Leser nicht zu sehr
auf alle Fehler acht:
Noch nie ist wohl ein Buch
und der so es gemacht
und der so es gekauft
und der so es gelesen –
von allen Fehlern frei gewesen.

Weil nun aber die Rezensenten ein besonders merkwürdiges Völkchen sind, seien anhangsweise »Zehn Gebote für Rezensenten und solche, die es werden wollen« wiedergegeben. Auch wenn sie nur für die Mitarbeiter eines wissenschaftlichen Fachblattes bestimmt waren, so haben sie doch dauerhafte Gültigkeit für das Rezensionswesen überhaupt:

I. Es gibt auch eine Ethik des Rezensierens.

II. Die Wissenschaft, der allein Du dienen solltest, ist eine Sache, keine Person. So entlade Dich alles Persönlichen.

III. Wenn du eine Kritik schreibst, so schließe alle Ausrufezeichen in Dein Pult.

IV. Du sollst Deinen Gegner nicht vernichten. Auch für den Kritiker gilt: Du sollst nicht töten.

V. Du sollst Deinen Freund nicht verhimmeln und mit Deinem Geschmeichel keine Carrière machen wollen.

VI. Die Spreu laß den Wind verwehen. Ein Spreukehrer in der Wissenschaft ist ein Mistkäfer im Blumenbeet. Suche den fruchtbaren Weizen der Wahrheit, und wenn Du ihn nicht findest, so schweige, oder prüfe, ob nicht Dein Auge blind sei.

VII. Halte es nicht für Scharfsinn, ein fehlendes Komma zu entdecken. Der Gedanke an den Balken im eigenen Auge wird Dich vor Splitterrichterei bewahren.

VIII. Das 8. Gebot des Dekalogs ist auch für Dich geschrieben, und die Lutherdeutung: »sondern sollen ihn entschuldigen, Gutes von ihm reden und Alles zum besten kehren« verpflichtet Dich.

IX. Suche nicht Dein Lob und auch nicht Deine Gelehrsamkeit im Buche des Andern. Auch gelehrtes Eigenlob stinkt. Suche zu lernen.

X. Ein spöttelnder Rezensent gleicht dem Professor, der auf dem Katheder über einen Kollegen witzelt. Sie haben beide den Beifall des Auditoriums hinter sich, aber den Zorn Gottes über sich; denn sie verspotten den Wehrlosen, der sich nicht verteidigen kann.

(Aus: Theologische Blätter, Jg. 1929, Nr. 1. – Justinus Turicensis – Verfasser wahrscheinlich Prof. Karl Ludwig *Schmidt* als Herausgeber)

Angeschlossen seien aber auch noch weitere zehn Gebote für Autoren, die mit Anmerkungen umgehen.

1. Fasse deinen Text so, daß er auch ohne die Anmerkungen gelesen werden kann.
2. Vergiß nicht, daß es auch Parenthesen im Texte gibt und Exkurse am Schlusse des Buchs, welche Anmerkungen ersetzen können.
3. Sei sparsam mit Anmerkungen und wisse, daß du deinem Leser Rechenschaft geben mußt für jede unnütze Anmerkung, er will in deinen Anmerkungen ein Schatzhaus sehen, aber keine Rumpelkammer.
4. Halte dich nicht für zu vornehm, um Anmerkungen zu machen, und wisse, daß du niemals so berühmt bist, um dir Beweise ersparen zu können.
5. Schreibe keine Anmerkung, weil du in der Darstellung etwas vergessen hast, schreibe überhaupt die Anmerkungen nicht nachträglich.

6. Schreibe nichts in die Anmerkung, was den Text in Frage stellt, und schreibe auch nichts hinein, was wichtiger ist als der Text.
7. Betrachte die Anmerkungen nicht als Katakomben, in denen du deine Voruntersuchungen beisetzest, sondern entschließe dich zur Feuerbestattung.
8. Mache die Anmerkungen nicht ohne Not zum Kampfplatz, tust du es, so stelle deinen Gegner so günstig auf wie dich selbst.
9. Versuche es, die Kunst zu lernen, durch Anmerkungen die lineare Form der Darstellung zu ergänzen, Akkorde anzuschlagen und Obertöne zu bringen; aber spiele kein Instrument, das du nicht verstehst, und spiele dieses Instrument nur, wenn es nötig ist.
10. Stelle die Anmerkungen stets dorthin, wohin sie gehören, also nicht an den Schluß des Buchs – es sei denn, daß du eine Rede drucken läßt –, und scheue dich nicht, zwei Gattungen von Anmerkungen zu bieten und im Drucke zu unterscheiden, wenn der Stoff das verlangt.

(Adolf v. *Harnack*, Aus Wissenschaft und Leben, Bd. I, Gießen 1911, 161 f.)

15. Antworten und Wesensbestimmungen

Man hat mich gefragt, welches ich für das tiefste Gedicht in deutscher Sprache halte. Ich entscheide mich für das »Eingang« überschriebene Gedicht von Clemens *Brentano,* in dem es heißt:

Was reif in diesen Zeilen steht,
was lächelnd winkt und sinnend fleht,
das soll kein Kind betrüben;
die Einfalt hat es ausgesät,
die Schwermut hat hindurchgeweht,
die Sehnsucht hat's getrieben.
Und ist das Feld einst abgemäht,
die Armut durch die Stoppeln geht,
sucht Ähren, die geblieben,
sucht Lieb', die für sie untergeht,
sucht Lieb', die mit ihr aufersteht,
sucht Lieb', die sie kann lieben.
. . .

Was ist der Mensch?

Ein Gott ist der Mensch, wenn er träumt, ein Bettler, wenn er nachdenkt, und wenn die Begeisterung hin ist, steht er da wie ein mißratener Sohn, den der Vater aus dem Hause stieß und betrachtet die ärmlichen Pfennige, die ihm das Mitleid auf den Weg gab (Friedrich *Hölderlin*: Hyperion, Sämtl. Werke I, 2 – Große Stuttgarter Ausgabe 1957, 9).

Was ist die Welt?

Die Welt ist eine Glocke, die einen Riß hat, sie klappert, aber klingt nicht (J. W. *Goethe*: Maximen und Reflexionen über Literatur und Ethik, W. A. 42, 2, 131).

Was ist die Wirklichkeit?

Wenn man die Philosophen von der Wirklichkeit reden hört, so ist das oft ebenso irreführend, wie wenn man im Schaufenster eines Trödlers auf einem Schild die Worte liest: Hier wird gerollt. Wollte man mit seiner Wäsche kommen, um sie rollen zu lassen, so wäre man angeführt. Das Schild hängt nur zum Verkauf da (Sören *Kierkegaard:* Entweder-Oder, Teil I: Diapsalmata, Ausg. Schrempf 37; E. Hirsch 34).

Gegen das abstrakte Denken oder zeitlos rot

Kierkegaard berichtet von einem Künstler, der den Zug der Juden durch das Rote Meer malen sollte und die ganze Wand rot malte. Auf verwundertes Befragen erklärte dieser: Die Juden wären schon durch und die Ägypter ertrunken (ebendort ed. Schrempf 25, ed. Hirsch 30).

Was ist die Bibel?

Hic liber est in quo sua quaerit dogmata quisque invenit et pariter dogmata quisque sua.

Der Ilias-Übersetzer J. H. *Voss* übertrug dieses Distichon, hat aber fälschlich das Schlüsselwort »dogmata« fortgelassen: Die Bibel ist ein Buch, wo jeglicher, was ihn gelüstet, sucht und jeglicher auch, was ihn gelüstet, entdeckt (Samuel *Werenfels*, 1657–1740, Theologieprofessor in Basel, von Zinzendorf genannt »der große Gamaliel«: De Scopo, quem Scripturae Interpres sibi proponere debet, Opuscula, Lugd. Bat. resp. Leiden, 1712).

Über Ketzer und Ketzereien

Non enim putetis, fratres, quia potuerunt fieri haereses per aliquas parvas animas. Non fecerunt haereses, nisi magni homines.
Glaubt bitte nicht, Brüder, daß Ketzereien durch irgendwelche kleinen Gemüter entstehen würden. Nur große Menschen haben Ketzereien hervorgebracht (*Augustinus*: Enarratio in Ps. 124, 5 um 416 – J. P. Migne: Patrologiae cursus completus series Latina, Paris 1865, 1652).

Aberglaube

Glaube, dem die Tür versagt,
steigt als Aberglaub' zum Fenster.
Wenn die Götter ihr verjagt,
kommen die Gespenster.

(Emanuel *Geibel*: Gedichte und Gedenkblätter, 1864)

Christentum und Geschichte

Nicht das Christentum ist übergeschichtlich, sondern die Geschichte greift über das Christentum hinaus. Diese faßt mit allen Dingen auch jenes in sich, nicht aber umgekehrt (Zettel im Baseler Nachlaß von Franz *Overbeck* – ungedruckt).

★

Immerhin kämpfte man mit der Welt um sein Christentum bis Konstantin. Seitdem war es entschieden, daß man es niemals zu etwas anderem bringen werde als zu einem Kulturchristentum, das sich mit der Einbildung zu begnügen hatte, die Welt erobert zu haben, während es in Wahrheit sich von ihr hatte erobern lassen (Franz *Overbeck*: Christentum und Kultur, Basel 1919, 99).

★

Heutzutage hat kein Mensch den Paulus wirklich verstanden, der noch seiner Ansicht zu sein vermeint (Franz *Oberbeck*, ebd. 54).

Regenpfeifer

Es gibt einen Vogel, der heißt Regenpfeifer. Wenn in einer Generation ein Ungewitter aufzuziehen beginnt, dann zeigen sich solche Individualitäten, wie ich eine bin (Sören *Kierkegaard*: Tagebücher 1844–1846, ed. H. Gerdes, II, Düsseldorf 1963, 23).

Gegen die Gelehrten

Die Gelehrten sind meist gehässig, wenn sie widerlegen; einen Irrenden sehen sie gleich als ihren Todfeind an (J. W. *Goethe*: Maximen und Reflexionen – Aus Kunst und Altertum, 1824, W. A. 42, 2, 139).

★

Hütet euch vor den Gelehrten! Sie hassen euch, denn sie sind unfruchtbar. Sie haben kalte vertrocknete Augen, vor ihnen liegt jeder Vogel entfedert (Friedrich *Nietzsche*: Also sprach Zarathustra, Werke VI, 422).

Grenzen der Lehre

Alles, was gelehrt werden kann, ist nicht der Mühe wert, gelernt zu werden (Laotse im Tao te-King). Der Dichter Paul *Claudel* über diesen Satz: »Man sollte ihn über die Tür aller Erziehungsinstitute setzen« (zit. nach Carl J. *Burckhardt*: Bildnisse, Frankfurt 1958, 185).

Die Weisheit der Welt

Es wäre nicht der Mühe wert, 70 Jahre alt zu werden, wenn alle Weisheit der Welt Torheit wäre vor Gott

(J. W. *Goethe*: Maximen und Reflexionen über Literatur und Ethik, W. A. 42, 2, 131).

Freiheit und Ordnung

Wie richtig bemerkt wurde, ist aus der Ordnung zuweilen die Freiheit, noch nie aber aus der Freiheit die Ordnung hervorgegangen. – – – Schläft man freilich bei der Ordnung wieder ein, dann wird auch sie nicht von langer Dauer sein (Helmuth von *Moltke* in einem Brief vom 27. 9. 1849 an seinen Bruder aus Magdeburg. Moltkes Briefe, ed. W. Andreas, II, Leipzig 1924, 130).

Genialität

Wer nicht zeitlebens gewissermaßen ein großes Kind bleibt, sondern ein ernsthafter, nüchterner, durchweg gesetzter und vernünftiger Mann wird, kann ein sehr nützlicher und tüchtiger Bürger dieser Welt sein, nur nimmermehr ein Genie (Arthur *Schopenhauer* in seiner Abhandlung »Vom Genie«, Welt als Wille und Vorstellung 3. Buch, Kap. 31 – Werke III, 453).

Selbstbekenntnisse

Nichts ist abstoßender, als wenn bei Selbstbekenntnissen eine Seele, die wir nackt zu sehen erwartet hatten, im Trikot erscheint (Ludwig *Fulda*: Buch der Epigramme, Berlin 1920).

Das Los des Diplomaten

Als ich den spanischen Gesandten eines Tages auf der Treppe eines Ministeriums an einem jener schrecklichen Dienstage oder Mittwoche des rechten und des linken Seine-Ufers begegnete, sagte er mir seufzend: Wenn ich sterben werde, wird der heilige Petrus mich fragen: »Donoso Cortés, Marquis de Valdegamas, was hast Du getan?« Und ich werde antworten: »Ich habe Besuche gemacht« (Graf Josef Alexander von *Hübner*: Neun Jahre der Erinnerungen eines österreichischen Botschafters in Paris unter dem zweiten Kaiserreich 1851–1859, Bd. I, Berlin 1904, 75 f.).

Ein Erfahrungssatz

Wer mit 20 Jahren nicht Sozialist ist, hat kein Herz. Wer es mit 40 Jahren noch ist, hat keinen Verstand (Wandersatz – Aristide *Briand*, aber auch anderen französischen Schriftstellern zugeschrieben).

Das Ziel

Man kann die Menschen nicht zufrieden machen. Das widerstrebt ihrer Natur. Das Beste, was man erreichen kann, ist eine modifizierte Unzufriedenheit (Clemens Fürst *Metternich*, ubi?).

Rechte Haltung

Nimm das Verhängnis an
Laß alles unbereut
Tu, was getan muß sein
und eh man dir's gebeut

(Paul *Fleming:* Teutsche Poemata [1642])

Mutmaßungen über den Weltuntergang

In einem Theater brach hinter den Kulissen Feuer aus. Der Pierrot trat an die Rampe, um das Publikum davon zu unterrichten. Man glaubte, es sei ein Witz und applaudierte. Er wiederholte seine Mitteilung, man jubelte noch mehr. So denke ich mir, wird die Welt eines Tages untergehen – unter dem allgemeinen Jubel witziger Köpfe, die glauben, es handle sich um einen Witz (Sören *Kierkegaard*: Entweder-Oder 1. Teil: Diapsalmata, Ausg. Schrempf, 27, Ausg. E. Hirsch, 32).

★

Der moderne Weltuntergang wird sich so vollziehen, daß gelegentlich der Vervollkommnung der Maschinen sich die Betriebsunfähigkeit der Menschen herausstellt. Den Automobilen gelingt es nicht, die Chauffeure vorwärtszubringen (Karl *Kraus*: Pro domo et mundo, 1912).

Wetterfahnen

Wenn der Wind sich dreht, drehen sich alle Wetterfahnen, und zwar um so schneller und entschiedener, je schärfer der Wind ist (Otto v. *Bismarck* zu Hermann Wagener, nach H. Poschinger: Bismarck und die Parlamentarier II, Breslau 1894, 111).

Optimismus ist ruchlos

Das Wort geht auf *Schopenhauer* zurück, der in »Die Welt als Wille und Vorstellung« (I, 4, § 59) erklärte, daß ihm der Optimismus als eine »wahrhaft ruchlose Denkungsart« erscheine, als ein bitterer Hohn auf die Leiden der Menschheit. Arthur *Moeller van den Bruck* nahm dies Wort wieder auf und schrieb in einem Brief an Hans Grimm vom 20. 1. 1919 vom »verruchten Optimismus«; wohl eine Abwandlung ist die vor 1933 oft gehörte Redewendung: »Optimismus ist Feigheit.«

Negative Bilanz

Solange die Welt besteht, pissen die Hunde an Marmorwände (Henry *Benrath*, eig. Albert H. *Rausch*: Leukas Petrae, Privatdruck 1942, S. 23).

Vorurteil

Albert *Einstein* soll kurz vor seinem Tode in Rückschau auf das Jahrhundert erklärt haben: »Welch triste Epoche, in der es leichter ist, ein Atom zu zertrümmern als ein Vorurteil.«

Toleranz

Toleranz sollte eigentlich nur eine vorübergehende Gesinnung sein: Sie muß zur Anerkennung führen. Dulden heißt beleidigen (J. W. *Goethe*: Maximen und Reflexionen, Sprüche in Prosa – W. A. 42, 2, 221).

Sokrates und Alkibiades

Warum huldigest du, heiliger Sokrates,
diesem Jünglinge stets? Kennst du Größres nicht?
Warum siehet mit Liebe, wie auf Götter, dein Aug'
auf ihn?

– – – – – – – – – – –

Wer das Tiefste gedacht, liebt das Lebendigste.
Hohe Tugend versteht, wer in die Welt geblickt,
und es neigen die Weisen oft am Ende zu Schönem sich.

(Friedrich *Hölderlin*: Gedichte 1796–1798, Sämtl. Werke – Große Stuttgarter Ausg. – I, 260)

*

Hätten Sokrates und Plato nicht junge Männer geliebt und versucht, ihnen zu gefallen, wäre jeder von uns ein bißchen weniger gescheit (André *Gide*: Tagebücher 1889 bis 1939, Stuttgart 1951, 348).

Grenzenlosigkeit der Wünsche

Wonach du sehnlich ausgeschaut,
es wurde dir beschieden.
Du triumphierst und jubelst laut:
Jetzt hab' ich endlich Frieden.
Ach Freundchen, rede nicht so wild,
bezähme deine Zunge.
Ein jeder Wunsch, wenn er erfüllt,
kriegt augenblicklich Junge.

(Wilhelm *Busch*: Schein und Sein: Niemals)

Man hat es oder hat es nicht

Nur als Furioso nichts erstreben
und fechten, bis der Säbel bricht,
es muß sich dir von selber geben –
man hat es oder hat es nicht.

(Theodor *Fontane*. Balladen und Gedichte, – Nymphenburger Ausg., München 1969, 54)

Skepsis

Wenn heut der Freiheit großer Dichter lebte – Bekäme Schiller wohl den Schillerpreis? (Oskar *Blumenthal*: Wellenringe, Berlin 1912).

Tod

Ach, ich werde mir doch mächtig fehlen,
wenn ich einst gestorben bin.

(Kurt *Tucholsky*: Media in vita, Ges. Werke III, Reinbek 1961, 974)

Ausklang

Ein Weilchen weiß vielleicht noch wer,
was du gewesen –
dann ist auch das vorbei,
und weiter fegt der Besen.

(Theodor *Storm*: Chronik von Grieshuus 1883–1884)

IV.

BESINNLICHES LÄCHELN

16. Aus der Geschichte des Kladderadatsch

Die Mutter des »Kladderadatsch« war die mit den Märzerrungenschaften 1848 gegebene Pressefreiheit. Die Vaterstelle vertrat ein Quartett: der Herausgeber Ernst *Dohm,* der Dichter Rudolf *Löwenstein,* der Zeichner Wilhelm *Scholz* und vor allem David *Kalisch,* der Verfasser der bekannten Possen »Hunderttausend Taler« und »Berlin, wie es weint und lacht«, die dem spezifischen Berliner Humor in ganz Deutschland Bühnengeltung verschafft haben. Diese »Gelehrten des Kladderadatsch«, wie sich das Quartett nannte, stammten natürlich, wie so viele gute Berliner, zumeist aus Breslau.

Am 7. Mai 1848 schlug der »Kladderadatsch« mit dem Untertitel »Organ von und für Bummler« die Augen auf und ging von der ersten Nummer an, die noch Kalisch allein geschrieben hatte, den damaligen Machthabern schwer auf die Nerven. Nach einem halben Jahr war er bereits verboten. Als das »Ministerium der rettenden Tat« Brandenburg-Manteuffel am 10. November 1848 Berlin durch Truppen besetzen ließ, damit der König dem Volk am 5. Dezember eine Verfassung oktroyieren konnte, war eine der ersten Handlungen des Oberbefehlshabers Wrangel, den Kladderadatsch »wegen seiner der Staatsregierung feindlichen Tendenz« zu verbieten. Die Antwort des Blattes »Der Kladderadatsch verfolgt keine

Tendenz; wo die Tendenz beginnt, da hört der Spaß auf« nützte ihm nicht viel. »Papa Wrangel« fand den politischen Humor eben doch zu gepfeffert, und das Blatt mußte, eine Zeitlang wieder zugelassen, dann doch bis zur Aufhebung des Belagerungszustandes im Juli 1849 ins Exil nach Eberswalde, von wo es nach Berlin hineingeschmuggelt wurde. Die Berliner aber rissen es den fliegenden Händlern aus den Händen, um zu lesen, was denn wohl die von Kalisch geschaffene populäre Witzblattfigur »Karlchen Mießnick, der ewige Quartaner« zu den Ereignissen der jeweils letzten Woche zu bemerken habe.
Andere rasch populär gewordene Figuren waren die im schnoddrigsten Kasino-Jargon redenden ostelbischen Junker Baron von Pudelwitz und Baron von Strudelwitz, der Bank- und Börsenmann Zwickauer, die Berliner Müller und Schulze, aber auch Piefke war 1848 schon da, der gewöhnlich für eine viel spätere Erfindung gehalten wird. Der »Kladderadatsch« – der Name sollte ein lautmalendes Echo auf die März-Revolution sein und das Blatt »täglich mit Ausnahme der Wochentage« erscheinen – war das einzige der vielen damaligen Witzblätter, das langlebig war. Nach vier Jahren hatte er schon 12 000 Exemplare, und 1872 sollte er sogar die 50 000-Grenze überschreiten. Das Blatt hatte ein klares politisches Konzept: liberaler Verfassungsstaat, freies, geheimes und gleiches Wahlrecht, Einigung aller Deutschen im Kampf gegen aristokratisches Ständetum und Kleinstaaterei. Im Zeitalter der »Reaktion« ver-

trat er die damalige heimatlose Linke und bewegte sich in seiner politischen Haltung hart am Rande der Staatsfeindlichkeit. Aber er berief sich immer wieder auf seine entwaffnende Devise: »Wer die Besten seiner Zeit zum besten gehabt, der hat gelebt für alle Zeiten.« Und der parodierte Schiller versöhnte wieder die Gegner, die sich geschmeichelt fühlten, wenn sie der Zwerg-Nase-Kopf mit seinem dreist-dümmerlichen Schmunzeln aufs Korn nahm. Kladderadatsch war ein eminent politisches Witzblatt, zwar parteiisch, aber unabhängig – gelesen »von hoch und niedrig«.

Wenn man heute die ersten vier Jahrgänge dieses Witzblattes durchliest, ist man verblüfft, wie zeitnahe der Stoff noch wirkt. Klingt es nicht wie eine Parodie auf die Gegenwart, wenn der Kladderadatsch über die 1848 aus dem Boden schießenden Länderparlamente spottet: »38 Regierungen, 38 Volksvertretungen, 3 Zentralgewalten in Frankfurt, in Stuttgart und Berlin – das haben wir. Und über ein kleines, und man wird sehen, es werden wachsen die Regierungen und die Vertretungen und die Zentralgewalten und werden fruchtbar sein und sich mehren und werden sein wie Sand am Meere, und es wird sein große Verwirrung und Streit im Lande. Und es wird nicht eher Ruhe und Frieden werden im Lande, bis jeder Deutsche geworden ist seine eigene Regierung, Vertretung und Zentralgewalt. Denn das brauchen wir« (Nr. 25 vom 24. Juni 1849).

Der Kladderadatsch blieb auch skeptisch gegen das

Paulskirchenparlament in Frankfurt als deutsche Nationalversammlung. Schon in der Nr. 13 vom 30. Juli 1848 hatte es geheißen:

Beim heil'gen Paul in Frankfurt soll
sich Deutschland neu gestalten.
Doch jeder will's allein verwalten.
Oh schütz' uns drum, Apostel Paul,
den all'weil steht's noch oberfaul.

Was das eigentlich »Oberfaule« in den Augen des Kladderadatsch war, hat ein Paulskirchenmitglied im nächsten Jahr witzig formuliert und in ein zirkulierendes Autographenalbum der Parlamentarier eingeschrieben, das erst ein halbes Jahrhundert später (Deutsche Rundschau, Bd. 106, 1901, 123) ans Licht gekommen ist:

Achtundsechzig Professoren,
Vaterland, du bist verloren.

Nachdem das Rumpfparlament 1849 seinen Sitz nach Stuttgart verlegt hatte und von der Württembergischen Regierung aufgelöst worden war, dichtete Wilhelm *Jordan* (1819–1904), ein schriftstellerndes Mitglied der Erbkaiserlichen Partei:

Wir zogen ein, umjauchzt und froh ergriffen,
Wir zogen aus, verfolgt und ausgepfiffen.

Im Mai 1849 ließ sich der Kladderadatsch aus Schlesien melden, daß dort ein russischer Einmarsch befürchtet werde. Er kommentierte diese Schreckenskunde mit dem bissigen Satz, daß bei den hiesigen

Apotheken von Schlesien aus enorme Bestellungen auf graue Salbe eingegangen seien.

Die Enttäuschungen der deutschen Demokraten über das Versanden der achtundvierziger Revolution und den »durchlöcherten Rechtsboden« des Freiherrn von Vincke haben im Kladderadatsch ihren satirischen Ausdruck gefunden. Auch vor der Figur Seiner Majestät machte der Witz nicht halt. Friedrich Wilhelm IV. hatte nach Meinung der Demokraten sein Versprechen, eine Konstitution zu geben, nicht gehalten. Im Zusammenhang mit einem des Plagiats beschuldigten Professor meinte das Witzblatt: »Herr von Raumer hat Reden herausgegeben, die er nicht gehalten hat. Nächstens erscheinen von einer hochgestellten Person Worte, die sie nicht gesprochen hat« (Nr. 25 vom 24. Juni 1849). Eine aufschlußreiche Scherzfrage lautete: »Was ist der Unterschied zwischen der Zeit des Regierungsantritts Friedrich Wilhelms IV. und jetzt? – Damals waren wir guter Hoffnung, und jetzt sind wir in anderen Umständen« (Nr. 13 vom 30. Juli 1848).

Köstlich ist auch das in der Nummer 35 vom 26. August 1849 veröffentlichte »Wörterbuch der Reaktion«. Da steht unter G als Definition für »Grundrechte«: »Rechte, für die kein rechter Grund vorhanden ist.« Bei »konservativ« wird verwiesen auf Z = »zurück«. Unter »zurück« steht: »Wörtliche Übersetzung für vorwärts mit Gott für König und Vaterland.« Das Standrecht war schon vorher definiert worden als ein »Rechtsstand, vor dem kein Recht standhält« (Nr. 20 vom 20. Mai 1849). Im übrigen ist Kladderadatsch der Meinung, daß es in Preußen derzeit überhaupt nur noch zwei Parteien gebe: eine geheimrätliche und eine geheimrötliche (Nr. 29 vom 15. Juli 1849).

Das Jahr 1850 brachte das Zusammentreten des Unionsparlaments am 20. März in Erfurt und den Versuch des Herrn von Radowitz, Deutschland durch ein Bündnis von 23 Staaten mit Preußen von oben her zu einigen. Der Kladderadatsch aber hielt davon nichts und kommentierte (Nr. 6 vom 10. Februar) schon vor dem Zusammentreten der Versammlung:

> Das Dach, das habt ihr fertig, nun fügt
> die Balken dran.
> Wie wollt ein Haus ihr bauen und fangt von oben an?
> Ein Dach von Stroh – nichts weiter, kein Haus,
> kein Fundament,
> das nennt man heutzutage ein deutsches Parlament.

Die politische Situation, die durch den indirekten Druck der russischen Regierung bestimmt war, umreißt prägnant die nächste Nummer:

> Die preußische Regierung will ein einiges Deutschland.
> Die russische Regierung will einiges Deutschland.

Bismarcks Äußerung zu August Reichensperger, die bis zum Kladderadatsch durchgedrungen war, er sei als Schriftführer des Erfurter Volkshauses jetzt Sekretär eines jüdischen Professors aus Königsberg (gemeint Eduard Simson), worüber sich sein seliger Großvater noch im Grabe wundern würde, kommentierte der Kladderadatsch ironisch: der Großvater würde sich noch viel mehr wundern, wenn er hörte, daß sein Enkel einer politischen Fraktion angehört, deren Vorbeter ein jüdischer Professor aus Berlin (gemeint Friedrich Julius Stahl) ist (Nr. 18 vom 5. Mai 1850).

Auf die Frage, ob Meyerbeers gerade uraufgeführte Oper »Der Prophet« zu den großen oder den kleinen Propheten gehöre, antwortete das Witzblatt: zu den mittelmäßigen (ebd.).

Als im Herbst des Jahres die Unionspolitik scheiterte, veröffentlichte der Kladderadatsch ein Konzertprogramm:

> Fordre niemand mein Schicksal zu hören.
> Keine Hoffnung ist Wahrheit geworden.
> Lasset mich meinen Namen verschweigen.
> Oh mein Vaterland, dich nur beklag' ich.

Alle Texte vorgetragen von Anhängern der Union, während die Erfurter Deputierten singen: Muß i denn, muß i denn zum Städtele hinaus?

Als dann im November der preußische Aufmarsch in Hessen befohlen und vom Ministerpräsidenten im Namen des Königs wieder zurückbefohlen wurde – nur ein Schimmel fiel in der »Schlacht« von Bronzell am 8. November –, brachte der Kladderadatsch die Bekanntmachung: »Wegen plötzlich eingetretener Heiserkeit des Herrn von Manteuffel kann das angekündigte Schauspiel ›Es geht los‹ heute nicht gegeben werden. Statt dessen: ›Einen Jux will er sich machen‹« (Nr. 46 vom 17. November 1850). Der

Unterschied der Politik Manteuffels zu der des wegen seines Wortreichtums vom Kladderadatsch häufig ironisierten Radowitz wird so zusammengefaßt: »Jenes war die Politik der Tiraden, dies ist die Politik der Retiraden« (Nr. 50 vom 15. Dezember). Von Manteuffels Satz in seiner Verteidigungsrede für Olmütz am 3. Dezember in der Zweiten Kammer: »Der Starke tritt wohl (mutig) einen Schritt zurück« hat der Kladderadatsch Wochen hindurch gelebt.
Die Silvesternummer beschließt den 3. Jahrgang des Blattes mit einem ironischen Selbstbekenntnis: »Wir gehen mit dem Stolz des Gerechten, mit der Ergebung des Frommen und dem Hochmut des verstockten Sünders ruhig der Zukunft entgegen. Nichts wird uns verhindern, auch im neuen Jahr durch Umgehung des Gesetzes, durch Verletzung der Sitte und durch die Post sowohl als durch den Buchhandel zur Untergrabung und Umsturz alles bestehenden Unsinns beizutragen. Auch im neuen Jahr werden wir alles prüfen und das Beste behalten – nämlich die Abonnenten, die Nationalkokarde und den Postdebet. Wie bisher so werden wir auch fernerhin wandeln im Rate der Gottlosen, aber uns hüten zu sitzen, wo die Spötter sitzen – nämlich in der Stadtvogtei. Und sollten uns die bösen Buben locken, so werden wir ihnen nicht folgen, sondern lieber in London das Porto für einen unerledigten Steckbrief bezahlen als im Berliner oder Spandauer Prytaneum auf Staatskosten uns ernähren lassen. An diesem unserem Programm werden wir festhalten wie bisher, streng und

unverbrüchlich, und es wird uns wohlgehen und wir werden lange leben im Lande. Und wenn alle so klug sind wie wir, so wird in diesem Jahre die neue Zeit anbrechen, wo es keine Prozesse, keine Verfolgungen, keine unglücklich bestraften Verbrecher mehr gibt und wo nur die Polizei und die Staatsanwaltschaft wegen unverschuldeter Arbeitslosigkeit eingezogen werden.«

Im Jahrgang 1851 wird der Ton etwas ruhiger wie die ganze Zeit, nachdem sich die revolutionären Wellen des »tollen Jahres« verlaufen hatten. Zum erstenmal wird auch des 18. März nicht mehr gedacht. »Was auch die Hohe Kammer beschließen möge – es bleibt alles beim alten«, heißt es resigniert in der betreffenden Nummer. Und als dann im Herbst 1851 die Kammern wieder eröffnet wurden, meinte die Zeitung: Die Volksvertretung werde das Wort des alten Matthias Claudius beherzigen und sein

»wie eine stille Kammer,
wo ihr des Tages Jammer
verschlafen und vergessen sollt«.

(Nr. 40 vom 5. Oktober 1851)

Viel Freude bereitete dem Kladderadatsch dafür der Staatsstreich Louis Napoleons, des späteren Napoleon III., vom 2. Dezember 1851. Neben anderen witzigen Anspielungen zumal auf seine ganz Europa bekannte hohe Verschuldung wurde Napoleon durch eine Anzeige der Firma »Louis Schufterle in der Französischen Straße und am Pariser Platz« karikiert, daß sie die neuestens so beliebt gewordenen »Staats-Streich-Feuerzeuge« zu verkaufen habe, geeignet »als passende Überraschung und angenehme Bescherung« zu Weihnachten (Nr. 50 vom 14. Dezember 1851).

Die Blütenlese dieser ersten vier Jahrgänge eines nicht immer erfreulichen, aber gesinnungstreuen demokratischen Witzblattes deprimiert insofern, als man den Eindruck erhält, daß der echte und gute politische Witz in den letzten hundert Jahren mehr und mehr abhanden gekommen ist. Daß auch der junge *Bismarck* dem Blatt zur Zielscheibe des Spottes gedient hat, versteht sich von selbst. 1849 war Bismarck dem Kladderadatsch noch als feudaler Junker der Reaktionspartei erschienen: »Ein Erzschelm mit Panzer und Schuppen« – übrigens noch als »Struwwelpeter der Zweiten Kammer« mit Vollbart abgebildet (so Nr. 12 vom 25. März 1849) –, während die berühmten Bismarck-Karikaturen des Blattes in späteren Jahren ihn mit den angeblich letzten drei Haaren auf seinem kahlen Schädel zeichnen. Aber 1851 hat der Kladderadatsch einen Bismarck-Witz gebracht, der beinahe weltgeschichtliches Format hat: »Herr von Bismarck-Schönhausen wird zum Bundestag nach Frankfurt geschickt. Wenn er wirklich geschickt ist, wird dort Herr von Bismarck schön hausen« (Nr. 20 vom 18. Mai 1851).

Das Mißtrauen gegen den antidemokratischen Reaktionär Bismarck hielt bei den »Gelehrten des Kladderadatsch« noch lange an. Man sah in ihm den Typ des Gegenrevolutionärs und des Widersachers der deutschen Einigungsbewegung.

Was ist des Deutschen Vaterland,
Herrn von Bismarck-Schönhausen unbekannt.

(Nr. 38 vom 16. September 1849)

Als ihn aber König Wilhelm trotz heftigen Widerstrebens am 23. September 1862 zum Ministerpräsidenten von Preußen berief, begrüßte ihn der Kladderadatsch mit einer Karikatur, auf der man Bismarck mit einer Pickelhaube zwischen Louis Napoleon und dem verflossenen Ministerpräsidenten Manteuffel in das von den beiden gepriesene Land »Zum heiteren Absolutismus« schreiten sieht, während im Hintergrund Hassenpflug (genannt der Hessen-Fluch) als verkörperter Geist der Reaktion über die Szene fliegt. Die Zauberflöte über der Eingangspforte zum gelobten Land ist als ein russisches Fabrikat kenntlich.
In derselben Nummer vom 28. September steht noch ein Gedicht »Blaue Montagsbilder«, in dem es hieß:

Es nahen jetzt dem Tisch, dem grünen,
Gestalten neu und unbekannt.
Wer sind sie? fragen die Tribünen
Wer sind die Herren? so fragt das Land.

Die Antwort sollte nicht lange auf sich warten lassen. Bismarck erklärte gleich in seiner ersten Rede vor der Budgetkommission des Preußischen Abgeordnetenhauses am 30. September: »Nicht durch Reden und Majoritätsbeschlüsse werden die großen

Fragen der Zeit entschieden – das ist der große Fehler von 1848 und 1849 gewesen –, sondern durch Eisen und Blut.« Dieses sensationell überpointierte Wort kommentierte der Kladderadatsch vom 5. Oktober als den herannahenden Verfassungsbruch.

Der Umschwung in der Beurteilung Bismarcks kündigte sich drei Jahre später 1865 an, als dem »Humoristisch-satyrischen Wochenblatt« dämmerte, daß Bismarck die Fortschrittspartei, wie man wohl heute sagt, »links überholen« könnte (vgl. Gedicht »Der Sieger von Gastein« Nr. 42 vom 10. September 1865). Er kam endgültig mit dem preußisch-österreichischen Krieg von 1866 und dem Sieg von Königgrätz, der den schnodderigen Baron von Pudelwitz zu der Erklärung hinreißt: »Gigantesk, titanös, herkulesk. Möchte auf Kniee sinken vor Bewunderung! In vier Wochen hundert Jahre Weltgeschichte gemacht« (Nr. 26 vom 5. August 1866). Das war auch die Meinung des Kladderadatsch, der jetzt begriff, daß sein bisheriger Feind Otto von Bismarck der Mann der deutschen Einigung war, der auch so undoktrinär denken konnte, daß er mit den Liberalen zusammenging. Die Indemnitätsvorlage beantwortete die Ausgabe des Blattes vom 3. September 1866 mit einem Gedicht:

Indemnität – vergessen –
oh Wort, so brüderlich.
An ihre Herzen pressen
die ält'sten Feinde sich.
– – – – – –

– – – – – –
Man hört der Küsse Schallen
bis hin zum Stadtgericht.
In diesen heil'gen Hallen
kennt man die Rache nicht.

Der letzte Vers mit Anspielung auf Mozarts Zauberflöte will einen Hinweis darauf geben, daß Carl *Twesten*, fortschrittlicher Stadtgerichtsrat in Berlin, wegen seines Eintretens für die Freiheit der parlamentarischen Kritik auf Betreiben Bismarcks durch das Königliche Obertribunal zu Jahresbeginn in den Anklagezustand versetzt worden war, was nach Meinung der Liberalen einen glatten Rechtsbruch darstellte. Aber das war nur noch ein Nachklang der einstigen Kritik.

Der Kladderadatsch zeigte sich 1866 aber auch gegen alte Gegner von der konservativen Seite sehr honorig. Ludwig von *Gerlach*, für das Blatt bisher der Inbegriff der »Reaktion«, imponierte ihm, als er wegen seines Festhaltens an den Rechtsprinzipien des »Christlichen Staats« mit Bismarck wegen seiner Annexionspolitik brach und sogar die von ihm gegründete Konservative Partei verließ, als sie sich hinter Bismarck stellte. Jetzt heißt es in der Nummer 21 vom 9. Juni 1866: »Väterchen, wir haben Dich stets angegriffen, aber da Du nun von Deiner Partei verlassen bist, bekennen wir öffentlich: Wir halten Dich für einen hellen Ehrenmann, dem seine Überzeugungen höher stehen als die Gunst des flüchtigen Augenblicks. Siehe, wir Kladderadatscher sind doch bessere Menschen.« Und ähnlich wie er die »kleine Exzellenz« *Windthorst,* von Bismarck als die »Perle von Meppen« verhöhnt, in den Kulturkampfjahren gegen den Zornigen in Schutz nahm, so jetzt Gerlach:

Es mehrt sich die Verehrerzahl
des Preußischen Annexanders.
Im Grabe dreht sich um Sanct Stahl,
doch wird dadurch nichts anders.

Sanct Gerlach, ach man gibt dir das
consilium abeundi,
geschrieben ist der Reisepaß,
sic transit gloria mundi.

Den schon 1861 verstorbenen berühmten Staatsrechtler jüdischer Abkunft und Theoretiker der Konservativen Partei F. J. *Stahl* (in der Schreibweise des Witzblattes meist St. Ahl) läßt das Blatt mit der Postadresse »Abrahams Schoß, Anfang August 1866« aus dem Grabe verkündigen, daß »die durch meine Konzeption geführte Partei ihrem Ende entgegengehen muß« (Nr. 27 vom 12. August).

Obwohl auch nach 1866 und in der Reichsgründungszeit noch mancherlei giftige Pfeile aus dem Arsenal der Fortschrittspartei gegen das reaktionäre Junkertum und auch gegen Bismarck abgeschossen wurden, und obwohl es den Kladderadatsch noch einmal 1878 sehr verdroß, daß Bismarck vom Freihandel zum Schutzzoll überging und sich von den Liberalen wegorientierte: »Saturn verzehrt seine eigenen Kinder, um ihnen den Vater zu erhalten«

(Überschrift des Gedichtes: Es ist alles schon mal dagewesen – Nr. 73 vom 3. August 1879), blieb das Blatt doch seinem »Doktor Eisenbart« treu. Thematisch rückten in den achtziger Jahren Probleme der Sozialkritik in den Vordergrund. Von den Sozialdemokraten will aber das Blatt nichts wissen, ebensowenig von dem antisemitischen Hofprediger und Parteigründer Adolf *Stoecker,* der in ihm nur als »Agitator Dompfaff« und gar als »Ghetto-Adolf« erscheint. Aber auch dem Fortschrittsmann Eugen *Richter* ist es wegen seiner standhaften Opposition gegen den Kanzler nicht grün; es nennt ihn nur »Eugen, der Volksbeglücker«. 1866 schied der Fortschrittsmann Rudolf *Löwenstein* aus dem Blatt aus, und der politisch weniger profilierte Westpreuße Johannes *Trojan* wurde Chefredakteur bis 1909. Bismarck blieb er stets treu ergeben.

Nach der Entlassung stellte der inzwischen ganz nationalliberal gewordene Kladderadatsch seine zahlreichen Zeugnisse zu einem »Bismarck-Album« zusammen, die zeigen sollten, daß das Blatt gemäß seiner Selbstbezeichnung ein »treuer Waffengenosse« des Kanzlers geworden war. Das Bismarck-Album von 1890 – bis zum Tode des Kanzlers 1898 erschienen in 25 Auflagen – war rasch so populär, daß es eine Art deutsches Volksbuch wurde. Bei Bismarcks Entlassung machte sich der Kladderadatsch zum Sprecher von Millionen, wenn er Bismarck als den »besten Deutschen« bezeichnete, der bisher der »zentrale Weichensteller für Europa« gewesen sei.

Als die Berliner Stadtverordnetenversammlung es im Hinblick auf die feindselige Haltung des Kaisers gegen Bismarck 1895 ablehnte, ihrem Ehrenbürger zum 80. Geburtstag zu gratulieren, brachte der Kladderadatsch vom 24. März (Nr. 15) aus der Feder Johannes *Trojans* ein Spottgedicht »Die Erbärmlichen«, in dem es hieß:

> So ist es wirklich denn geschehen,
> was schlechterdings unmöglich schien.
> Krähwinkel und Abdera sehen
> sich übertroffen von Berlin.
> Oh Großtat, ruhmvoll zu vermelden:
> Beschränkter Köpfe Haß und Neid
> versagt den Gruß dem greisen Helden,
> dem Schöpfer deutscher Herrlichkeit.

Die letzte Strophe lautete:

> Schad' aber wär's, wenn ihre Namen
> verschwänden in der Zeiten Lauf.
> Man bring' sie unter Glas und Rahmen
> und hänge sie im Rathaus auf,
> damit auch noch Urenkel lesen,
> wenn manches sich verändert hat,
> was für Kamele einst gewesen
> die Väter unserer großen Stadt.

Als Bismarck starb, hat der Kladderadatsch ihn ganz germanisch stilisiert, indem er ihn von einem brennenden Wikingerschiff zu Wotan nach Walhalla entschweben ließ. Hier überschlägt sich der Bismarck-Patriotismus der Zeit. Aber auch die Stunde des Kladderadatsch hatte bei Bismarcks Tod geschlagen, denn sein politisches Credo »nationale Einheit und deutsches Parlament« war längst Wirklichkeit geworden.

Der Kladderadatsch nach der Jahrhundertwende wurde zunehemd witzloser. Der Umsturz von 1918 trieb ihn ins Lager der Reaktion. Zu seinem 75. Geburtstag stellte er selber seinen Abstand von den einstigen Paulskirchenideen fest (Nr. 18 vom 6. Mai 1923). Während der Weimarer Republik gebärdete er sich nachgerade antiparlamentarisch. Am 2. Dezember 1923 (Nr. 48) dichtete er:

> »Fort mit dem Reichstag«, also spricht
> das Volk gleich mir, dem Kladderadatsche
> und sagt wie ich ihm ins Gesicht:
> »Hört bloß mal auf mit dem Gequatsche.«

Den Zusammentritt des Reichstags 1925 begleitete er mit einem Bilde (Nr. 1 vom 4. Januar), auf dem die Parlamentarier mit verbissenen Gesichtern die Stufen des Reichstags erklimmen, und mit der Unterschrift: »Ihr naht euch wieder, zankende Gestalten!«

Am Ende der zwanziger Jahre hat sich der Kladderadatsch ein erheblich Teil Hetze gegen Staat und Demokratie zuschulden kommen lassen. Der Republikmüdigkeit vieler Deutscher entsprechend hat er den Umsturz von 1933 als »deutschen Frühling« begrüßt, indem er gleichzeitig antisemitische Breitsalven abschoß und somit das Gelehrtenquartett an seiner Wiege verleugnete. Paul *Warncke,* der durch lange Jahre Hauptschriftleiter des Kladderadatsch gewesen war, besang jetzt die Machtübernahme in Nr. 7 vom 12. Februar 1933 mit einem Gedicht:

Es geht ein Hauch wie Morgenwehn
durch alle deutschen Lande.
Das ganze Volk will auferstehn
nach langer Nacht der Schande.

Was das Witzblatt in den kommenden Jahren verzapfte, verschweigt besser des Sängers Höflichkeit. Von Witz findet sich jedenfalls keine Spur mehr. Der Kladderadatsch hat ein zähes Leben gehabt. Erst 1933 ist er an Gleichschaltung gestorben, obwohl er noch unrühmlich bis 1944 weiterlebte, also 96 Jahre alt geworden ist. Aber zumindest bis 1914 darf gelten, was er schon in der Nummer 25 vom 24. April 1849 über sich selbst gedichtet hat:

Er war kein guter Untertan,
sondern ein Mensch in seinem Wahn,
der nie sich den Verstand beschränkt
und über alles selber denkt,
ja, sich zu fragen unterstand:
Was ist das Deutschen Vaterland?

17. Zur Geistesgeschichte des politischen Witzes

> »Gewisse Witze mit Bart sind ewig,
> sie tragen ihn nur zur Tarnung.«
> (Stanislaw Jerzy *Lec* [1901–1966]: Neue unfrisierte Gedanken, München 1964, 19)

Der Verfall des politischen Witzes ist ein geistesgeschichtliches Phänomen erster Ordnung. Es werden heute keine guten politischen Witze mehr gemacht, und das läßt Rückschlüsse auf die innere Verfassung der gegenwärtigen Gesellschaft zu. Der politische Witz ist zu allen Zeiten eine Waffe gewesen, deren man sich zum Angriff oder zur Verteidigung bedient hat. Er blüht in Zeiten, in denen eine innerlich bereits ausgehöhlte Gesellschaftsordnung nach außen noch fest steht und der Witz als Waffe des geschichtlichen Fortschritts verwandt wird, um die Träger der alten Ordnung mehr oder minder verdienter Lächerlichkeit preiszugeben. Der politische Witz kann aber auch als Verteidigungswaffe des Individuums benutzt werden, das von der Übermacht des bestehenden Herrschaftssystems unterdrückt wird und zurückzuschlagen versucht, um sich selber behaupten zu können. Und schließlich kann der Witz auch noch im Chaos gedeihen, wenn nichts mehr in Ordnung ist und alle Dinge von ihrem Platz verrückt worden sind. Dann wird aber auch der Witz verrückt.

Alle drei Stadien des politischen Witzes haben wir, wenn ich richtig sehe, hinter uns: den Witz im Rahmen der bürgerlichen Gesellschaftsordnung, über den man öffentlich und laut schallend lachte, den Witz unter der Diktatur, der grinsend mit vorgehaltener Hand geflüstert wurde, und der surrealistische Witz, der eine verdächtige Nähe zu den Tränen zeigt. Seither ist noch keine neue Gattung politischer Witze wieder aufgetaucht. Wahrscheinlich ist das auch gar nicht möglich.

Das prominenteste Witzblatt des bürgerichen Zeitalters in Deutschland war wohl der »Kladderadatsch«, dessen Anfängen der vorige Abschnitt nachging. Wir sahen: das Geburtsjahr 1848 hatte das Blatt geprägt; es war und blieb eine Kampfwaffe des liberalen Bürgertums und der linken Intelligenz Berlins. Die Enttäuschungen der deutschen Demokraten über das Versanden der Revolution von 1848 hatten im Kladderadatsch ihren satirischen Ausdruck gefunden.

Als die Gegenrevolution in November 1848 mit dem Einmarsch General Wrangels in Berlin begann, der die demokratische Nationalversammlung Preußens das »Parlament Nante«, wie die Berliner spotteten – Nante eine von Holtei und Glaßbrenner erfundene Possenfigur – nach Brandenburg an der Havel verbannte, erschien auch ein Wrangelscher Erlaß, der das Tragen roter Kokarden und das Zeigen eines jeden Sinnbilds roter Republik verbot. Der Kladderadatsch (Nr. 30 vom 25. November 1848) kommentierte: »Die rote Farbe ist für immer abgeschafft und darf nie wieder hervorgebracht werden. Abend- und Morgenröte sind für immer abgeschafft. Der Regenbogen enthält fortan nur fünf Farben.« Papa Wrangel antwortete mit einem Verbot und mußte sich dafür und wegen seiner Verjagung der Kammermitglieder vom Kladderadatsch den Spitznamen »Kammerjäger« und »alter Wrangler« gefallen lassen (Nr. 31 vom 3. Dezember 1848). Aber am 15. Dezember war er schon wieder erlaubt, obwohl seine zersetzende Tendenz nicht schwächer wurde. Doch die »Herrschenden« konnten sich damals solche Liberalität erlauben. Sie nahmen das Blatt teils als Barometer, teils als Blitzableiter.

Aber auch die »Weltpolitik« wurde verspottet. In Österreich hatte gerade Kaiser Franz Joseph den Thron bestiegen (2. Dezember 1848) und schon spottete der Kladderadatsch über die Heiratspläne des Wiener Hofes: »Die Zeitungen melden, es sei wahrscheinlich, daß der 17jährige österreichische Kaiser die 15jährige sächsische Prinzessin Sidonie heiraten werde, zumal der Kaiser sie vor Jahren gesehen und lieb gewonnen – –.« »Det sollte mein Sohn sin«, erklärte dazu Meister Knieriem, die Nestroysche Possenfigur auf Berlinisch.

Für die liberale Sache blieb der Kladderadatsch im Zeitalter der Reaktion weiter sehr besorgt. So ließ er, als selbst aus der Schweiz Einschränkungen der Pressefreiheit durch den Bundesrat gemeldet wurden, ein Inserat einrücken: »Meinen lieben Freunden und Besuchern zur Nachricht, daß ich im Adreßkalender des Herrn von Schiller falsch aufgeführt bin, da ich nicht mehr auf den Bergen wohne. Die Freiheit, jetzt wohnhaft in Konstantinopel.« – Solange der Kladderadatsch oppositionell war – also bis etwa 1866 –, war er ein gutes Witzblatt.

Auch noch in der Wilhelminischen Ära sind viele politische Witze gemacht worden, über die man lachen konnte. Ganz Berlin lachte, wie Fürst Bülow (Denkwürdigkeiten I, 50) berichtet, über den folgenden: Am 26. Februar 1897 hatte der junge Kaiser eine jener Reden gehalten, bei denen die Welt immer mehr aufzuhorchen pflegte. Es war die sog. »Handlangerrede« in Brandenburg a. d. H., in der er Bismarck zum »Handlanger kaiserlichen Willens« degradierte und anläßlich des bevorstehenden 100. Geburtstages Wilhelm I. erklärte, daß der hohe Herr, wenn er im Mittelalter gelebt hätte, heilig gesprochen worden wäre und daß von nun ab von seinem Großvater in amtlichen Proklamationen nur noch als von Wilhelm dem Großen gesprochen werden dürfe. Ein Witzblatt – ich weiß nicht, welches – kommentierte diese Rede in seiner nächsten Ausgabe mit dem Bilde eines ungarischen Agrariers mit Jägerhütchen und Feder auf dem Kopf, der zur Grünen Woche in Berlin erschienen war und Unter den Linden einen preußischen Schutzmann in blauer Uniform und mit gewaltigem Schnauzbart anhielt: »Saggen Sie, wo ist denn hier derr Brandenburger Tor?« Worauf der Hüter der Ordnung antwortet: »Herr, ich werde Sie verhaften wegen Majestätsbeleidigung.« Dem Witzblatt brachte dies eine Beschlagnahme der Nummer und ein kurzfristiges Verbot ein. Der schon vorsichtiger gewordene bismarcktreue Kladderadatsch schränkte seine Kritik an der Handlangerrede auf den Vers ein:

»Nil admirari!« sagte leise
in solchem Fall, mit Nachdruck sprichts
Horaz, der welterfahrene Weise:
»Mensch wundere dich über nichts.«

Um die Jahrhundertwende war übrigens der Kladderadatsch von dem neuen Münchner Witzblatt »Simplicissimus« immer mehr verdrängt worden, auf dessen Wahrzeichen, die rote Bulldogge, eine jüngere Generation eingeschworen war. Bald nach der ersten russischen Revolution von 1905 brachte der Simplicissimus ein Bild, das eigentlich mehr in das Kapitel »Geschichtliche Voraussagen, die eingetroffen sind« gehört. Dem Zaren erscheint in einem Angsttraum Ludwig XVI., dessen Kopf nicht mehr ganz fest auf dem Rumpf sitzt, mit der Unterschrift: »Nikolaus, mach', daß du wegkommst. Es ist höchste Zeit, ich kenne den Rummel.«
Vierzehn Jahre später zum ersten Geburtstag der neuen Republik von Weimar am 9. November 1919 malte Thomas Theodor *Heine* im Simplicissimus ein schreiendes Balg im Kinderwagen mit der ebenso sarkastischen wie zutreffenden Unterschrift: »Alle schieben – aber niemand schiebt mich.«
Im Jahre 1921 enthüllte ein zeitgenössisches Witzblatt

– war es der Simplicissimus oder der »Wahre Jacob« der Sozialdemokraten? – erneut die historische Situation. Für die Münchner war gerade ein Herr namens Hitler zum Tagesgespräch geworden, weil er so aufreizende Reden hielt; nur über die Person des Redners war bis dato noch wenig bekannt. Damals brachte das Witzblatt eine Preisfrage: »Wer ist Adolf Hitler?« Das Blatt versprach, die besten Antworten zu prämieren. Nach einigen Nummern kam dann aber keine Preisverteilung, sondern die redaktionelle Nachricht, die Leser hätten sich um die richtige Antwort vergeblich bemüht: Adolf Hitler sei gar kein Mensch, Adolf Hitler sei ein deutscher Zustand. Das war schon kein Witz mehr, das war beinahe Metaphysik.

Als es im Juli 1930 zu einem Bruch in der Hitlerpartei kam und Otto Strasser nach einer Aussprache mit Hitler über dessen Führungsmonopol die Partei nebst seinen norddeutschen Anhängern verließ, kommentierte dies Strassers Zeitung »Schwarze Front« mit einem Bilde: Adolf Hitler steht auf einem Denkmalsockel mit erhobenem Arm, und die Unterschrift lautet: »Ich bin der Adolf, euer Hitler, ihr sollt nicht haben Strassers neben mir.«

Nach 1933 wurden die Witzblätter immer witzloser; der Witz unter der Diktatur ging in die Katakomben, wurde underground humour, wie die Amerikaner sagen, und die wirklichen Witze wurden nur noch von Ohr zu Ohr geflüstert. Es sind damals brillante Witze gemacht worden, von denen viele noch in

Erinnerung sind. Der Reichstagsbrand am 27. Februar 1933 gab den Berlinern Anlaß zu der »Scherzfrage«: »Wer hat den Reichstag angezündet?« Antwort: »Die Gebrüder Sass«, ein damals stadtbekanntes Verbrecherpaar. Man löse das Wort auf: SA und SS.
Die nach Julius Streichers Boykottsonnabend am 1. April 1933 langsam einsetzende Welle der Arisierungen, die unter dem Namen »Gleichschaltung« liefen, forderte die Frage heraus: Wie konjugiert man gleichschalten? »Ich schalte gleich, du fliegst raus, er setzt sich rein.« Meist waren diese »Flüsterwitze« von einer ätzenden Bissigkeit und wurden in dem Maße, in dem die Ohnmacht des einzelnen stieg, nur noch gehässiger. So wurde das Blutbad des 30. Juni 1934 mit der Erzählung kommentiert: »Wissen Sie schon, daß eine neue Reichsverfassung in Vorbereitung ist? Der § 1 wird lauten: Der Führer ernennt und erschießt seine Minister selber.« In den Jahren vor Kriegsausbruch kursierte der alles schon vorwegnehmende Satz: »Führer, geh voran, wir tragen die Folgen.« Oder es sei an eine in den Kriegsjahren viel kolportierte Frage erinnert: Hitler, Goebbels, Göring und Himmler sitzen in einem Flugzeug. Das Flugzeug stürzt ab. Wer wird gerettet? Die Antwort war: Deutschland. – Witz kann man diese konstruierte Situation kaum mehr nennen, es war eine sachliche Feststellung – noch dazu eine richtige.

Die Sehnsucht nach verlorenen besseren Zeiten äußerte sich in dem Zweizeiler:

Besser ein König von Gottes Gnaden
als einen Führer aus Berchtesgaden.

Und dem Reiterdenkmal des alten Kaisers am Deutschen Eck bei Koblenz soll eines Nachts ein Plakat mit der Aufschrift umgehängt worden sein:

Kaiser Wilhelm steig' hernieder
und regiere du uns wieder.
Laß in diesen schlechten Zeiten
lieber Adolf Hitler reiten.

Der Witz in der Emigration wäre ein besonderes Kapitel. Emigranten pflegen an dem Sturz von hohen Kommandostellen der Politik und Wirtschaft in die Anonymität schwer zu tragen und ihren nunmehr verlorenen Einfluß und Reichtum oft auch überzubewerten und zu mystifizieren, so daß der politische Witz eine dreifache Buchführung der Emigration konstatierte: Soll, Haben und soll gehabt haben.
Als sich dann nach 1945 alle Rangordnungen auflösten, schien nichts mehr unmöglich; das Außergewöhnliche war alltäglich geworden. Während des Hitlerreiches emigrierte jüdische Ärzte und Rechtsanwälte waren Tellerwäscher in New York oder Busfahrer in Tel Aviv geworden. Und ebenso mußten nach dem Zusammenbruch Ministerialräte des Dritten Reiches im Zuge der Entnazifizierung Straßenarbeiter und Ziegelsteinputzer werden. Kurzum, es war das Ende aller Sicherheiten. Man lernte diese Welt als paradox und surreal begreifen. Es war die

Welt, in der man das Staunen verlernte, weil das Unwahrscheinliche die größere Chance hatte, sich zu realisieren, als das Normale und Alltägliche. Aus dieser seelischen Situation ist der surrealistische Witz geboren worden, der ja nichts anderes tat, als diesen Zustand zu schildern und festzuhalten, daß das gestern noch Unmögliche heute schon alltäglich geworden war. Es ist mir nicht bekannt, daß jemand diesen politisch-soziologischen Hintergrund schon einmal beleuchtet hätte. Aber ohne ihn ist weder die Entstehung des surrealistischen Witzes zu verstehen noch sein schlagartiges Aufhören mit der Besserung der wirtschaftlichen Verhältnisse – also bald nach der Währungsstabilisierung.

Ein klassisches Beispiel des surrealistischen Witzes ist diese Erzählung: Ein Mann kommt in ein Lokal, geht die Wand hoch, läuft über die Decke, kommt wieder herunter, setzt sich an einen Tisch und bestellt eine Tasse Kaffee. Der Ober bringt den Kaffee, der Mann trinkt ihn genüßlich, ißt dann die Untertasse auf, ißt die Tasse auf, legt aber den Henkel beiseite. Das Ganze wiederholt sich noch einmal. »Ober, zahlen!« Der Mann zahlt Kaffee und Geschirr und geht. Langsam löst sich die Erstarrung der Gäste, und einer fragt den Kellner: »Sagen Sie mal, verstehen Sie das?« Der Ober antwortet: »Nein, das verstehe ich nicht, wo doch die Henkel das Beste sind.« Oder die Geschichte mit dem Pferd, das ins Lokal geht, sich auf einen Barhocker setzt, laut und vernehmlich wiehert und dann einen Schoppen Mosel bestellt. Während den anderen Gästen die Augen aus dem Kopf zu fallen drohen, kommentiert der Barkeeper nur leicht verwundert: »Das ist seltsam und geschieht heute zum ersten Male, denn dieses Pferd verlangt sonst immer nur Rheinpfälzer.«

In diesen verrückten Geschichten, die übrigens zum Teil schon bei Christian *Morgenstern* um 1910 vorgebildet sind – etwa »Der Gaul«, der sprechen kann und beim Professor Stein läutet –, spiegelt sich eine Welt wider, in der alles von seinem ursprünglichen Platz verrückt worden ist. Darum empfanden die Leute, die diese Geschichten erzählten, sie als ganz treffende und amüsante Witze. Genauso wie in diesen Jahren die Romane Franz *Kafkas* ihren Siegeszug antraten, da sie ja ebenfalls von nichts anderem handeln als von einer Welt, deren rationale Klammer aufgehoben worden ist. Von der irrationalen Voraussetzung abgesehen, geht es in diesen Romanen sehr logisch und folgerichtig zu.

Seit dem Versiegen des surrealistischen Witzes ist kein neues Stadium mehr gekommen. Auch die Kafka-Mode scheint am Ende zu sein. Das Zeitalter der nivellierten Mittelstandsgesellschaft ist wie dem Humor überhaupt auch dem politischen Witz ungünstig, denn dieser lebt ja davon, daß er angreifen kann. Wenn aber die bestehende Ordnung keine Härten und keinen Unterdrückungswillen besitzt, dann ist nicht Humor, sondern eher Mitleid angesichts so vieler Hilflosigkeit und Erbärmlichkeit angezeigt. Komisch ist nicht das »Establishment«, komisch sind höchstens seine humorlosen bärtigen Gegner, die es angreifen und über »Autorität« und »Repression« lamentieren, die es beide nicht gibt. Aber die »APO« (Außerparlamentarische Opposition) als Gegenstand des Witzblattes wäre wiederum zu dürftig und zu einfältig. Sie wird vergehen wie die Spreu vorm Winde, denn sie betet auch den Wohlstand an und ist nur der Clown des Establishments. Auf viele junge Pseudorevolutionäre trifft der Satz des englischen Dichters Thomas *Gray* (1716–1771) zu:

> Where ignorance is bliss
> 't is folly to be wise.
> (Wo Nichtwissen Seligkeit,
> ist es Torheit, klug zu sein.)

(On a distant prospect of Eton College, 1742, Vers 98 f.)

Sie würden nämlich ihr Paradies verlieren. Und dies hätte wieder keinen Witz. Leute, die saturiert sind und die sich selbst zu ernst nehmen, können auch nicht mehr lachen – vor allem nicht über sich selber. Sie gehen darum auch der lösenden und befreienden Wirkung des echten Humors verlustig. Und das ist ein wirklicher Verlust.

Das bisher letzte Kapitel dieser »Geistesgeschichte des politischen Witzes« muß die etwas traurig wirkende Überschrift bekommen: »Als dem Humor das Lachen verging«.

18. Scharaden, Palindrome, Schüttelreime

Scharaden sind Wort- oder Silbenrätsel, bei denen das zu erratende Wort in seine Silben zerlegt werden muß. Früher wurde so etwas gern als Gesellschaftsspiel gebildeter Kreise gespielt. Ein Meister der Scharaden war der Altphilologe und Grammatiker Philipp *Buttmann* (1764 bis 1829), der Stifter und erste »Zwingherr« der 1809 zu Berlin gegründeten und bis heute fortbestehenden »Gesetzlosen Gesellschaft«. Schleiermacher hat ihn am Gründungstag von 1817 als »Witzboldkönig« gefeiert. Zwei Scharaden von Buttmann seien hier mitgeteilt, die sich im Anhang zu der selten gewordenen Ausgabe der dritten Auflage von Schleiermachers: Rätsel und Charaden, Berlin 1883, finden. Manche sind besser als die Schleiermacherschen.

Das Erste ist nicht Dein
das Zweite ist kein Scherz.
Halt dich vom Ganzen rein,
denn es schreit himmelwärts.
(Auflösung: Meineid)

Das Erste entsteht durch Legen,
das Zweite durch Pflastern,
das Ganze durch's Heiraten.
(Auflösung: Eidam)

Genial ist allerdings ein Rätsel *Schleiermachers* zu nennen:

Nimm mir ein Nu,
so bleib' ich ein Nu.
(Auflösung: Monument)

Dies sind nur Belege für derartige Rätselwitze, deren Anzahl unübersehbar ist. Nur noch eine einzige Scharade sei hier aufgeführt, weil sie der mit viel Mutterwitz begabte Friedrich Wilhelm IV. als Kronprinz verfaßt hat:

Das erste frißt das Vieh,
das zweite hab' ich nie,
das ganze ist 'ne Landplage.
(Auflösung: Klewitz)

Der als besonders humorlos geltende *Klewitz* war von 1817 bis 1825 preußischer Finanzminister. Als der König den Thronfolger verärgert zur Rede stellte, weil er sich Witze über seine Minister verbitten müsse, behauptete dieser einfach, die Auflösung heiße natürlich: Heuschreck (mündl. Überlieferung).

Palindrome

Ein Palindrom (griech.: das Zurückläufige) ist ein Wort oder eine Lautreihe, das oder die man vorwärts wie rückwärts gleichermaßen lesen kann. Arthur *Schopenhauer* entdeckte davon drei:

Relieffeiler
Marktkram
Und den Satz: Ein Neger mit Gazelle zagt im Regen nie.

Gekünstelt und wenig geistvoll wirkt das volkstümliche Muster eines Palindroms:

Leg' in eine so helle Hose nie 'n Igel.

Ähnliches gilt für folgende, ebenfalls arg konstruierte Sätze:

Eine treue Familie in Lima feuerte nie.
Nie, diese große Sorge sei dein.
Liese, tu Gutes, eil.
Emma, behend 'ne Hebamme!

Daß Rentner von vorne und hinten gleich zu lesen ist oder der Diener in Mozarts Oper Don Juan namens Leporello von hinten nach vorn gelesen »oller Opel« ergibt oder das Kondolationstelegramm »Die liebe Tote – Beileid« ein exaktes Palindrom darstellt, sind ebenfalls ganz müßige Sprachspielereien, die bestenfalls kurzweilig sind.
Oft ergeben auch Buchstabenumstellungen verblüffende Wirkungen. Es braucht nur auf das treffliche Anagramm »Scholarch« als Autorpseudonym hingewiesen zu werden: man hat auch gefunden, daß die Worte Révolution Française, wenn man die Buchstaben umstellt und ein »Veto« streicht, den Satz ergeben: Un Corse la finira (Ein Korse wird sie beenden).

Dies ist ebenfalls »ein weites Feld«, um mit Adalbert *Stifter* (Nachsommer, Kap. 4, nicht Theodor Fontane) zu sprechen. Die Literaturwissenschaft hat diese verspielte Versform, die auf der exakten Buchstabenumkehrung aufbaut, bisher nicht als Forschungsgegenstand für würdig erachtet, obgleich sie schon im Mittelhochdeutschen des 13. Jahrhunderts nachzuweisen ist. Jetzt liegt eine kleine Monographie vor, die mit ihrem ausführlichen bibliographischen Teil sogar wissenschaftlichen Ansprüchen entgegenkommt. Es handelt sich um das Büchlein von Manfred *Hanke*: Der Schüttelreim, Bericht über eine Reimschmiedekunst (Stuttgart 1968). Immerhin haben sich schon der Dichter Friedrich *Rückert* und der Philosoph Franz *Brentano,* aber auch manche modernen Gelehrten, Dichter und Publizisten an der Reimschmiedekunst versucht, die in Kreisen dieser leicht kauzigen oder doch angekauzten Zunft geschätzt und wohl bekannt sind. So verlockend es nun wäre, aus den bei Hanke aufgeführten vielen schönen, mitunter recht geistreichen Proben zu zitieren – einige Schüttelreime haben weite Verbreitung gefunden –, beschränke ich mich hier auf solche, die von mir gesammelt wurden, weil sie sich auf historische Persönlichkeiten beziehen:

Als bei der Reichstagsdebatte von 1908 um das Daily-Telegraph-Interview des Kaisers der sozialdemokratische Abgeordnete Paul *Singer,* nicht nur durch Intelligenz, sondern auch durch O-Beine auffällig, eine scharfe Rede hielt, mit der er die Einführung des parlamentarischen Regimes im Deutschen Reich forderte, schüttelten die Berliner:

Singer, der hat Säbelbeine.
Schöner find' ich Bebeln seine.

Eine Leipziger Gelehrtenpolemik von 1910, an der der Religionssoziologe und Geschichtsphilosoph Ernst *Troeltsch,* der Kirchenrechtler Rudolf *Sohm* und der Religionswissenschaftler Nathan *Söderblom* – später Erzbischof von Schweden – beteiligt waren, wurde durch einen Schüttelreim zu Lasten dieser hochgelehrten Herren entschärft:

Blöd war Troeltsch: noch blöder Sohm,
am blödesten war Söderblom.

In weiteren Kreisen sprach sich ein Schüttelreim des Heidelberger Literarhistorikers Friedrich *Gundolf* (1880 bis 1931) aus dem Stefan-George-Kreis herum, der den selbstbewußten und eloquenten Grafen Hermann *Keyserling* (1880–1946), den Gründer der »Schule der Weisheit« in Darmstadt, ironisiert:

Als Gottes Atem leiser ging,
schuf er den Grafen Keyserling.

Weniger bekannt wurde Keyserlings Antwort, die auf Gundolfs Geburtsnamen anspielt:

Dann ward sein Atem noch geringer
und er schuf Friedrich Gundelfinger.

Über Keyserling sagte Tucholsky (1890–1935) einmal, er gehöre zu der Sorte Menschen, die nie »ich«, sondern immer nur »ich persönlich« sagen könnten (Ges. Werke II, Reinbek 1961, 1147). Über Keyserlings »Reisetagebuch eines Philosophen« schrieb er bissig: »Der Titel ist irreführend, gemeint ist der Autor selbst.« – Daß der ironische Tucholsky die geistige Bedeutung des Kulturpsychologen Keyserling verkannt hat, steht auf einem anderen Blatt.
Der verdienstvolle langjährige Leiter des Insel Verlags in Leipzig, Anton *Kippenberg* (1874–1950), hat unter dem durch Buchstabenumstellung entstandenen Pseudonym Benno Papentrigk einen ganzen Band »Schüttelreime, wie er sie seiner Freundschaft auf den Ostertisch zu legen pflegte« (Leipzig 1932), veröffentlicht. Unter diesen ist mindestens ein genialer, der allerdings gewisse literarische Vorkenntnisse verlangt. Man muß zu seinem Verständnis wissen, wer J. P. Eckermann war, daß dieser in der Weltstadt Winsen an der Luhe geboren wurde und daß er in seiner Jugend Kuh- und Schafherden gehütet hat:

Auf Winsen sich die Ruhe legt,
kein Windeshauch die Luhe regt.
Da hebt Gemuh, Gemecker an:
die Herde heim treibt Eckermann.

Seinem ebenfalls schüttelreimenden Freund Wilhelm Pinder (1878–1947), dem großen Kunsthistoriker, dichtete er zur Huldigung:

Wohl schon an manchem Kinderpult
treibt man begeistert Pinderkult.

Und ebenfalls etwas respektlos:

Die Nachtigall gelinder piept,
wenn in der Laube Pinder liebt.

Dieses Verschen soll der berühmte Gelehrte sogar übelgenommen haben.
Im Wettstreit um den kürzesten Reim schüttelte an einem launigen Weinabend Kippenberg:

Du bist
Buddhist.

Tief in der Nacht ging bei Kippenberg das Telefon. Pinder hatte ihn doch noch übertroffen:

Ik war
Vikar.

Von einem Münchener Zeitungskritiker stammt der Schüttelvers zu Lasten Felix *Mottls* (1856–1911), als dieser »Tristan und Isolde« dirigierte:

Geht lieber nicht in Mottl's Tristan
und schaut euch dieses Trottels Mist an;
schafft lieber euch ein Drittel Most an
und sauft euch mit dem Mittel Trost an.

Auch der Berliner Philosoph Wilhelm *Weischedel* ist mit manchem oft sehr boshaften Schüttelreim hervorgetreten. Hier sei nur die erste und die letzte Strophe seines »Gedicht vom trunkenen Philosophen« nach dem Tagesspiegel vom 31. Dezember 1966 zitiert:

Wer nie sein Brot mit Philosophen aß,
wer nie gedankenvoll am Ofen saß,
wer niemals schwanger von Ideen wachte,
wer niemals in des Geistes Wehen dachte
wer über allzu tiefes Denken lachte,
sein Leben ohne Geist zu lenken dachte, –
des Wissens mag zwar durch das Meiste geistern,
er wird doch nie das All im Geiste meistern.
– – – – – – – – – – –
Wer ist's, der ihn ob solcher Ethik tadelt,
wo ihn zutiefst die Antithetik adelt?
Drum weh dem Geiste, der das harmlos Schöne
mit skeptischem Gemüt als charmelos höhne!
Greift man dabei auch mal die Töne schief:
nur durch den Wahnsinn wird das Schöne tief.

Nach einem Vortrag des Frankfurter Philosophen Theodor Wiesengrund-*Adorno* (1903–1969) über ein schwieriges philosophiegeschichtliches Problem hat einer der gelehrten Zuhörer – ich weiß nicht, welcher – sehr geistvoll gereimt:

Es ist nicht leicht, von Kant zu Hegeln
so mit der linken Hand zu kegeln.

Alsdann seien noch zwei gereimte Verse mitgeteilt, die Paul *Fechter* (1880–1958) für wert hielt, in sein »Kleines Wörterbuch für literarische Gespräche« (Gütersloh 1950, 283), aufzunehmen. Der erste stammt von dem Schriftsteller Erich *Mühsam,* beim zweiten, aus dem Jahre 1933, ist die Autorschaft unsicher; es ist auch kein eigentlicher Schüttelreim:

Mein holdes Mädchen reibt sich leise
das Knie, wenn ich nach Leipzig reise.
Die große Zeit, die Zeit begann
und sie war gar nicht witzig.
Auf einmal war der Wängler furt
und nahm den Hinde mit sich.

Zum Abschluß, um das ad infinitum zu vermeiden, möchte ich darauf hinweisen, daß der Schüttelreim neuerdings auch in die kaufmännische Plakatwerbung eindringt. Die Bundesbahn warb jahrelang mit dem Spruch:

Schon als wir in der Wiege lagen,
da träumten wir vom Liegewagen.
Jetzt kann man nachts im Wagen liegen
und sich in allen Lagen wiegen.

Aber da wir nun schon einmal bei der kaufmännischen Werbung sind, kann ich es mir nicht versagen, die äußerst geistreiche Gemeinschaftsreklame der Berliner Optikerfirma *Ruhnke* und der Berliner Schnapsfirma *Mampe*, die vor rund 40 Jahren auf allen Bahnsteigen der Untergrundbahn zu lesen war, hier anzuführen, obwohl es sich nicht um einen Schüttelreim handelt:

Sind's die Augen, geh zu Mampe,
gieß 'nen Tropfen auf die Lampe,
brauchst du nicht zu Ruhnke gehn,
kannst du alles doppelt sehn.

Moderner freilich ist diese Kaufhaus-Reklame aus unseren Tagen, die ich Peter *Rühmkorf* (Über das Volksvermögen, Exkurse in den literarischen Untergrund, Hamburg 1967) verdanke:

Kannst Du nur einmal wöchentlich
und möchtest gerne täglich,
dann geh' doch mal zu Neckermann,
denn Neckermann macht's möglich.

19. Von Käuzen und Originalen

Aus dem »klugen Götze« (gemeint *Kluge-Götze*: Etymologisches Wörterbuch der deutschen Sprache) ist über den Kauz in Erfahrung zu bringen, »der Name des bei Tag unsicheren, scheuen Vogels erscheint seit dem 16. Jahrhundert als Schelte des Sonderlings«. Wir wollen hier aber nicht den Kauz als Sonderling schelten, sondern dankbar sein, wann und wo er vorkommt, denn er ist sehr im Rückgang begriffen, wenn nicht gar im Aussterben. Dies meinte auch Valentin *Polcuch* – vielleicht selber ein Kauz – in der Zeitung »Die Welt« (1965, Nr. 21): »Die Käuze sterben aus. Die Botschaft ist schlimm genug, aber fast schlimmer noch ist es, die Todesursache zu erfahren, denn die geht auch die anderen an: mich Kauz und dich Nichtkauz, mich Nichtkauz und dich Kauz. Die Käuze verschwinden, weil das Risiko einer käuzischen Existenz heute allzu groß geworden ist. Sie fallen, die Käuze, die geborenen Einzelgänger, nicht mehr nur der Acht des Normalbürgers anheim, sondern auch dem Bann der sogenannten Nonkonformisten, die es längst dem Normalbürger nachgetan und ein penetrantes Herdenbewußtsein ausgebildet haben. Es gibt keine Käuze mehr, nur noch organisierte Narren. Käuze gedeihen offenbar nicht mehr in unserem Klima.« – – So steht das also mit den Käuzen. Die Käuze, die wir hier meinen,

sind auch immer Originale, einmalige, ursprüngliche, unverwechselbare Persönlichkeiten.
Selber verstehe ich mich etwas auf diese Erscheinungen, denn ich habe einen Kauz zum Freund oder, besser gesagt, dieser hat mich, das Artverwandte spürend, zum Freund erwählt. Es ist mein Kollege Willy *Girgoleit* aus Kaukemen, gleich verdienstlich als Kaschubenfreund, Kirchenrechtshistoriker, generöser Gastgeber und eben auch als Kauz. Eines Tages meinte er zu mir: »Lieberchen, ich habe mein Testament gemacht. Nachdem ich neulich auf der Beerdigung des verehrten Kollegen X war, habe ich es ausdrücklich untersagt, daß unser Universitätsprediger auch bei mir die Grabrede hält. Ich kann es auch meinem Kadaver nicht zumuten, daß er von ihm geduzt wird, wenn er seine Predigt anfängt: ›Hier liegst du nun, lieber Bruder, im Sarge und die Erdensorgen sind von dir abgefallen.‹« – Nun, Willy Girgoleit brauchte sich diese Todessorgen nicht zu machen, denn er hat den Universitätsprediger überlebt. Selbiger war übrigens eine höchst verehrungswürdige Erscheinung. Als der Jüngere wollte ich ihm einmal im Dozentenzimmer in den Mantel helfen. Er ließ es sich auch gefallen, drehte sich nur um und erklärte schelmisch mit erhobenem Zeigefinger: »Torquato Tasso 5. Akt sagt Leonore: Ein edler Mensch zieht edle Menschen an.«
Als Theodor Heuss' zweite Bundespräsidentenperiode abgelaufen war und niemand so recht wußte, wer ihm nachfolgen solle, saßen Girgoleit und ich nach

einem gemeinsamen Seminar mit unseren Studenten bei einer feuchtfröhlichen Nachsitzung zusammen und waren bedrückt von schweren staatsbürgerlichen Sorgen. Schließlich fand Girgoleit das erlösende Wort: »Jede bessere Firma, die Personalmangel zu beklagen hat, inseriert in der Zeitung nach dem Gewünschten.« Und so setzen wir denn gemeinsam unter Mithilfe der Studenten das Inserat auf: »Mittlere europäische Republik sucht Präsidenten. Nur geeignete seriöse Persönlichkeiten wollen sich bewerben. Verlangt wird Zuverlässigkeit, geordnete Verhältnisse und integrer Charakter. Überdurchschnittliche Intelligenz erwünscht.« Einer der Studenten gab am nächsten Morgen das Inserat im »Erlanger Tagblatt« auf. Es wurde angenommen und bezahlt. Nun warteten wir voller Spannung auf sein Erscheinen. Als es nach drei Tagen noch nicht erschienen war, schickten wir denselben Studenten, der viel Zeit hatte – er war stadtbekannt als »der ewige Doktorand« –, noch einmal hin. Er überraschte unsere nächste Nachsitzung mit der Meldung: der Leiter der Inseratenabteilung hätte kurz vor dem Abdruck doch noch Bedenken bekommen. Da es sich offenbar um eine ausländische Annonce handle, müsse erst eine Bescheinigung des Landesarbeitsamtes in Nürnberg beigebracht werden, da Arbeitskräfte für das Ausland anzuwerben genehmigungspflichtig sei.

In einer Sitzung des Akademischen Senats der ersten entbehrungsreichen Nachkriegsjahre brachte Professor Girgoleit den Antrag ein: der Universitätsbibliothek Erlangen möge eine Beschränkung des auswärtigen Leihverkehrs zur Auflage gemacht werden. Als sich alles verblüfft ansah, enthüllte sich folgender Sachverhalt: Girgoleit hatte sich geärgert, daß auf einem gewissen Örtchen kein Papier hing. Der Bibliotheksdirektor erwiderte auf seine Beschwerde, daß im Bibliotheksetat ein Posten dafür leider nicht vorgesehen sei. Dann möge er doch wenigstens Zeitungspapier hinhängen lassen. Das könne er auch nicht, denn die Zeitungen würden zum Einpacken der Bücher im auswärtigen Leihverkehr benötigt. Hinc illae lacrimae oder daher der Antrag. Am nächsten Tag brachte Girgoleit höchstpersönlich einen Riesenpacken alter Zeitungen in die Bibliothek, alle feinsäuberlich zerschnitten, doch mit dem Stempelaufdruck: Mildtätige Gabe von W. G.

Ein anderes großes Original, ein echter Kauz, war Professor Otto *Gradenwitz* (1860–1935) an der Universität Heidelberg, Pandektenforscher und Bismarck-Spezialist im Nebenberuf. Über ihn sind viele Geschichten im Umlauf. Diese habe ich selber 1928, im letzten Jahr seiner Vorlesungstätigkeit, miterlebt. Gradenwitz ärgerte sich darüber, daß in seinem Kolleg immer mit Butterbrotpapier geraschelt wurde. Eines Tages erschien er in der Kantine des Neuen Kollegienhauses, und um 10.30 Uhr öffnete sich die Tür des Hörsaales, in dem er las: eine würdige Matrone mit weißem Spitzenhäubchen erschien mit einem Tablett und einer Tasse Tee, um freundlich lächelnd zum Katheder hinzuschreiten. Gradenwitz winkte nur gelassen ab: Nicht für mich, für die junge Dame in der dritten Reihe, damit sie ihr Butterbrot nicht immer trocken zu essen braucht. Die junge Dame, eine Hopfenstange, übrigens Trägerin eines damals sehr bekannten Namens, wurde puterrot und mußte alsbald Heidelberg verlassen, da sich der Vorfall herumsprach und ihr Erscheinen überall Lachsalven auslöste.

Gradenwitz mochte Studentinnen nicht, vor allen Dingen nahm er Studentinnen ungern als Doktorandinnen an. Eines Tages fand eine Studentin, die promovieren wollte, doch den Weg zu Professor Gradenwitz. Dieser hörte sich freundlich das Begehren der jungen Dame an und sagte: »Ach, die Damen, die promovieren wollen, die können sich so schlecht konzentrieren!« Die junge Dame beharrte allerdings ruhig auf ihrem Entschluß, worauf Gradenwitz ihr ein Buch in die Hand drückte und ihr sagte: »Lesen Sie das hier gleich.« Er selber ging aus dem Zimmer. Er kam aber alsbald wieder, jedoch bellend und auf allen vieren kriechend. Worauf die Studentin entsetzt aufschrie: »Aber Herr Professor!« Da erhob sich Gradenwitz ganz ruhig und normal und sagte nur: »Sehen Sie, mein Fräulein, Sie können sich aber nicht konzentrieren!«

Als eines Tages Thomas *Mann* Heidelberg besuchte und auch die Universität einen Festakt zu Ehren des Dichters vornahm, hatten die Dekane der verschiedenen Fakultäten die Pflicht, die einzelnen Ordinarien der Berühmtheit vorzustellen. Gradenwitz als juristischer Dekan spielte auf die stadtbekannte Tatsache an, daß der Staatsrechtler Richard *Thoma* nicht nur ein bedeutender Gelehrter, sondern auch ein arger Pantoffelheld war. Seine Vorstellung lautete: Herr Thomas Mann – Frau Thoma's Mann.

Als der berühmte Soziologe Max *Weber* im Juni 1920 beerdigt wurde und trotz heftigen Regens am Grabe viele lange Reden über die Bedeutung des großen Verstorbenen gehalten wurden, ereignete sich das Ungewöhnliche, daß auch noch die Witwe, Frau Marianne Weber, sich bewogen fühlte, außer der Reihe eine weitere Rede zu halten. Beim Nachhausewege unter dem Regenschirm äußerte Gradenwitz zu einem Kollegen: Jetzt erst habe er den tiefen Sinn des ihm bisher unverständlich gewesenen indischen Brauchs der Witwenverbrennung voll und ganz verstanden.

Ein besonders guter Boden für Käuze und Originale war die Reichshauptstadt Berlin. Ein stadtbekanntes Original war schon der als barsch verrufene Berliner Arzt Ernst Ludwig *Heim* (1747–1834): »Ich kann weder stehen, noch sitzen, noch liegen«, klagte ihm ein hartnäckiger Hypochonder. »Ja, da bleibt nur noch ein Mittel«, meinte Heim, »hängen Sie sich auf!«
Vom alten Heim – den »Feldmarschall unter den Ärzten« nannte ihn der alte Blücher – wird auch er-

zählt, daß er im »Medizinischen Kränzchen« mit dem berühmten Professor *Hufeland* über den Gebrauch des Arsens bei Wechselfieber aneinandergeriet. Als Hufeland, der das durch den englischen Arzt Th. Fowler 1801 in Anwendung gekommene Mittel ablehnte, Heim fragte: »Was werden Sie sagen, lieber Kollege, wenn Gott einst Rechenschaft von Ihnen fordern wird wegen dieses verwegenen Spiels mit dem stärksten aller Gifte?« erwiderte dieser, indem er Hufeland auf die Schulter klopfte: »Ich werde antworten: Alter, das verstehst du nicht.«
Vom alten Heim wird auch der Satz berichtet: »Der Arzt kann den Patienten als Engel, als Gott erscheinen, aber als Teufel, wenn er die Rechnung schickt.« Da ich diesen Satz aber auch schon in Benedikt *de Castros* »Medicus Politicus« (Hamburg 1614, 188 f.) gelesen habe, handelt es sich offenbar um eine literarische Wiedererzählung; sie wird auch noch anderen Ärzten nachgesagt.

In Berlin lebte hundert Jahre später der Maler Max *Liebermann* (1847–1935), der für seine humoristische Schlagfertigkeit bekannt war. Als einmal der bekannte Chirurg Ferdinand *Sauerbruch* mit ihm in angeregter Abendgesellschaft über beider verschiedenartigen Beruf plauderte, meinte Liebermann: »Sehen Sie, das ist der ganze Unterschied: Wenn Sie mal was verpatzen, dann deckt's der grüne Rasen, aber wenn ich mal was verpatze, dann hängt's hundert Jahre lang an der Wand.«

Als man in einer Gesellschaft Max Liebermann die dritte Frau des Komponisten Eugen d'Albert vorstellen wollte – dieser war fünfmal verheiratet –, meinte Liebermann nur trocken: »Nee, die überspring ick.« Als 1933 Hitler zur Macht gekommen war, soll Liebermann geäußert haben: »Ich kann gar nicht so viel fressen, wie ich kotzen möchte.« Und der so überaus witzige und einfallsreiche Karl *Kraus* in Wien sagte, zur Stellungnahme aufgefordert, nur: »Zum Thema Hitler fällt mir nichts ein.«

Alfred *Kerr* (1867–1948), der bekannte Theaterkritiker vom »Berliner Tageblatt«, kam einst zu spät zu einer Premiere. Der Logenschließer, der ihn hereinlassen will, legt den Finger auf die Lippen. »Wieso?« fragt Kerr, »schlafen schon alle?«

Als besonders witzig galt der Bankier Carl *Fürstenberg* (1850–1933). Die zahllosen Anekdoten von ihm halten sein Andenken lebendig. Sie tauchen echt und abgewandelt an vielen Stellen auf. Da Fürstenberg nicht als Witzbold auf die Nachwelt kommen wollte, sondern als Bankier, verbot er ihre Veröffentlichung für die ersten 30 Jahre nach seinem Tode. Danach erschien ein Privatdruck – naturgemäß unvollständig. Die für meinen Geschmack vier witzigsten Anekdoten will ich hier anführen:
Der Saal der Berliner Börse war neu hergerichtet worden. An der Stirnwand prangten zwei Kolossalgemälde: links eine bekleidete, rechts eine unbeklei-

dete Halbgöttin, eine Art von kommerzieller Parallele zur himmlischen und irdischen Liebe Tizians. Von einem Börsenmakler befragt, was diese Figuren wohl darstellen sollen, erklärte Fürstenberg ohne Zögern: »Na, das ist doch ganz klar: links die verschleierte Bilanz, rechts die nackte Pleite.« Das Finanzamt schickte Carl Fürstenbergs Steuererklärung mit der Mahnung zurück: »Wir vermissen die Gewinne aus spekulativen Geschäften.« Er retournierte das Schriftstück mit dem Vermerk: »Ich auch.«
Ein Besucher aus Wien läßt sich einfach nicht abweisen. Fürstenberg kennt ihn nur flüchtig dem Namen nach und schickt den Sekretär zu ihm hinaus. Der Herr insistiert weiter. Er habe sehr wichtige Dinge aus Wien zu berichten. Als sich Fürstenberg schließlich zu ihm ins Sprechzimmer begibt, wird er mit einer theatralischen Geste empfangen. »Unser gemeinsamer Freund Feilchenfeld (Leiter der Niederösterreichischen Escompte-Gesellschaft) hat mir gesagt«, so ruft der Besucher aus, »daß ich mich unbedingt an Sie wenden soll, wenn ich einmal etwas Wichtiges brauche.« Darauf Fürstenberg: »Da sieht man wieder, was der Feilchenfeld für ein falscher Kerl ist. Mir hat er gesagt, wenn der X sich jemals an dich wendet, schmeiß ihn raus.«
In die Nähe hiervon gehört die folgende Anekdote. Ein zum Besuch der Berliner Börse gekommener Industrieller habe Fürstenberg gefragt, wo die Toiletten seien. »Die gibt es hier nicht«, habe die Antwort gelautet. »Hier bescheißt einer den anderen.«

Alsdann sei noch je eine Anekdote von drei Staatsmännern mitgeteilt, die gewiß keine Käuze, wohl aber Originale, große ursprüngliche Persönlichkeiten, gewesen sind: Beim Freiherrn vom *Stein* wurde ein adelsstolzer Herr ohne Voranmeldung vorgelassen. Da Stein gerade sehr beschäftigt war, bat er den Besucher, einstweilen Platz zu nehmen. Dieser war darüber empört und sagte: »Ich bin aber Waldbott-Bassenheim, Oberburggraf der Reichsfreiheit Friedberg, Reichsgraf, Bayerischer Reichsrat, Preußischer, Württembergischer und Nassauischer Standesherr.« – »Nehmen Sie bitte trotzdem Platz, Herr Graf«, sagte Stein, »für die anderen Herren, die Sie eben erwähnten, habe ich leider nicht genug Stühle.«

Lord *Beaconsfield* (Disraeli) wurde einmal befragt, weshalb er nach Geld geheiratet habe. Er antwortete: um Ruhe und Frieden, also um Glückes willen, denn alle »aus Liebe« geschlossenen Ehen habe er mit Tätlichkeiten oder mit Untreue enden sehen.

Fürst *Bismarck* war einmal mit einem Kammergerichtspräsidenten auf Jagd. Als in ihrer Nähe ein Hase auftauchte, sagte der Kammerpräsident: »Der ist zum Tode verurteilt«, hob die Flinte, legte an und verfehlte sein Ziel. Der Hase rannte davon. Bismarck lachte schallend und sagte: »Der Todeskandidat ist mit Ihrem Urteil nicht einverstanden, darum rennt er nach Leipzig, um beim Reichsgericht Revision einzulegen.« – Schließlich sei eine echt käuzige

Geschichte erzählt, die ich der Tageszeitung »Die Welt« von 1964 verdanke. Sie ist überschrieben:

Die Lesestunde

Ein Angler sitzt am Seeufer. Neben sich hat er ein Buch und einen Hammer liegen. Ein Mann kommt vorbei, betrachtet eine Weile die geruhsame Szene und fragt: »Nun, wie steht's, sind die Fische heute bei Laune?« Der Angler dreht sich auf seinem Stühlchen um und antwortet bedächtig: »Die Lesestunde hat allerdings noch nicht begonnen.«

»Die Lesestunde?«

»Ja, ich lese den Fischen aus einem Roman vor. Es ist ein spannender Roman, wissen Sie, und die Fische können da nicht widerstehen. Sie kommen an die Oberfläche und spitzen die Kiemen.«

»Von dieser Fangmethode habe ich allerdings noch nie etwas gehört«, sagt der andere und sieht skeptisch auf den Petrijünger hinunter.

»Das geht folgendermaßen vor sich: ich lese den Fischen aus dem Roman etwas vor. Da die Fische neugierig sind, wollen sie natürlich auch wissen, wer diese spannende Lektüre verfaßt hat. Einige Minuten lasse ich ihre Neugier unbefriedigt, dann halte ich das Buch dicht an die Wasseroberfläche. Die Fische tauchen auf, um Titel und Autor des Werkes lesen zu können. Das ist der Moment, da ich zum Hammer greife und den Vorwitzigen eines über den Kopf schlage. Klar?«

»Interessant, sogar sehr interessant«, sagt der andere und blickt unwillkürlich auf das Fischfangbuch und den Hammer. »Und wie viele, wenn ich fragen darf, sind schon darauf reingefallen?«
»Sie sind der Zwölfte.«

20. Von witzigen Gelehrten und akademischen Prüfungen

Gelehrte gelten in der öffentlichen Meinung oft als weltfremd. Manche sind es auch wie der Kollege, von dem *Lichtenberg* erzählt: »Ich kannte einen Gelehrten, der so oft den Homer las und so in der klassischen Welt lebte, daß er das Wort »angenommen« nicht richtig lesen konnte, sondern statt dessen immer Agamemnon las« (Vermischte Schriften II, Göttingen 1844, 84, 6). Andere Gelehrte wieder sind sehr praktisch, ja geschäftstüchtig. Friedrich *Schiller,* der die Zunft gut kannte, dichtete gewiß nicht ohne Anlaß:

> Einem ist sie die hohe, die himmlische Göttin; dem
> andern eine tüchtige Kuh, die ihn mit Butter versorgt.

(Xenien des Musenalmanachs für 1797)

Die Streitsucht der Gelehrten, die rabies nicht nur theologorum, sondern eruditorum überhaupt, hat schon manch sonderliche Blüte gezeugt. Hier mischen sich Empfindlichkeit, Doktrinarismus, Rechthaberei und Neid in der seltsamsten Weise. Ein Berliner Theaterdirektor des 19. Jahrhunderts, Oskar *Blumenthal* (1852–1917), hat die Gründe ganz klar erkannt:

Du willst bei Fachgenossen gelten?
Das ist verlorene Liebesmüh.
Was Dir mißglückt, verzeihn sie selten,
was Dir gelingt, verzeihn sie nie.

(Von der Bank der Spötter, allerlei Glossen, Berlin 1884)

Ganze Bände über akademische Streitsucht erübrigt die knappe Definition: »Kollege ist, wen man trotzdem grüßt.« Hierfür kenne ich den Urheber nicht, auch nicht für die folgende: »Ein Privatdozent ist eine Art Kreuzung zwischen einer Mimose und einem Stachelschwein.« Sicher gibt es für den jeweils Angegriffenen auch ein Recht der Selbstverteidigung. Das meint der ironische Satz eines unbekannten Franzosen:

Cet animal est très méchant,
quand on l'attaque il se défend.
(Dieses Tier ist sehr böse, wenn man
es angreift, verteidigt es sich.)

(Theodore P. K.: La Ménagerie, une chanson burlesque – 1868)

Schon Wilhelm von *Humboldt* (1767–1835) machte bei seiner Berufungspolitik anläßlich der Gründung der Friedrich-Wilhelm-Universität Berlin eine zeitlose Erfahrung: »Gelehrte dirigieren ist nicht viel besser als eine Komödiantengruppe unter sich zu haben« (Brief an seine Frau Caroline vom 16. November

1808).[1] Hatte Humboldt den Theologen *Schleiermacher* an die Berliner Universität berufen, so war die Berufung Hegels im Jahre 1819 das Werk seines Nachfolgers, des Freiherrn von Altenstein. Die Berufenen waren große Männer, aber entschiedene Gegensätze und Antipoden. Wir hörten schon von Hegels Politik gegen Schleiermachers Religionsbegriff, in dem er »höchste Eitelkeit« sah (Werke XIX, 642). Auch über seine »Glaubenslehre« spottete er, daß Schleiermacher in seinem Beutel nur Pfennige habe. Der große Theologe hat über diese Gegnerschaft oft geseufzt; seinem Freunde W. M. L. de Wette schrieb er Ende März 1823: »Hegel seinerseits fährt fort, auch in Vorlesungen über meine ›tierische Unwissenheit über Gott‹ zu schimpfen. Ich nehme keine Notiz davon, aber angenehm ist es doch auch nicht« (nach E. *Staehelin*: Dewettiana, Basel 1956, 127). Schleiermacher lehnte seit je Hegels metaphysische Spekulation ab, weil er von der Unerkennbarkeit Gottes überzeugt war.

Hegel dehnte aber seine Animosität auch auf Schleiermachers Schüler aus, so auf den Kirchenrat J. Chr. *Gass*, Theologieprofessor in Breslau:

[1] Wilhelm und Caroline Humboldt in ihren Briefen III, Berlin 1909, 19. Vgl. aber auch den Brief vom 22. Mai 1810 (ebd. 399): »Die Gelehrten, die unbändigste und am schwersten zu befriedigende Menschenklasse mit ihren sich ewig durchkreuzenden Interessen, ihrer Eifersucht, ihrem Neid, ihrer Lust zu regieren, ihren einseitigen Ansichten, wo jeder meint, daß nur sein Fach Unterstützung und Beförderung verdiene – –.«

Mit Gas erleuchtet man die Kirchen nicht,
drum ist auch Gass kein Kirchenlicht.

(Hegel: Berliner Schriften 1818–1831, ed. J. Hoffmeister, Hamburg 1956, 732)

Am witzigsten ist Schleiermachers Glaubenslehre wohl von August Wilhelm *Schlegel* (1767–1845) verspottet worden:

Der nackten Wahrheit Schleier machen
ist kluger Theologen Amt.
Und Schleiermacher sind bei so bewandten Sachen
die Meister der Dogmatik insgesamt.

(Sämtl. Werke II, Leipzig 1846, 233)

Aber auch Schleiermacher konnte sehr ironische Bemerkungen machen, so über seinen Schüler, den sehr gelehrten, aber wortkargen klassischen Philologen und Romanisten August Immanuel *Bekker* (1785–1871): »Bekker schweige in sieben Sprachen« (zit. im Nekrolog der Sitzungsberichte der Bayer. Akad. d. Wiss. 1872, 221). Zelter hat das Wort ohne Nennung des Autors auch Goethe mitgeteilt (Brief v. 5. III. 1830).

Die ausgleichende Gerechtigkeit hat dafür gesorgt, daß auch Hegel oft verspottet wurde. So ironisierte der Staatsrechtslehrer Friedrich Julius *Stahl* (1802–1861), der 1840 nach Berlin berufen worden war, um die »Zähne der Hegelschen Drachensaat« auszuziehen: Hegels Philosophie erinnere ihn an das Posthorn des seligen Barons Münchhausen, dessen

Töne sich von selber bliesen (Rechtsphilosophie I, Heidelberg 1856[3], 453). Und einer der spekulativen Theisten – war es Weisse oder der Sachse Chalybäus in Kiel? – verspottete das willkürliche Setzen von Thesen und Antithesen durch Hegel als die »Taktik des Tick Tack«.

Daß Wissenschaft »Andacht zum Unbedeutenden« sei, wird Jacob Grimm zugeschrieben. Es stimmt aber nicht ganz. Vielmehr war es die Quintessenz einer Verspottung seines »kleinlichen Sinnbildelns und Wortdeutelns« durch A. W. *Schlegel* in einer Rezension der »Altdeutschen Wälder« in den Heidelberger Jahrbüchern (1815). Sulpiz *Boisserée* (1783–1854) unterrichtete davon Goethe in einem Brief vom 27. Oktober 1815 aus Heidelberg (Briefe, Stuttgart 1862, 72) und ist somit der eigentliche Präger des Wortes. Der Literarhistoriker Wilhelm *Scherer* hat die Ironie ins Ernsthafte gewendet, wenn er in seinem Buch über Jacob Grimm (Berlin 1885) ausruft: »Andacht zum Unbedeutenden! Welch ein schönes Wort hat Boisserée da gefunden« (149).

Große philologische Akribie bewies auch der berühmte Geschichtsforscher und Jurist Theodor *Mommsen* (1817–1903), von dem erzählt wird, daß er am Morgen seines 60. Geburtstags, am 30. November 1877, als ihm die »Commentationes Mommsenianae«, eine dicke Festschrift seiner Schüler und Freunde, feierlich überreicht wurde, zu seiner Umgebung meinte: »Kinder, Kinder, da habe ich glatt ein Jahr lang dran zu tun, bis ich all den Unsinn, der hier gedruckt wird, widerlegt habe.«

Geradezu genial sind zwei wissenschaftliche Fachdefinitionen, die hier mitgeteilt werden. Der Philosoph Max *Scheler* (1874–1928) wurde einmal von einer bildungshungrigen Dame über das Wesen der Metaphysik befragt und gab schließlich folgende Erklärung des Gegenstandes: »Metaphysik ist die Suche nach einer schwarzen Katze in einem stockfinsteren Raum – und, denken Sie sich, gnädige Frau, die schwarze Katze ist am Ende gar nicht drin.«
Der leider zu früh verstorbene Soziologe Arnold *Bergsträsser* (1896–1964) gab mir gegenüber lächelnd diese Definition seines Faches: »Soziologie ist die Kunst, eine Sache, die keiner versteht und die jeden interessiert, so ausdrücken zu können, daß jeder sie versteht und sie keinen mehr interessiert.« In Ansehung des hochgestochenen Vokabulars dieser Disziplin gibt aber auch die folgende Variante einen guten Sinn: »Soziologie ist die Kunst, eine Sache, die jeder versteht und die jeden interessiert, so auszudrücken, daß sie keiner mehr versteht und sie keinen mehr interessiert.« – Ein anderes Mal bezeichnete Bergsträsser die Beschäftigung der Soziologie als die eines »Wortmaskenverleihinstituts«. Doch geht diese Formulierung nach Mitteilung Georg von *Belows* (Schmollers Jahrbuch 43, 4/1919, 107) auf den Historiker Alfred *Dove* (1844–1916) zurück.

Auf die berühmte Einteilung der Professoren in ordentliche, außerordentliche und außerordentlich unordentliche sowie auf Kathederblüten im engeren Sinne kann hier nicht eingegangen werden. Sie sind zahllos wie Sand am Meer. Nur die Geschichte von dem Berliner Extraordinarius aus Sachsen sei berichtet, der als emeritierter Germanist Semester für Semester ein zweistündiges Publicum über Lessing las, das er jedesmal so begann: »Gotthold Ephraim Lessing – glingt das nicht wie Gampfgedese?« Diese erste Vorlesung war immer gestopft voll, denn das mußte man gehört haben; von der zweiten Stunde ab gab es meist nur noch ein knappes Dutzend Hörer. In einem Hörsaal der Universität Marburg soll im vorigen Jahrhundert auf einer Bank der auf den Neutestamentler Georg *Heinrici* – er lehrte daselbst 1873–1892 – bezügliche Vers eingeritzt gewesen sein:

> Heinrici erklärt den Römerbrief
> bisweilen richtig, bisweilen schief;
> die Römer sind schlimm dran gewesen,
> sie mußten den Brief ohne Heinrici lesen

Wie für Marburg lassen sich auch für andere Universitätsstädte Geschichten berichten, die Generationen hindurch erzählt worden sind. Eine Göttinger Geschichte hat Erich *Rothacker* (1888–1967) in seinen »Heitere(n) Erinnerungen« (Frankfurt 1963) wiedergegeben: »In Göttingen hatten sich Damen der Gesellschaft zu einem Verein für die Bekämpfung des Mädchenhandels zusammengefunden; es wird wohl noch vor 1914 gewesen sein. Auf der Suche nach

einem berühmten Ehrenpräsidenten wandten sie sich schließlich an den Mathematiker David *Hilbert* (1862–1943), der aber erklärte, vor Annahme des Ehrenamtes müßten ihm zuerst drei Fragen präzise beantwortet werden: 1. Werden in Göttingen Mädchen gehandelt? 2. Wer kauft Göttinger Mädchen? 3. Welcher Preis wird für Göttinger Mädchen erzielt?
Eine andere Geschichte, die Rothacker wiedergibt, hat Heidelberger Lokalkolorit, denn sie ist meines Wissens zuerst von Friedrich *Gundolf* erzählt worden, der mit ihr die Vergänglichkeit des Ruhms demonstrieren wollte: Ein Literarhistoriker in der zweiten Hälfte des vorigen Jahrhunderts habe das elsässische Städtchen Sesenheim in der Hoffnung aufgesucht, dort noch Verwandte der Friederike aufspüren zu können. Und tatsächlich sei eine uralte Tante Friederikens noch am Leben gewesen: »Ja, ja, sie habe den Wolfgang wohl gekannt, und sie habe immer gemeint, er werde die Friederike heiraten, aber dann sei er mit einem Male weggeblieben – und nie wieder habe ein Mensch von ihm gehört.«

Von dem großen Religionsphilosophen Ernst *Troeltsch* (1865–1923) ist überliefert, daß ihm ein kunsthistorischer Kollege in ästhetisch herablassender Weise erzählte: »Neulich habe ich das Matthäus-Evangelium gelesen, da ist doch manches Beachtenswerte drin.« Troeltsch erwiderte fröhlich: »Oh, Herr Kollege, wie wird sich darüber der liebe Gott gefreut haben.«

Dies ist eine akademische Wandergeschichte, da sie so manchem deutschen Professor nachgesagt wird, daß er mit Verblüffung auf einen Studenten starrte, dem plötzlich schlecht geworden war, so daß er ans offene Fenster stürzte, um sich zu erbrechen. Darauf murmelte der gelehrte Herr, selber erbleichend: »Daß meine Vorlesung langweilig ist, wußte ich schon lange, daß sie aber zum Kotzen langweilig ist, wird mir erst jetzt klar.«

★

Schließlich sei noch von akademischen Prüfungen einiges Ergötzliche berichtet:
Im Vormärz (1840–1848) waren an der Friedrich-Wilhelm-Universität Berlin vier bedeutende Medizinprofessoren vereinigt: *Eck, Kothe, Dieffenbach* und *Wolff,* die ob ihrer Strenge bei den Prüfungen zum Medizinischen Staatsexamen sehr gefürchtet wurden. Unter den Studenten ging der folgende Spottreim um:

Kommst du glücklich um die Ecken,
bleibst du nicht im Kothe stecken,
fällst du nicht in'n Dieffen Bach,
frißt dich doch der Wolff danach.

Als dem Professor Wolff der Reim zu Ohren kam, bemerkte er trocken: »Dieser Wolf frißt nur – Schafe.«
Bei einer medizinischen Prüfung – die Geschichte wird Sauerbruch, aber auch anderen Klinikern zuge-

schrieben – sollte der Kandidat die Handreichungen des ärztlichen Geburtshelfers am Phantom demonstrieren, tat dies aber auf eine so unmögliche Weise, daß der Prüfer nur sarkastisch bemerkte: »Und wenn Sie jetzt noch die Geburtszange mit aller Wucht dem Vater über den Schädel schlagen, dann haben Sie eine ganze Familie ausgerottet.«

Die Güte selber bei Philosophieprüfungen war das Haupt der Marburger Neukantianer Hermann *Cohen* (1842–1918). Einen Kandidaten fragte er nur: »Nennen Sie mir einen Philosophen.« Als Antwort kam: »Kant«. »Nun, das ist schon recht gut, mein Sohn. Aber nennen Sie mir doch auch noch einen zweiten Philosophen.« Diese Antwort war nicht mehr zu erzielen. Nach längerem Warten stand Cohen schließlich auf und sagte traurig: »Er steht vor Ihnen.« – Die Prüfung war nicht bestanden.

Heinrich *Böhmer* (1869–1927), seit 1915 Kirchenhistoriker in Leipzig, Spezialist zumal für den jungen Luther, sächselte derart, daß die Hörer seiner Patristik-Vorlesung ein reichlich verzerrtes Weltbild erhielten und dies sogar bis zur Geburt eines neuen Kirchenvaters gedieh. Ein Kandidat erwähnte im Examen den Kirchenvater Dulian. Diesen Namen hatte der Kandidat den Vorlesungen seines Lehrers entnommen, es aber verabsäumt, ihn in den einschlägigen Werken nachzusehen. Vielleicht wäre ihm dann aufgegangen, daß »der Dulian«, vom Sächsischen ins Neuhochdeutsche übersetzt, Tertullian geheißen hätte. Wenn er unter der Literatur auch ein Werk aus seiner eigenen Feder zitierte, versäumte er nie, von sich selbst in der dritten Person zu sprechen und hinter seinem Namen den Zusatz zu machen: »geboren im Gefängnis zu Zwickau, aufgewachsen im Zuchthaus zu Waldheim«. Sein Vater war Gefängnisdirektor gewesen (vgl. W. *Schwabe*: Kuriosa der Kirchengeschichte, Berlin 1971, 123). Der Junggeselle Böhmer war auch sonst ein großes Original. Da zwischen ihm und seiner Fakultät durch Jahre hindurch gewisse Spannungen bestanden, gab er seiner Haushälterin strenge Anweisung, im Falle seines Abscheidens einem in seinem Schreibtisch liegenden Brief sofort dem Dekan zu überbringen. So geschah es denn auch, man öffnete und las: »Hierdurch teile ich einer Hochwürdigen Theologischen Fakultät mit, daß ich soeben verschieden bin.«

Mehreren Strafrechtlern wird die juristische Examensfrage nachgesagt: »Was ist Betrug?« Der Kandidat: »Betrug wäre es, Herr Geheimrat, wenn Sie mich durchfallen ließen.«

»Das ist eine unerhörte Dreistigkeit! Wie meinen Sie das, Herr Kandidat?«

»Nach juristischer Definition«, antwortete der Prüfling, »nennt man Betrug eine Handlung, in der jemand die Unkenntnis eines anderen zu dessen Schaden ausnutzt.«

Zum Schluß sei noch eine reizende Geschichte wiedergegeben, die der berühmte Anglist Levin Ludwig *Schücking* (1878–1964) berichtet hat:

Durch die Prüfung gefallen

Es kommt vor, daß durchgefallene Bewerber sich nach der Verkündigung des Urteils noch aufs Bitten verlegen, da sie der Meinung zu sein scheinen, es müsse eine Titelverleihung sozusagen nicht nur »honoris«, sondern auch »misericordiae causa« geben. Einen nicht ganz gewöhnlichen Fall solcher Art hatte mein Freund, der bekannte Shakespeare-Forscher MacKerrow erlebt, der an der Prüfung eines südafrikanischen Basuto-Negers an der Londoner Universität teilgenommen hatte. Als man diesem nämlich eröffnete, er sei durchgefallen, wechselte er vor Schreck, soweit dies bei einem Schwarzen möglich ist, die Farbe und bat händeringend, den Beschluß wieder umzustoßen, da er seinen sicheren Tod bedeute. Es stellte sich heraus, daß sein Vater, ein großer Häuptling, unvertraut mit europäischen Humanitätsbegriffen, wie solche Wilden sind, für den Fall des Nichtbestehens der Prüfung bereits den Auftrag zur Hinrichtung seines rückkehrenden Sohnes erteilt habe. Die so unerwartet mit einer Blutschuld bedrohte Londoner Prüfungsbehörde entschied daraufhin dafür, noch einmal in eine Erwägung des Falles einzutreten (Levin Ludwig *Schücking*: Plaudereien mit Lothar Engelbert, Bamberg 1948, 35).

V.

AUSKLANG

21. Minima Curiosa

Da nach christlichem Wunderglauben die Märtyrer ihre abgeschlagenen Köpfe in den Händen tragen und oft lange Wege gehen müssen, um sie Jesus Christus darzubringen – so soll der hl. Dionysius nach seiner Enthauptung in Paris mit dem Kopf unter dem Arm nach St. Denis gewandert sein –, meinte die Marquise *du Deffand* (1697–1780) unter Berufung auf den Kardinal de Polignac in einem Brief an Sir Horace Walpole vom 6. VI. 1767: »Ce ne'est que le premier pas qui coûte« (Nur der erste Schritt verursacht Mühe – Corresp. Complète de la Marquise du Deffand, ed. M. de Lescaire I, Paris 1865, 433, Lettre 231).

Ein französischer Pedant bewies auf folgende Art, daß er die schönste Person auf dem Erdboden sei: »Europa ist der schönste Teil der Welt, Frankreich ist das schönste Land in Europa, Paris ist die schönste Stadt in Frankreich, die Universität ist das schönste Quartier in Paris, das schönste Zimmer der Universität ist das meinige, ich bin das Schönste in meinem Zimmer, folglich bin ich der schönste Mensch in der ganzen Welt« (Historische Anekdoten zur Charakteristik der Nationen, ed. J. Bilderbeck, I, 3, Pesth 1811, 66).

Nullum magnum ingenium sine mixtura dementiae fuit (Nie war ein Genie ohne Beimischung von Wahnsinn). – Äußerung *Senecas*, der sich hierfür auf Aristoteles beruft (Seneca: De tranquilitate animi 7, 10).

Zu *Napoleon* kam einmal ein Mann, der eine neue Religion erfunden hatte, die das Beste aus allen Religionen der Welt in sich gesammelt und alles minder Gute fortgelassen hatte. Und nun schlug er vor: »Majestät, würden Sie nicht Ihr Werk würdig krönen, wenn Sie diese Religion in Ihrem Imperium einführen ließen?« Der Kaiser erwiderte: »Ihre Idee ist wirklich ausgezeichnet, nur fehlt noch eine Kleinigkeit: Sie müssen sich für Ihre neue Religion auch ans Kreuz schlagen lassen.«

Über Bernard Shaw hat sich Oscar *Wilde* folgendermaßen geäußert: »Er hat nicht viele Feinde, aber seine Freunde können ihn nicht leiden.«

»*Hitler* beabsichtigte die Gründung einer Universität zu Linz an der Donau, die sich speziell mit den Weltbildern des Ptolemäus, des Kopernikus und der Welteislehre nach einem gewissen Hörbiger beschäftigen sollte. Auf die Medizinische Fakultät projiziert: also etwa mit Hippokrates, Paracelsus und dem Sanitätsgefreiten Neumann« (Walter G. *Becker*: Der dritte Mensch und die dingliche Dichtung, Berlin 1966, 375).

Der Historiker Heinrich *Leo* in Halle (1799–1877), der im höheren Alter immer kauziger und bösartiger wurde, sollte zum 70. Geburtstag eines verehrten Kollegen einen diesen ehrenden Trinkspruch ausbringen. Er erhob sein Glas und sagte: »Jedes Jubiläum ist eine Vorfeier des Begräbnisses.«

Eine Pfennigwahrheit

Wenn eine Betschwester einen Betbruder heiratet, so gibt das nicht allemal ein betendes Ehepaar (Fr. Georg *Lichtenberg*: Sudelbücher F, ed. Leitzmann Nr. 1124; Promies Nr. 1133).[1]

Theodor Haering zum Goethe-Jubiläum 1949

Wenn er's erlebt noch hätte,
der längst nun lebt im Licht,
Er spräche vom Sterbebette
Nur müde noch: »Mehr nicht.«

(Haeringssalat, Beiträge zu einer Philosophie des Alltags, Reutlingen 1953, 44)

Die *Karschin* (eigentl. Anna Luise Karsch – 1722–1791), einst die »deutsche Sappho« genannt, wollte sich in Berlin ein Haus bauen und richtete daher an Friedrich den Großen die Bitte, ihr dabei

[1] Ebd. 1209 (1219) meint Lichtenberg: »Reichtum erwirbt man sich durch Ersparung der Pfennigwahrheiten.«

finanziell behilflich zu sein. Friedrich der Große, der sich von alten Weibern nicht gern anschnorren ließ, war ungnädig und schickte ihr ganze zehn Taler. Darauf die Karschin:

Zehn Taler sind zu wenig,
zehn Taler sind kein Glück,
zehn Taler gibt ein König,
drum geb' ich sie zurück.

Friedrich der Große schickte ihr verärgert nun drei Taler und ließ ihr sagen, daß er sich diesmal eine Zurücksendung verbitten würde. Darauf die Karschin:

Seine Majestät befehlen,
mir statt eines Hauses Bau
brav drei Taler auszuzahlen,
der Befehl war ganz genau
prompt und richtig ausgerichtet
und zum Dank bin ich verpflichtet.
Aber für drei Taler kann
in Berlin kein Hobelmann
mir mein letztes Haus erbauen.
Sonst bestellt ich ohne Grauen
mir noch heut ein solches Haus,
wo einst Würmer Tafel halten
und sich ärgern übern Schmaus
von des abgegrämten alten,
magern Weibes Überrest,
das der König darben läßt.

Dieses Gedicht wurde aber nicht abgeschickt, woran die Karschin sicher gut tat. Als bald darauf Friedrich der Große starb, richtete die zielbewußte alte Dame an den nachfolgenden Neffen Friedrich Wilhelm II. ein neues Gesuch, der ihr dann auch den Hausbau ermöglichte (nach Aufzeichnungen des Dr. Johann Karl *Osterhausen*, 1765–1839, aus dem Jahre 1787, ungedruckt).

Aus dem Leben von Gottlieb Ringeltaube

Gottlieb Ringeltaube wurde am 24. April 1732 in einem Dorf bei Thorn geboren, wo sein Vater Prediger war. »Seine ehrwürdige Mutter Anna Elisabeth Köhlchen war die Tochter des dasigen Emeritus, arm an Erdengütern vom ersten bis zum letzten Augenblick ihrer irdischen Wallfahrt, aber reich an Frömmigkeit.« Schon mit vier Jahren wollte Gottlieb polnischer Pfarrer werden, mit vierzehn Jahren gaben ihn die treusorgenden Eltern für den Gymnasialbesuch nach Breslau zu einem Kaufmann in Pension, dessen Sohn bei Ringeltaubes »wegen des Handels mit Oberschlesien« das Polnische erlernen sollte.

»Diese Fürsorge Gottes sollte jedoch nur vorbereitend sein, daher war sie von kurzer Dauer. Der Sohn des Kaufmanns war schon in verschiedenen Händen gewesen, und nirgends hatte er das Bessere gelernt. Er paßte nicht in die Ringeltaubesche Familie. Es wurde dem Vater angezeigt und derselbe freundlich ersucht, seinen Sohn zurückzunehmen, den jungen Ringeltaube aber gegen ein mäßiges Kostgeld zu behalten, ›Den Augenblick soll er mein Haus verlassen‹, rief der entrüstete Kaufmann aus und kündigte unserem Gottlieb bei seiner Rückkehr aus der Schule auf eine sehr unfreundliche Weise an, er könne heute schlafen, wo er wolle, nur nicht in seinem Hause. Es gehörte ein ungewöhnliches Zartgefühl zu den Haupt- und Grundzügen des jungen Ringeltaube: er war daher tief verletzt, dankte indes im Bewußtsein diese Behandlung durch nichts verschuldet zu haben, für die bisher genossene Liebe und ging zu einem Schulfreund, dem er seine Verlegenheit entdeckte. Er wurde freundlich aufgenommen und am folgenden Morgen erzählte der Freund dem Rektor der Anstalt – es war der würdige Habicht – den Unfall des jungen unbegüterten Fremdlings. ›Das freut mich, möchte ich sagen‹ – rief Habicht – ›er gehört mir von dieser Stunde an, ich habe ihn gar zu lieb. Er ist mein, bis Gott besser für ihn sorgt.‹ Dies geschah recht bald. Nach einiger Zeit kam die Witwe Garve zu Habicht und bat ihn, ihr einen jungen fähigen Schüler zu nennen, dem sie ihren Sohn anvertrauen könne; sie wolle denselben in ihr Haus nehmen und für alle seine Bedürfnisse sorgen. Der junge Garve[1]

[1] Es handelt sich um den späteren Aufklärungsphilosophen Christian *Garve* (1742–1798).

war damals sechs Jahre alt, und Ringeltaube, den Habicht mit einer Art von Begeisterung empfahl, hatte nun sein 16. Jahr zurückgelegt. Die erfreute Mutter nahm ihn sogleich in ihre Haus und in ihr Herz auf und schenkte ihm da den Platz, welcher soeben durch den Tod ihres älteren Sohnes verödet worden war. – – –

Der inzwischen ausgebrochene Siebenjährige Krieg gab unserem Ringeltaube mehr als eine Gelegenheit, einen Teil seiner Schuld gegen seine Wohltäterin abzutragen. Ihre fast beispiellose Nervenschwäche als Folge ihrer steten Kränklichkeit und sehr zarten Organisation, die ihr bei dem Rauschen eines Papierblattes Krämpfe, durch das Blenden des Schnees Ohnmachten zuzog, konnte es ihr nur sehr schätzbar machen, daß sie an ihm einen besonnenen, verständigen und höchst teilnehmenden Freund gewonnen hatte, auf dessen Treue sie sich auch in Hinsicht ihres Vermögens wie ihres Sohnes fest verlassen durfte – – –.«

Aus: Glaube, Hoffnung, Liebe in Erinnerungen aus dem Leben des verewigten (nachmaligen) Generalsuperintendeten von Pommern *Gottlieb Ringeltaube,* größtenteils mit dessen eigenen Worten, Berlin 1825, S. 1–10.

Carl Maria von *Webers* (1786–1826) »Freischütz«, der 1821 zur Eröffnung von Schinkels Schauspielhaus in Berlin seine Uraufführung erlebte, war ein durchschlagender Erfolg. Auf den Komponisten und seinen Librettisten Johann Friedrich *Kind* (1768–1843) aus dem spätromantischen Dresdner Dichterkreis wurde folgende Scharade gedichtet:

Das erste möchte jeder sein,
das zweite streift durch Flur und Hain,
das Ganze hat ein Kind ersonnen.
Ein Weber webte, was Kind gesponnen.

Über der Musik Webers hatte man bald den Textdichter vergessen, was der bescheidene Weber, den seine Freunde nur »Maria« nannten, am meisten bedauerte. So erschien denn eines Tages folgendes Epigramm:

Wie töricht doch die Menschen sind,
vor Liebe möchten sie den einen fressen.
Den andern sie darüber ganz vergessen
und doch, was wär' Maria ohne Kind.
(Quelle Osterhausen)

Sie spotten ihrer und wissen nicht wie

Auf Stalins Panzern kam daher
ein neuer Lebensglaube,
der Rotarmist trug ein Gewehr,
drauf saß die Friedenstaube.

(Aus einem Schullesebuch der DDR des Jahres 1953 für die unteren Klassen)

Das Ding an sich

Das Ding an sich tritt gerne
verkleidet auf den Plan
und sieht, damit es lerne,
sich tausend Dinge an:
Die Tränen der Aphrodite,
den Thermopylenpaß,
die längst bezahlte Miete
und dies und das.
– – – – – – – – – – –
Und mußt du mit mir schmälen
von wegen dem Ding an sich,
so kann ich dir mal erzählen
das Märchen von »über dem Ich«.

(Arnold J. *Clementschitsch* [geb. 1887 in Kärnten]: Rhythmen und Reime, Klagenfurt 1947, 52 u. 88)

Aus dem Briefe eines 1951 von Erlangen fortberufenen lieben und verehrten Kollegen:

Sie haben mir neulich Ihre »Worte, die geflügelt sein sollten« vorgelesen. Auch ich notiere mir derartige Weisheitssprüche aus meiner – durch Zeitmangel leider allzu knappen – Lektüre. Zwei davon will ich Ihnen aufschreiben. Wo Nr. 1 herstammt, weiß ich nicht mehr:

Ohne Arbeit – früh und spät – kann dir nichts geraten;
Neid sieht nur das Blumenbeet, aber nie den Spaten.

Nr. 2 ist ein japanisches Sprichwort:

Engen Verhältnissen entflieh, willst im Leben du etwas erreichen.
Große Fische leben nie in kleinen Teichen[2]

Weshalb ich Erlangen den Rücken gekehrt habe.

Mit herzlichen Grüßen
Ihr

K. Th.

Psychoanalyse und Romantik

Beider Verhältnis spiegelt sich in dem bösartigen Psychoanalytikerwitz: »Was, Sie haben keinen Minderwertigkeitskomplex? . . . Sie *sind* minderwertig.«

Repressive Toleranz

Ein Abiturient des Jahres 1933 erlaubte sich, dem Provinzialschulkollegium unter Nennung von Namen und Adresse folgenden Vorschlag für die Stellung eines deutschen Aufsatzthemas im Abitur einzureichen:

[2] Als Übermittler wurde inzwischen Maximilian *Bern* (= Bernstein), 1854–1925, Rechtsanwalt und Lustspieldichter in München, festgestellt. Nr. 1 ist in seiner Anthologie »Es sagen die Leute. Fremdländische Sinnsprüche«, Nationalsprichwörtern nachgebildet, Berlin o. J. Nr. 1, S. 46; Nr. 2 als russischer Sinnspruch, ebenda, S. 126.

Warum geht von dem Satz in Hans *Johsts* Schlageterdrama: »Wenn ich das Wort Kultur höre, entsichere ich meinen Browning« eine so erhebende Wirkung aus?
Er erhielt keine Antwort, es geschah ihm aber auch nichts. Also ein bemerkenswerter Fall von »repressiver Toleranz«.

Parlamentswahlen

Von bibelfesten Wählern, die sich für keine der konkurrierenden Parteien glaubten entscheiden zu können, ist schon häufig ein Wahlzettel abgegeben worden, auf dem nur Jes. 41, 24 stand. Schlägt man nach, ist zu lesen: »Siehe, ihr seid nichts und euer Tun ist auch nichts und euch zu wählen ist ein Greuel.«

Im Gespräch mit einem Freund über die Freiheit des Menschen

»Die Sterne bestimmen zwar, aber sie zwingen nicht.« Diese neuplatonische reservatio mentalis der Astrologen ist weise und erkennt den Menschen als Lenker seines Geschicks an.

Organisches Wachstum

»Eine Blume, die erblüht, macht kein Geschrei dabei« (Karl *Sachse*, Lehrer, Wandervogel und Freideutscher in Berlin – 1924). Offenbar Variationen des Eingangssatzes von Wilhelm *Raabes* Roman »Alte Nester« von 1879, wie mir ein freundlicher Leser mitteilte.

Was Verfasser von sich selber denkt

Manches mach ich auch wie andre,
manches macht ein andrer Mann.
Besser aber manches mach ich,
was kein andrer machen kann.

(Friedrich *Rückert*: Haus- und Jahreslieder, 6. Reihe Poetische Werke VII, 510)

Preußische Kneipe

Die Gäste haben sich so zu verhalten,
daß der Wirt sich wohl fühlt.

(Inschrift in einem brandenburgischen Wirtshaus)

Personen von Wichtigkeit

Auf den Friedhöfen von Europa liegen viele Leute,
die sich für unentbehrlich gehalten haben.

(wird Clemenceau zugeschrieben)

Stoßseufzer

Halbe Narren sind wir alle.
Ganze Narren sperrt man ein.
Aber die dreiviertel Narren,
die bereiten uns viel Pein.

(Verfasser, Friedrich von Bodelschwingh/?/, gern zitiert von meinem verstorbenen Freunde Professor Hugo *Valentin* in Uppsala)

Viele brauchen sich nicht zu bücken,
sie sind schon krumm.

(Ausspruch meines Vaters)

Nachwort

Anläßlich seines 65. Geburtstages stellte Hans-Joachim Schoeps sich die Frage, welches seiner bis dahin erschienenen Bücher – es waren damals bereits schon über sechzig – das erfolgreichste gewesen ist, welches den größten Arbeitsaufwand bedeutet und welches ihm am meisten Freude gemacht hat. Das erfolgreichste, meinte er, sei sein Buch »Preußen – Geschichte eines Staates«, das viele Auflagen erlebt und ein Bestseller geworden ist. Das Buch, das den größten Arbeitseinsatz erfordert hätte, sei das im schwedischen Exil entstandene »Philosemitismus im Barock«, ein Buch, das sich mit einer Reihe merkwürdiger Chiliasten, Spiritualisten und Kryptosabbatianer im Jahrhundert zwischen Reformationszeitalter und Aufklärung befaßt. Auf die Frage schließlich, welches Buch ihm am meisten Freude bereitet hätte, bekannte er, daß dies die »Ungeflügelten Worte« gewesen seien. In einer »Selbstdarstellung« seines wissenschaftlichen Opus (Ja, Nein und Trotzdem. Erinnerungen – Begegnungen – Erfahrungen, Mainz 1974, 253 ff.) heißt es: »Für dieses Buch habe ich Jahrzehnte hindurch Stoff gesammelt, anfangs freilich ohne jede klare Zielvorstellung. Ich schrieb einfach alles auf, was mir gefiel, und erbaute mich noch nach Jahrzehnten an diesen Lesefrüchten. Allmählich reifte dann der Entschluß, daß sich noch andere Leute an diesem Weistum der Jahrhunderte erfreuen sollten. Und da ich stets auch an skurrilen Dingen Freude hatte, wuchs meine Sammlung auch nach dieser Richtung hin. Mir hat diese erst absichtslose, später mit Absichten verbundene Sammelarbeit viel Freude bereitet.«

Als die »Ungeflügelten Worte« im Berliner Verlag »Haude & Spener« 1971 erschienen, hatte sich Hans-Joachim Schoeps bereits entschlossen, eine erweiterte und überarbeitete Neuauflage vorzubereiten. Bis zu seinem Tod am 8. Juli 1980 hat er intensiv Texte und Materialien gesammelt, die in die geplante Neuauflage eingehen sollten. Nicht unerheblich haben hierzu Leser in aller Welt beigetragen, die ihm geschrieben, ihn auf die Herkunft von Zitaten oder auf Unbekanntes aufmerksam gemacht haben. Dies hat ihm großes Vergnügen bereitet. Ich erinnere mich noch gut, daß bei verschiedensten Gelegenheiten mein Bruder und ich, aber auch Freunde des Hauses, die zu Besuch in Erlangen waren, aus der Sammlung vorgelesen bekamen. Er tat dies mit Temperament, Humor und einer gewissen Freude am hintergründig Komischen, die typisch für ihn war und von allen, die ihn näher gekannt haben, bezeugt werden kann.

Als Hans-Joachim Schoeps starb, lag für die vorgesehene Neuauflage kein druckfertiges Manuskript vor. Im Nachlaß fand sich neben dem Durchschußexemplar der Originalausgabe, die mit handschriftlichen Eintragungen versehen war, eine Reihe von Mappen, deren Inhalt darauf schließen ließ, daß die geplante Neuauflage einen größeren Umfang haben sollte. Vorhandene Notizen wiesen darauf hin, daß statt 21 insgesamt 30 Kapitel vorgesehen waren. Im übrigen spielte er mit dem Gedanken, der Neuauflage den Titel »Beflügelnde Worte. Im Büchmann stehen sie nicht« zu geben. Hans-Joachim Schoeps meinte, eine Veränderung des ursprünglichen Titels sei notwendig, um aus der Negation (un = nicht) zu einer stärkeren Position zu kommen.

Ich habe heute den Eindruck, als ob er geahnt hätte, daß er die Neuauflage der »Ungeflügelten Worte« nicht mehr erleben würde. Es war dies vermutlich auch der Grund, warum er mir wiederholt das Versprechen abnahm, ich sollte – falls er nicht mehr dazu komme – das Manuskript druckfertig machen und einem Verlag übergeben. Diesem Wunsch nachzukommen, habe ich mich in den letzten Jahren bemüht. Das war nicht leicht. Erstens mußte ein Verleger gefunden werden, dann war die Entscheidung zu treffen, was von den neuhinzugekommenen Texten für die Neuauflage zu berücksichtigen war und was nicht. Ich habe mich schließlich entschlossen, für die Neuauflage den alten Titel zu belassen und nur das von den neuen Texten zu berücksichtigen, was vertiefenden oder ergänzenden Charakter hatte. Es ist selbstverständlich, daß ich mich dabei bemüht habe, nichts hinzuzufügen, was die ursprüngliche Konzeption verändert hätte.

Im Nachlaß fanden sich mehrere Texte, von denen Hans-Joachim Schoeps offensichtlich gemeint hat, sie seien als Mottos verwendbar. Seine Wahl fiel auf einige Goethe-Worte, die er in der faksimilierten Original-Handschrift der Neuauflage voranstellen wollte. Da dies aus technischen Gründen nur mit großen Schwierigkeiten verbunden gewesen wäre, aber auf diese von Goethe in Weimar am 7. November 1826 niedergeschriebenen Worte nicht verzichtet werden sollte, habe ich mich dafür entschieden, das Nachwort mit ihnen abzuschließen:

Ursprünglich eignen Sinn
Laß dir nicht rauben!
Woran die Menge glaubt
Ist leicht zu glauben

Natürlich mit Verstand
Sey du beflissen;
Was der Gescheite weiß
Ist schwer zu wissen.

Julius H. Schoeps

Personenregister